法学本科教育研究

Research on
Undergraduate Education of Law

主要基于教师、教材的考察

Mainly based on the Investigation
of Teachers and Textbooks

蒋志如 著

社会科学文献出版社
SOCIAL SCIENCES ACADEMIC PRESS (CHINA)

目　录

第一编　法学院的法学教师

第二编　法学教材研究：以刑事诉讼法学为例

第三编　法学院里的读书（会）

第一编 法学院的法学教师

题记：法学院从事教学的教师是法学本科教育展开的基本主体，决定了法学教育质量的高低。法学教师教学和科研的表现形式、内容并不取决于学生，而是取决于法学教育作为职业教育对其的根本要求（即本编第一章探讨的核心议题），也取决于法学院、高等学校、教育部和国家对其的要求、考核（即本编第二章、第三章探讨的核心议题）。另外，科技因素也对法学教师产生影响（即本编第四章探讨的核心议题）。当上述因素合理配置、当法学教师愿意努力时，他们可以积极努力，达致通过法学教育培养优秀法律人才的目的［即本编（别谈）探讨的核心议题］。

在这里需要做一个说明，最后一个主题非常主观，通过设置客观要素达到有效考察难度较高。基于个人阅读经历形成的偏好，我以金庸武侠人物之传记为材料考察教师在培养一名优秀学生时可以努力的空间或者限度，而且注重从学生角度通过细节描绘展示教师的努力度（因为聪明学生的成长到底是学生更努力还是教师更努力很难清晰区分），不是为解决第一章到第三章提出的问题，只为提供思考和反思镜鉴而已，因此以之为别谈。

第一章　法学院教师在课堂教学中的意义

一　提出问题

笔者在《试论法学教育对法学教师的基本要求》一文中主张，法学教育、（高等学校）法学院对教师可以提出的要求只有学历（到当下一般要求法学博士学位），虽然教学经验、教师的教学偏好也很重要，但学校、学院无法要求之①。在此基础上，笔者在《试论中国法学教育中教师应当教授的基本内容》一文中提出，具有法学博士学历的教师在课堂上可以教授的内容为法学理论，而非其他，或者说在中国当下的教学体制、课时安排下，法学教师无法展开对法学理论之外内容（如案例分析、法律分析技能的展示）的教授和演示②。在此基础上，亦即在法学教育、（高等学校）法学院对教师提出的要求的基础上。在当下法学教育体制的教学现状、教师可以教授内容现状的基础上，笔者还要追问如下相互关联的几个问题——法学教师在法学教育中可能扮演一种什么样的角色，或者说我们应当追问其在法学课堂上存在的意义，更或者说法学教师在当下可以努力的可能范围——这是本章将要分析的问题。

其实，关于该问题，唐朝的大文学家韩愈在《师说》一文有所论述：

---

① 蒋志如：《试论法学教育对法学教师的基本要求》，载《中国法学教育研究》2013 年第 4 期。

② 蒋志如：《试论法学教育中教师应当教授的基本内容》，载《河北法学》2017 年第1 期。

> 古之学者必有师。师者，所以传道受业解惑也。人非生而知之者，孰能无惑？惑而不从师，其为惑也，终不解矣。生乎吾前，其闻道也固先乎吾，吾从而师之；生乎吾后，其闻道也亦先乎吾，吾从而师之。吾师道也，夫庸知其年之先后生于吾乎？是故无贵无贱，无长无少，道之所存，师之所存也[①]。

据此，关于教师的意义、角色有三。其一，任何人学习都应当有教师之教导，也即教师对学习具有基础性意义。其二，道与师的关系，两者如影随形，或者更确切地说，只有能展示出道的人方可称得上教师，而且无分年龄大小，只要据道、授道，皆可为（他人）师。进而言之，该问题即为教师之准入问题，即教师应当据道并授道。其三，教师之教导应当分为两个层次，即传道、授业[②]。

这是对传统社会、农业社会关于学习与教师关系的论述。在当下工业社会、信息社会还适用吗？是全部适用、部分符合，还是应当做部分修正？在笔者看来，韩愈之观点在法律职业、法学教育的语境下应当做这样的描绘。首先，法学教师作为职业教育、专业教育的教师，对学生法学理论的学习、法律技能的培养具有基础性意义，而且在这里年龄不可能无分先后，因为现代社会的教育是一种积累性教育，需要20余年时间（包括十余年的专业教育）的积累方可完成[③]，也即在本科法学教育场域，学生对法律职业之道的体会和感悟不可能优于法学教师。其次，关于教师之准入问题，笔者在前面已论断，亦即只能要求（法学）博士学历、求学经历，在这里不

① 参见钟基、李先银等译注《古文观止（上）》，中华书局，2014。

② 解惑不能成为一个单独的层次，因为解惑是一个整体问题，即授业中的解惑（亦即句读之授业）和道之解惑（体会到人生的道或者说业之道。当然，在传统社会，业不能举，只有生活、人生的道而已）。

③ 小学、中学开展基础教育和通识教育，大学则展开专业教育，没有基础教育无法展开专业教育，需要十余年的积累，才能完成对一名现代工业社会人才的培养（参见蒋志如《刑事特别程序研究》，法律出版社，2016，第120～125页）。任何一名教师要完成大学教育、研究生教育方可准人，因而教师年龄必然比学生年龄长，亦为自然而然之事（参见蒋志如《试论法学教育对法学教师的基本要求》，载《中国法学教育研究》2013年第4期）。

再赘述，但需要强调一点，法律职业之道与教师准入并无直接关系，只有间接关系[①]。最后，教师教导之层次有授业与解惑，甚而可以说在解惑中授业。

对该三个问题的简要分析，请看本章（对此的详细分析，则是本书第二章、第三章的内容）。

二　授业、业中之道和解惑

法律职业人才的培养主要通过法学院的法学教育展开，而非其他大学或其他学院完成，当然不可否认，（大学）其他学院在一定程度上发挥了辅助作用（培养某类法学研究人员，其到其他学院修习交叉学科知识以研究法律）[②]。换句话来说，（在中国语境）不管是律师、法官、检察官，还是从事研究的法学家的最初教育（即法学第一学位）均应在法学院，而非其他场域[③]。进而言之，法学本科教育应当培养法律职业（共同体）需要的法律人才，因而其应当是一种职业教育[④]，而非其他（如作为一种通识教育的法学教育）[⑤]。

在法学教育是职业教育的框架下，法学学生应当掌握什么？根据职业（包括法律职业）的基本要求，从事（法律）职业的人士应当具备以下两方

① 蒋志如：《试论法学教育中的道德教育与法律专业技能教育》，载王瀚主编《法学教育研究》第11卷，法律出版社，2014。

② 对此，请参见苏力《法治及其本土资源（第三版）》，北京大学出版社，2015，第343～356页；还可以参见蒋志如《法律职业与法学教育之张力问题研究》，法律出版社，2012。

③ 对此，请参见蒋志如《试论法学院的法律职业人才培养和法学学术人才的培养》，载《河北法学》2016年第7期。

④ 请参见蒋志如《法律职业与法学教育之张力问题研究》，法律出版社，2012，第314～356页。

⑤ 实际上，根据中国法学教育的现状，中国法学教育应当承担通识教育的功能，因为中国法学教育首先是本科教育，本科教育之后如果通过司法考试证书，即可从事法律实务。而本科教育时间有限和效果不彰（对此，请参见蒋志如《中国法学教育何处去?》，载《安徽大学法律评论》2012年第2期），加上之前的中学教育主要是围绕高考的一种应试教育，因而没有通过系统教育而形成的通识之积累。

面的知识和能力①。

其一，实践技能。当需要法律服务的客户提出要求时，即当客户将需要专业处理的一定事实提交到法律人面前时，法律人应当通过诊断（对事实问题的解释和分类）、治疗（根据专业理论知识展开分析，提出方案）和推理（在遇到新事实时，法律人应当通过既有知识、通过推理而来的判断实现客户的需求）三个步骤提供专业的法律服务。

其二，学术知识或者说理论知识。一方面，专业知识与实践技能存在区别，只有系统地学习和训练，才能形成专业、职业之屏障（从另一个角度看，即其他人如果进入该职业，需要付出诸多成本，容易放弃，一旦愿意付出、实际付出并获得认可，即可享有“专业槽”之利益）。另一方面，具备系统的专业理论知识，在具体执业语境中，当通过诊断、治疗均无法提供令人满意的法律服务（至少法律人主观上感受到如此状况）时，应当以法律理论知识对既有信息展开推理从而获得解决问题的更好方案。

简而言之，在法学教育作为一种职业教育的框架下，学生需要掌握两项内容，即具有诊断、治疗和推理的实践能力（亦即解决具体法律问题的能力）和法律理论知识或者法律学术知识（亦即业，需要教授、传授之业）。

在法学教育中，未来的法律人需要掌握的前述实践技能和法律理论知识，通过谁来传授呢？根据前述，传授该两项技能的主体应当是法学教师，正如韩愈所言，“古之学者必有师”，而在当下工业社会、信息社会（即需要接受长时间系统训练方可成为社会合格人才的社会），教师这一角色更是不可或缺。但是，作为传授两项技能的法学教师，其应当具备什么条件？如何具备的呢？或许从法学教育之简史可以约略探求到一些线索或痕迹，描绘如下。

首先，学徒制教育时期。无论是大陆法系国家，还是英美法系国家，均经历了一个从学徒制时期的法学教育到工业社会法学院教育的历

① 对此的详细分析，请参见〔美〕安德鲁·阿伯特《职业系统——论专业技能的劳动分工》，李荣山译，商务印书馆，2016，第59~94页。

程。如果说到学徒制法学教育，则英美法系国家最为典型。在英美法系国家的学徒制法学教育中，学徒制教师是经验丰富的律师、资深律师（在英国是律师公会之律师），他们通过辅导学生阅读法律文献、撰写争议要点、学习辩护技巧、观摩法庭审理等方式开展法学教育①。

其次，法学院里的法学教育。工业革命之后，法学院法学教育代替了学徒制教育。两大法系在此有不同的地方。在大陆法系国家，法学教育一直是大学高等教育的重要组成部分，而且不一定针对法律实践。如中世纪意大利波伦亚大学的法学教育，主要通过由法学家对《查士丁尼法典》《国法大全》等法典做注释（亦即后来的注释法学派）的方式学习罗马法，对司法实践并无直接影响。法学教师为法学家，他们主要贡献理论知识和研究，思考法律的思维方式，不指导法官司法。德国等大陆法系国家（特别是德国）师法意大利法学教育，当一名法学学生学成或者进入法院等司法实务部门，或者到大学任教，作为教师将其所学传授于下一代学生，其理与前述同矣，均侧重于法学理论及法律思维方式的训练②。

对于英美法系而言，在法学院教育时代，法学院聘请的师资主要为经验丰富的律师和优秀的法官（作为讲习教师或者教授）。比如说，在哈佛大学法学院倡导案例教学法的朗道尔教授，即为一名优秀的具有 15 年执业经验的律师③。这些教师的教学侧重于案例（法律）分析技术与作为法律人（律师）的思维方式。

简言之，法学教师在最初即为具有丰富实务经验的律师或者法官，

---

① 尹超：《法律文化视域下的法学教育比较研究——以德、日、英、美为例》，中国政法大学出版社，2012，第 120～122 页；蒋志如：《法律职业与法学教育之张力问题研究》，法律出版社，2012，第 227～228 页。

② 戴东雄：《中世纪意大利法学与德国的继受罗马法》，中国政法大学出版社，2003，第 214～230 页；尹超：《法律文化视域下的法学教育比较研究——以德、日、英、美为例》，中国政法大学出版社，2012，第 47～97 页。

③ 陈绪刚：《“朗道尔革命”——美国法律教育的转型》，载《北大法律评论》第 10 卷第 1 辑。

他们承担了“第一代”教师（学徒之教师）的职责。即使发展到法学院教育时代，最初的教师也是优秀的律师或法官。当法学院专家（如著名法学家庞德）逐渐占据法学院后，法学院教师则为从事学术研究的法学教师、法学家①。据此，一方面，我们可以得出这样的判断，即根据法学院之教师的学历、职业经历，我们可以推定该名法学院教师具备了丰富的法律理论知识和法律专业技能②，具备了传授法学学生基本技能的资格；另一方面，我们需注意，这一发展历程中，我们并没有发现其涉及道的问题。

另外，我们还需要注意法学教育中业与道的关系问题。如果简单地说，可以做如下初步勾勒。

根据法学教育是一种职业教育的基本要旨，法学教师们在课堂上只能授业（法律专业知识和法律技能），不可能直接、单独授道。根据前面的描绘，法学教师（最初来自拥有丰富实务经验的律师或法官）是接受了系统法律训练的法学家、法学研究者，不仅具有专业理论知识和法律技能，更拥有法律经验、教学经验、研究偏好，因此他们对业中蕴含的道也有相当之认识、理解和体悟。在此语境下，在授业中，会不会有业之溢出呢？在笔者看来，这也是自然而然之事，即使仅仅是附带之事而已。简单地说，所谓业之溢出应当指涉这一件事，即教师在课堂之上（包括理论教学课、研讨课、案例课）传授知识、理论的同时，也在展示制度、规则、技能背后的法律价值、理念及其在纠纷处置上的智慧等道。

当然，值得指出的是，这些道不仅仅有教师在业中所传授的道，更有法学学生在学习业中体悟到的道。后者不仅包括对教师之传授道的体悟（可

---

① 关于这一演变过程的分析，参见蒋志如《试论法官与法学家的关系——以美国为语境的考察》，载《安徽大学法律评论》2011 年第 2 期。

② 中国法学院之教师，在当下并非如此简单，中国法学教育从改革开放开始计算的话，还只有 40 余年历史，第一代自学的、没有接受系统法律训练的教师还站在法学教育的第一线，甚至还主导中国法学教育的发展政策和方向。

能是其一部分，很难达到全部），亦有对业的自悟[①]。

或许，正因为道的这一性质，我们就会承认法学院之法学教育并不能直接传授道的基本事实。非不为也，是不能也。

综上所述，法学院之法学教育，通过具备一定资格和能力的法学教师，在讲授法学理论知识和展示法律技能的基础上达到授业、解惑的目的。进而言之，法学教师通过授的方式解惑（法律知识之惑），然时不时在课堂上也出现业之溢出，即在授业中传道（理念、价值、经验、智慧等）并解惑。

三　中国语境中法学教师之现状

具体到中国语境，中国法学教育地位未明，教师教学也无法体现其独特性，进而区别于其他学科，申言之，改革开放以来，由于司法实务部门、律师市场需要大量法律人才（从无到有，再到持续扩张），中国各所高校通过法学教育提供的人才基本上供不应求，加上中国在 1992 年之前处于初步社会转型之中，因而并未有对法学教育提供法律人才之审视和争议。待到中国接触、熟悉欧美法学教育之实践后，中国法学教育培养学生之质量得到审视，出现一个非常重要的问题，即法学教育之基本性质问题——法学教育是通识教育，还是职业教育。但是，到目前为止，我们仍然对此没有达成共识，至少主管部门并未将其视为一种职业教育，但不可否认的现状是很多学者和司法行政部门主管者认为法学教育是一种素质教育兼职业教育[②]，因而中国法学教育之模式和方式并无多少改变（从专科学校到著名大学的法学教育均如此）。

---

① 其实，还有一种道，即法学学生在成为法律职业人后，对教师所传道之理解和体悟，有些问题通常在教学过程中并不能体会，只有在有职业经验后方可体察，毕竟道不仅仅是技术、规则与制度，更是经验、智慧之产物。

② 对此的争议及主流观点的详细分析，请参见朱立恒《法治进程中的高等法学教育改革》，法律出版社，2009，第 116 ~ 141 页；还可以参见王晨光《法学教育的宗旨》，北京大学出版社，2016，序言，第 1 ~ 3 页。

简而言之，中国教育主管部门和法学家对此的态度还处于暧昧不明的阶段，因而延续了与其他学科教育（如历史学、哲学、经济学等学科）类似的方式（一种学历教育），亦即法学教育与职业教育仍然分离①。

在法学教育仍然不是职业教育的语境下，法学教师已意识到其与法律职业的密切关系（即法学教育是一种职业教育），进而主张在课堂上不仅应当讲授法律理论知识，还应当传授法律职业需要的法律技能。但是，在当下法学教育体制下，在一门课只有理论课的情况下，或者说在即使有其他的教学方式但这些方式仍然处于可忽略不计的情况下②，法学教师之教学只能停留在（法学）知识教育的层次上，缺少一种真正的（法学）理论教育、（作为法律人的）思维教育。因此，当下中国法学教育很难成为一种业，并得到法学院教师的系统讲授和训练。进而言之，当下中国法学教育的基本状态还可以被称为“业之不举”的时期。根据前述，法学教育本身并不直接传授道，只是在传授业的过程中，当业偶尔溢出之时，道才出现，亦即道随着业或者道是业中之道。因此，在业都不能举的语境下，道实际上处于缺席状态。虽然我们的教师在传授（法学）知识时也偶尔提及法律技能，但与业中之道还有很远距离。

总而言之，中国语境下的业与道均处于需要改进和提升的状态。

四　小结

通过前述分析，我们可以做出如下判断。

① 对此的详细分析，请参见方流芳《中国法学教育观察》，载《比较法研究》1996年第2期。

② 根据当下法学教育的实际情况，一所法学院通常只开设理论课（如法理学），有些实践性非常强的课程如刑事诉讼法不仅开设理论课，还开设模拟法庭的辅助课程，有些学校还增加一门刑事诉讼程序案例课。如果究其实质，后两者基本上处于有其名而无其实的状态，实际上只有理论课，而且其课时量也大为减少。根据笔者的调研，一所重点本科法学院刑事诉讼法学的课时只有56个学时，从第1周到第14周即结束，原来一般要持续到期末（大约是64个学时或者72个学时），而减少的课时多分配到模拟法庭课程（一般为16个学时），但这门课基本上是走过场，学生、老师均不认真对待，案例课没有，研讨课更是不可能有。

第一章
法学院教师在课堂教学中的意义

首先，关于教师之角色。韩愈主张的“师者，所以传道受业解惑也”在工业社会已有相当变化。农业社会的韩愈，将道放在业之前，并认为传道是教师最重要的职责。而在当下工业社会、信息社会，在课堂教学中，授业比传道更重要，因为工业社会存在的基础即社会分工、职业主义。

其次，关于业与道的关系。在法学教育作为职业教育的语境下，道并不直接，甚至无法直接讲授，但其隐藏于业之讲解中，并时不时崭露头角，令学习者（法学学生）惊诧于其魅力。因而我们可以说，法学教育之基础是（法律）职业主义，但道在业中，或者说这里的道不是一种人生普通之道，而是与业密切相关的道。

最后，中国法学教育仍然问题多多，甚至其中的基本问题亦没有达成共识，更不要说得到解决。中国法学教育到底是职业教育，还是通识教育，抑或两者兼而有之的问题，到目前仍然处于暧昧状态。这种状态导致法学院、法学教师在课堂教学上无所适从，教学也停留在低水平的法学知识讲授上，而非通过理论教学、案例教学、讨论教学等方式培养学生系统的法律理论知识和法律技能，亦即无法“传道”，也没有“授业”，更没有达致道在业中的境界。

据此，我们可以推论：在法治先进国家，教师可在法学教育、在（法学）教学课堂、在充裕的时间里，训练学生的法理理论知识、法律分析技术，令其在毕业之时能像法律人一样思考，虽然教师在道上可以努力的空间还有限。在中国，这方面还存在不足。法学教育与其他学科教育并无实质差别，教育部等主管部门对此较为忽视，法学教育专家对此也无法达成共识，教师在教学上无所适从，或者说，法学教师对此可以努力的空间非常有限。

当然，应当注意，这一推论是一种简单勾勒，我们需要更详细、更深入的分析和考察，请看本编第二章、第三章，乃至别谈的分析。

第二章　法学教育对法学教师的基本要求

一　提出问题

自改革开放以来，如果从数量上看，中国法学教育已发生翻天覆地的变化①。1977 年高考恢复时，中国只有两所法学类学（院）校，学生人数仅为 576 人（在校人数）②，到 1993 年法律（政法）校院系（点）就激增到 136 所，在校学生约为 35000 人，再到 2008 年底，开设法学本科专业的高等院校已达 630 所③，在校法学本科生超过 30 万人④。但是，当我们审视中国法学教育之教学质量时，却发现法学教育内在问题层出不穷，以至于有学者直言中国法学教育处于被虚置甚至失败的境地⑤。

---

① 然而，从质量上看，特别是从问题类型来看，中国当前的法学教育相较于改革开放初的法学教育，未必有多少提高，如果从市场需求、法治建设需求视角观察更不能得出肯定结论。请参见蒋志如《法律职业与法学教育之张力问题研究》，法律出版社，2012，第1～27 页。

② 徐显明主编《中国法学教育状况》，中国政法大学出版社，2006，第 26 页。

③ 苏力：《法学本科教育的研究与思考》，载《比较法研究》1996 年第 2 期。

④ 程义峰：《我国已有 630 所高校开设法学本科专业》，载学术批评网，http：//www. acriticism. com/article. asp？ newsid＝10550&type＝1006，最后登录时间：2021 年 1 月 13 日。

⑤ 有的学者虽未直接言明，通过字里行间的描绘却可以得出这一结论（方流芳：《中国法学教育观察》，载贺卫方主编《中国法律教育之路》，中国政法大学出版社，1997，第 3～53 页；蒋志如：《浅析方流芳的法学教育思想》，载《贵州警官职业学院学报》2012 年第 3 期；蒋志如：《评〈论当代中国的普通法教育〉》，载《清华法学》2010 年第 5 期）；还有的作者直言中国法学教育的问题（蒋志如：《中国法学教育的双输？!》，载《厦门大学法律评论》2010 年第 1 期；何美欢：《理想的专业法学教育》，载《清华法学》第 9 辑；徐显明、郑永流：《六年制法学教育模式改革》，中国法制出版社，2009，第 3～6 页）；当然也有相当一部分学者认为中国法学教育虽有瑕疵，但瑕不掩瑜。

对此，中国法学院、法学者要求改变中国法学教育之现状。他们纷纷建言献策，学者们除了一如既往地关注法学教育的宏观制度设计（如法学教育学制、课程安排，本科硕士博士学位的设置是否合理、如何改革等①）外，在微观领域也先后出现诸如涉及教学方法改革的案例教学改革、诊所法律教育改革、何美欢在清华大学法学院倡导并实践的关于教学内容的法学教育改革②等教育教学改革活动。

毫无疑问，学者们的建议和法学院的教育改革实践为推进对中国法学教育的认识和再改革提供了知识和思考的力量。但是，就笔者收集的资料和阅读的参考文献，在所有这些建议中，基本没有专门分析和研究法学教育知识和思想的传授者——教师。也就是说，在分析法学教育内含深层次缺陷时，法学教师这一主体应该具备的基本素质，亦即法学教育对法学教师的基本要求这一因素被忽略③。本章试图从从事法学教育的法学教师的基本要求视角展示中国当下法学教育可能存在的问题和缺陷。

二　对法学教师的要求：基于法学教育教学过程现状的描绘

根据中国教育体制④，法学教师教学的基本情况，在绝大部分法学院有

---

① 对此可以参阅霍宪丹《法律教育：从社会人到法律人的中国实践》，中国政法大学出版社，2010；当然，还请参见霍宪丹关于法学教育的系列书籍，如《不解之缘：20 年法学教育之见证》，法律出版社，2003。

② 对这些法学教育改革及其实践的描绘和分析的具体叙述，请参见蒋志如《试问中国法学院何处去?》，载《清华法律评论》第 6 卷第 1 辑；蒋志如《何去何从的中国诊所法律教育》，载《安徽大学法律评论》2011 年第 1 期。

③ 其实，也不是没有学者谈到这个问题，但他们还没有做问题化处理，主要在涉及其他问题时顺便提及教师师资问题。如苏力在分析中国法学本科教育的课程结构和教学内容改革时，随便提及了教师应该教授两门以上跨专业的本科生课程的建议或者说要求（对此，请参见苏力《法治及其本土资源》，中国政法大学出版社，2004，第 333 页）。

④ 对中国当下法学教育体制的描绘，请参见方流芳《中国法学教育观察》，载《比较法研究》1996 年第 2 期。对此更具体的描绘可以参照各所大学法学院史，如北大法学院史、西南政法大学法学院史、中国人民大学法学院史，这些校史生动再现了中国法学教育体（转下页注）

极强的相似性[①]，具有自治地位的法学院没有根据市场需要和自身特点修正或者调整教学计划、教学内容以培养出不同特色的法律人才。因此，笔者分析的法学教育教学现状能够在一般意义上反映中国法学教育教学的基本情况。

首先，从教学准备看。一位法学教师从事法学教育应当具备教学大纲、教材、教案等资料[②]。根据实际运行情况，法学课程的教学大纲一旦制定则变化不大[③]。对一位从事教学的教师来说，特别是对从事法学教学的新教师而言，教学大纲属于该教师必须接受的一项前置性资料或者说规范性文件。但重视教学大纲的法学教师甚少[④]，甚至有的教师即使知道教学大纲也从来没有阅读、品味和研究过它。

就法学教材而言，一般分为几种情况。其一，如果法学院有本学院教师主编的教材，无论该教材质量如何，该教材必定成为该院学生的指定教材（如果该学院拥有硕士、博士研究生招生资格，该教材极有可能成为研究生考试的指定书目）；其二，由知名学者主编的（其他知名学者参编的）全国

（接上页注④）制建立、变迁的动态历程。另外，1952 年，中国政府对中国高等教育的院系进行调整，从此，全国高校、法学院进入全国“一盘棋”时代（当然法学也不再是有职业意义上的法学，而是与政治、历史等学科在性质上一样的一门学科），在当下也没有多少改变，可以说我们能够以一叶而知秋。关于法学院系调整的大致情况，可以参考西南政法大学校史（《西南政法大学校史》编辑委员会：《西南政法大学校史》，法律出版社，2010，第 20 ~ 25 页）。

① 在笔者收集的资料中，中国法学院中真正有特色的法学教育教学就是清华大学何美欢教授倡导和践行的普通法教育（请参见何美欢《论当代中国的普通法教育》，中国政法大学出版社，2005），其他法学院的所谓特色与其说是教学特色，不如说是该法学院的科研特色，而本科教育基本上被限制在一个不能由学院、教师可以自由发挥的场域（从另一方面看，却是放任自流）。

② 根据一所高校制定的教师教学工作规范，教师从事课堂教学之前的准备工作首先是教学大纲，其次是选择教材，再次是撰写教案。

③ 应用性课程一旦法律修订如刑事诉讼法、民事诉讼法、刑法等，教学大纲都会发生变化，如 2012 年《刑事诉讼法》修订，关于刑事诉讼法学的教学大纲的修订也立即展开。不过，即使出现修订幅度也不大，只是对既有大纲的损益而已，而理论性比较强的课程如法理学、法制史等教学大纲很少发生变化。

④ 根据笔者对西部某省会城市相关法学院的调查，发现一个非常重要的现象值得留意，即重视、阅读、品味教学大纲的教师几乎为零。

统编教材①；其三，由一名教师或者学者撰写的专著型教材，如清华大学教授易延友先生撰写的《刑事诉讼法学》②。其中，第一类、第二类教材最为普遍；第三类教材在当下中国法学界很少，但这类著作凝聚了作者之心得、思考。

教案主要是指教师根据教学大纲在既有课时约束下对教材所做的具体处理，并形成有一定逻辑体系的书面资料。它是教师对教材理解和思考的成果，具有私人性，虽然它还受限于教学大纲和选定的教材。如果教案经过授课教师若干年时间的增删、修订，即为（专著性）教材的前身，前述第三类教材即为教案的最高载体③，但它需要任课教师具备的专业知识、对专业知识的独特思考和体悟、任课教师的风格三者有机结合④。而中国法学院关于课程教案的现状却是要么很多法学院不要求具备详细教案（至少不作为强制性要求）；要么虽然强制要求任课教师撰写教案，教师却从网上下载教案，或者全面重复他人教案以应付检查⑤。

综上所述，在教学准备过程中，虽然有教学大纲、教材对授课教师（法学教师）进行制约，但他们在这里处于“无人之境”，可以任意准备课堂上将要向学生传授的法学知识。

其次，从授课过程看。教学过程主要包括两个方面，有教师的“教”

① 该两类教材被著名学者陈瑞华称为“第一代教科书”（陈瑞华：《刑事证据法学》，北京大学出版社，2012，“序言”，第2页），即由众多学者或者教师编写的能够提高教材知名度的教科书（不过，在我看来，也是为了增加教科书的发行量）。

② 这类教材被著名学者陈瑞华称为“第二代教科书”（陈瑞华：《刑事证据法学》，北京大学出版社，2012，“序言”，第2页），但这类教材还不太多，这其中的原因值得分析。

③ 中国这方面的教材比较少，值得一提的是这两年有些变化，如易延友的《刑事诉讼法学》、张卫平的《民事诉讼法学》、张千帆的《宪法学讲义》等。

④ 这类教材在中国还没有出现，因为这类教材不仅仅具有知识性，更有思想性，还有可读性。国外翻译到中国的法学教科书就有这一特点，而且国外教科书不流行很多人合著，独著更多，即使合著也很少超过三人，不像中国聚集一大批学者从事教材的编撰。

⑤ 在当下，已有学者对中国法学教材做出系统反思（对此请参见吕英花《我国高等法学教育中教材建设若干问题研究》，硕士学位论文，首都师范大学，2005）。

和学生之“学”[1]。“教”与“学”是课堂的一体两面，根据本章之叙述意旨，则以对教师分析为主，兼涉学生学习情况。就教学内容和教学方式而言，从前述对教案、教学大纲的叙述看，教师可以自由处理教材内容，其呈现的几方面情况值得注意。

其一，照本宣科。基本上不对教材做多少处理，以“述而不作”的方式进行教学，其极端形式是照着书读[2]。较好状态就是根据课时对教材内容做简单处理，如某些内容省略，某些内容重点讲授（但讲授者的思考和研究甚少渗入其中）[3]。这种状况在整个法学教育中占据绝大部分。如果从教学方式看，法学教师一般独自在课堂上教授，唱独角戏，而学生在课堂教学环节除了被动接受外完全处于被忽略的境地。

其二，处于中间状态的教学。教师们不照本宣科，在授课中也有自己独到的见解和思考，他们在教学中对教材的处理游刃有余，可以将教材知识较好地向学生展示和讲授。如果学生比较勤奋和努力，他们能够学习到知识（但未必学习到思想和处理问题的能力），但在课堂教学中教师仍然唱独角戏，与学生也几乎没有互动。根据当下中国学生的学习现状（学生课堂后基本上不学习，在期末考试时才可能再学习），这一良好的知识展示的效果可能消散得无影无踪，最终受益的只有教师本人而已。

其三，完全脱离教材、教学大纲的教学。这一类教师视教材、教学大纲为无物，认为它们严重落后于对人才培养的要求，也落后于法律职业的需

① 与此同时，还有一些形式上的要素需要注意，如教师必须使用普通话、教师着装、教师对课堂纪律的控制等。这些要素主要对确认、加强教师身份有象征上的意义，特别是在强调职业化的当下中国社会更是如此——其实，它是形式主义，因为它无法在内容上有所推进，只能在形式上下功夫以声明自己取得的巨大成就。

② 在每一所学校或者学院或许都有一两位照着书读的教师，在笔者攻读本科学位时，就有一位行政法教师照着书读；后来攻读研究生时，一位同学告诉笔者一个精彩的故事——当初学习民法总论（使用的教材是马俊驹、余延满撰写的《民法原论》）时，民法老师上课语速很快，上课内容很丰富，学生记笔记跟不上。他干脆不再记笔记，有一天阅读教材，发现教材的内容与他原来记下的笔记有很大的相似性，在下一次上课时，他翻到教师授课的地方，在教师讲课时就发现这位教师在照着书读。

③ 对此的详细分析，请参见蒋志如《法学研究的述而不作与剽窃》，载《湖北警官学院学报》2011 年第 5 期。

求，属于无所用之的事物。但是，该类教师本人并没有花费多少精力和心血在教学上，他们在教学这一事务上随心所欲。当然，这一教学过程中学生仍然处于被动教学状态，它的缺点是学生无法在课堂上学习到法律专业知识、专业技能，但它的好处在于增加学生见闻——有些经典话语被一级又一级传诵，教师也常常被誉为“优师”或“名师”。

再次，从课后的作业、辅导、答疑看。这一环节在中国法学院教学中处于形同虚设的状态。申言之，从作业看，一门课程的教师在一门课的教学中基本上不布置作业，即使布置一两次作业也不需要批阅（而且即使批阅也简单粗暴，象征性地标记分数或者成绩绩点），更没有将作业情况反馈给学生的环节。从课后辅导看，法学院师生在课堂后基本上没有任何互动，只有少数学生可能与上课教师有互动，但互动更多与教学无关。从教学答疑看，基本上在教学最后两节课进行，学生在这时已不关心对知识的疑问，他们只关心与期末考试相关的知识和理论。

最后，从考试角度看。这是对教师教学效果的一次测试，是对学生学习效果的检验，更是对教师教学的制约。从前述对教师教学情况的描绘，我们可以得出一个简单判断，即学生在教学之余基本上不花时间学习，无论教师花多少心思在教学准备上，也不管采取何种教学方法，学生在整个教学过程中处于白板状态。在此情境下，学生不可能通过考试，只好寄希望于授课教师漏题、改卷时的通融，且屡试不爽，教师也乐意配合①。

综上所述，根据法学本科教学的运行现状，可以得出这样一个判断：当下的法学教学对教师的要求处于荒芜状态。学生无法制约教师，课前准备也相当于无人监管或无法监管状态，考试也无法对教师产生改进的动力。

---

① 对此负面效果的详细分析，请参见蒋志如《中国法学教育的双输?!》，载《厦门大学法律评论》2010 年第 1 期。另外，一位老前辈谆谆告诫，一定不要对学生严格，也要尽量给高分，一方面是学生要评奖学金；另一方面是如果有问题，就是给自己找麻烦，不管是补考，还是其他问题，学院都会把责任归于你。

三　对法学教师的要求：基于法律文本的分析

笔者在第二节仅从中国法学教育教学实践角度揭示其对法学教师的基本要求，在本节拟从当下中国立法部门制定的法律法规、教育部制定的基本政策的文本角度出发分析对教师的基本要求。从笔者收集的文献和法律文本资料可见，没有单独针对法学学科的立法规范，只有针对教育、高等教育而制定的法律法规。法学专业作为该体系的一部分而存在，分析后者即完成对法学专业授课教师的分析和考察[①]。因此，本部分分析的对象就是法律法规，与教育有关的全国人大及其常委会制定的法律主要包括三项，即《中华人民共和国教育法》（以下简称《教育法》）、《中华人民共和国高等教育法》（以下简称《高等教育法》）和《中华人民共和国教师法》（以下简称《教师法》）。

这三部法律从制定时间来看，依次为1993年制定的《教师法》，1995年制定的《教育法》，1998年制定的《高等教育法》[②]。但从规范进化的视角看，其叙述的顺序应该如下。

首先，《教育法》。《教育法》最简略，规范教师的法律条文只有4条，分别为教师享有的权利和应当履行的义务（第三十二条），国家对教师的义务（第三十三条），国家对教师的管理（第三十四条），对学校的管理人员、其他人员的管理（第三十五条）。仅第三十四条与本节分析有关。该条文的内容为："国家实行教师资格、职务、聘任制度，通过考核、奖励、培养和培训，提高教师素质，加强教师队伍建设。"该条文可以说是国家对教师的管理规范，在某种程度上更可以说是对教师提出的要求，可以分为三个层

① 的确，1949年以后中国的法学专业与其他专业区别不大，没有面向市场，也没有面向职业，与其他专业如历史、中文、数学等一样（对此，请参见方流芳《中国法学教育观察》，载《比较法研究》1996年第2期），本来其与医学、心理学等专业一样，属于应用性很强的一门科学。

② 关于教育立法，最早应该是1986年全国人民代表大会制定《义务教育法》，但它与本文的分析没有多少关系，因为它只关注义务教育阶段的中国教育。

次：其一，最低层次的教师资格准入；其二，职务和聘任，根据教师的条件聘任不同职务；其三，考核、奖励、培养和培训。

这一要求或规范，并没有对教师提出具体要求，主要是从宏观角度规范了对教师的要求。但是我们也可以在这一法律条文中发现从事教师职业的最低要求——获得教师资格。

其次，对此的进一步规范，我们可以从《高等教育法》中看到。《高等教育法》关于教师的规范有8条（从第四十五条到第五十二条），与《教育法》相对照，计有5条是对后者的进一步细化。其一，在最低条件上，对教师资格做出了进一步细化，中国公民获得教师资格必须具备研究生或者大学本科毕业学历；有相应的教学能力；遵守宪法和法律，热爱教育事业，具有良好的思想品德（第四十六条）。其二，规定了教师职务制度，分为助教、讲师、副教授和教授，以及获得这些职务的基本条件（第四十七条）。其三，对教师聘任制度做出了进一步细化（第四十八条、第四十九条）。其四，考核、奖励、培养和培训等（第五十一条）。

简而言之，与《教育法》相比，《高等教育法》在最低条件上有细化，即对教师资格条件的细化，当然最能标志这一点的是提出学历（研究生学历或者大学本科学历）的要求。

再次，《教师法》对教师的要求。1993年全国人大制定《教师法》，共43条，是对前述问题的进一步细化，都单独成章，还增加了总则、法律责任、附则等法律条款。与这里有关的法律条文主要有以下3条，即第二章“权利和义务”中的第八条（教师的基本义务）①、第三章“资格和任用”中的第十条（从教必须具备教师资格）、第十一条（取得教师资格必须具备

① 第八条教师应当履行下列义务：（一）遵守宪法、法律和职业道德，为人师表；（二）贯彻国家的教育方针，遵守规章制度，执行学校的教学计划，履行教师聘约，完成教育教学工作任务；（三）对学生进行宪法所确定的基本原则的教育和爱国主义、民族团结的教育，法制教育以及思想品德、文化、科学技术教育，组织、带领学生开展有益的社会活动；（四）关心、爱护全体学生，尊重学生人格，促进学生在品德、智力、体质等方面全面发展；（五）制止有害于学生的行为或者其他侵犯学生合法权益的行为，批评和抵制有害于学生健康成长的现象；（六）不断提高思想政治觉悟和教育教学业务水平。

的学历)。仔细审视这些条文的内容，即可发现：虽然法律条文内容日渐详细，但关注的基本内容，就对高等学校教师的要求而言，没有实质性条件的增加，即从事高等教育的基本要求为学历条件——要求研究生学历或者大学本科学历[①]。

综上所述，根据中国涉及教师的主要法律，对（法学）高校教师的基本要求或者说唯一“货真价实”的要求，就是对教师的学历要求。更确切地说，对高校法学院教师的基本要求是研究生学历或大学本科学历，进而言之，担任高校法学教师的最低要求为具备大学本科学历、具备学士学位。

四　学历中的知识与技能

根据现行法律，一名（法学）教师至少应该具备本科学历[②]，但中国高等教育发展到今天，如果只具备大学本科学历，已很难获得高校教师资格。从当下中国高校的招聘启事可以窥探一二，正如一所普通高校招聘教师的基

① 《高等教育法》第四十六条有如下内容：“……不具备研究生或者大学本科毕业学历的公民，学有所长，通过国家教师资格考试，经认定合格，也可以取得高等学校教师资格。”根据这些规定，比大学本科学历还低的学历在例外的情况下也可能获得高校教师资格，从事高等教育教学。

② 根据《教师法》第十一条，取得教师资格应当具备的相应学历如下：（一）取得幼儿园教师资格，应当具备幼儿师范学校毕业及其以上学历；（二）取得小学教师资格，应当具备中等师范学校毕业及其以上学历；（三）取得初级中学教师、初级职业学校文化、专业课教师资格，应当具备高等师范专科学校或者其他大学专科毕业及其以上学历；(四）取得高级中学教师资格和中等专业学校、技工学校、职业高中文化课、专业课教师资格，应当具备高等师范院校本科或者其他大学本科毕业及其以上学历；取得中等专业学校、技工学校和职业高中学生实习指导教师资格应当具备的学历，由国务院教育行政部门规定；（五）取得高等学校教师资格，应当具备研究生或者大学本科毕业学历；(六）取得成人教育教师资格，应当按照成人教育的层次、类别，分别具备高等、中等学校毕业及其以上学历。不具备本法规定的教师资格学历的公民，申请获取教师资格，必须通过国家教师资格考试。国家教师资格考试制度由国务院规定。《高等教育法》第四十六条也有类似规定。

本要求①：

一、招聘类别与要求

引进全职在校工作的各类人才主要包括学科带头人、学术带头人、优秀人才、青年人才和紧缺专业硕士研究生等五类人员，具体要求如下：

（一）学科带头人（同时具备以下条件）

1. 具有博士学位，年龄原则上不超过50周岁，特别杰出人才年龄可适当放宽；

……

（2）学术带头人（同时具备以下条件）

1. 具有博士学位，年龄原则上不超过45周岁，特别杰出人才年龄可适当放宽；

……

（三）优秀人才（同时具备以下条件）

1. 具有博士学位，年龄原则上不超过40周岁，特别优秀人才年龄可适当放宽；

……

（四）青年人才（同时具备以下条件）

1. 具有博士学位，原则上不超过35周岁，个别学科结合实际可适当放宽年龄；

……

据此，我们可以看到每一类人才招聘都有一个基础性条件，即博士研究生学历。进而言之，从高校教师的学历条件看，虽然根据《教育法》《高等

① 当然，也有硕士研究生进入普通高校，但从事的工作不是教学，而是辅导员工作，只有个别紧俏专业可能例外，如语言类的小语种，又如特别专业（舞蹈）等。

教育法》，在高校法学院从事法学教学的学历条件还是本科学位，但现有情势却将学历条件提升到法学学位的最高级别——博士[①]。而且，博士的就业情况也由卖方市场变为买方市场，即法学博士在招聘上也有分层，高校有更多选择权，大致可以依次分为海外留学的博士（很多学校直接授予副教授资格）、取得法学副教授职称的博士、本土培养的应届博士三个层面。不同层次的博士，学校、法学院给予不同待遇和职称，第三层的应届本土博士处于最下层的不利境地。

此为社会分工的产物。现代工业社会中，社会分工、专业分工是常态[②]。它意味着任何一位求职者在进入该职业或者行业时应当达到市场准入条件，即全面、深入地学习职业知识、接受职业训练。如美国律师必须经历三年的 J. D 教育：其一，通过一年基本课程的学习和二、三年级各种选修课的学习获得规定学分；其二，学习期间应当完成在律师事务所、检察院、法院的实习；其三，通过州组织的律师资格考试[③]。在这里，一年级的基础课程，每位 J. D 学生都必须完成；二、三年级的选修课虽然也是每位 J. D 学生必须完成的，但与基础课程有所不同的是，每位学生根据自己的偏好选择相关课程[④]。在学分满足的条件下，他们可参加实习和律师资格考试。

进而言之，职业准入问题首先是对职业者的学历要求，即方流芳教授追问的关于法学第一学位的问题[⑤]。在此过程中求职者应当掌握和领会未来从事职业时需要的基本术语、概念和思维方式。而将法学作为第二学位、第三

---

① 虽然在今天的中国法学教育界，法学博士后越来越流行，且在高校招聘人才、为他们提供待遇时与法学博士有一定区别，但根据中国当下教育体制，法学博士学位是法学学生可以取得的最高学位。

② 请参见〔法〕涂尔干《社会分工论》，渠东译，生活·读书·新知三联书店，2000。

③ 对这一过程的描绘，请参见〔美〕玛莎·金《一个小女人的常春藤之旅》，周其明译，法律出版社，2009。

④ 这一偏好导致了进一步可能的分工。根据自己偏好选择的课程，意味着这位将来的律师可能更愿意在选择课程的相关领域从事律师业务，这些课程相关领域进而可能成为继续攻读 L. L. M、J. S. D 时的一个选择，更确切地说这是法律领域里的进一步专业分工问题。

⑤ 请参见方流芳《追问法学教育》，载《中国法学》2008 年第 6 期。

学位的法学硕士、法学博士，则必须先获取第一学位。根据现代工业社会专业分工的要旨，其他专业的第一学位进入法学第二、第三学位虽然不会被明文排斥，但在实践中都遵循一个规则，即只有经历了法学第一学位的法学学子才能进行第二、第三学位的学习和研究[①]。法学的第二、第三学位不是进入法律职业，特别是以司法实践为导向的律师、法官、检察官等法律职业的充分条件。

对从事高等法学教育的教师来说，他必须获得法学博士学位（甚至还必须拥有博士后经历）[②]。进而言之，法学博士、法学硕士必然与拥有法学学士学位的法学学生拥有共同的关于法律领域的基本概念、理念和思维方式，在此基础上，法学博士、法学硕士在更为狭窄的领域中继续学习和探索。以诉讼法学为例，对攻读诉讼法学博士学位的博士研究生来说，他的学习经历应该如下。

首先，学习本科四年的法学基本课程，包括若干必修课程，如法理学、宪法学、民法学等十余门基础课程和公司法、司法文书等选修课程的学习和实习，获得法学学士学位。其次，在此基础上，通过考研或者保送获得攻读诉讼法学硕士学位的资格，经历 3 年的学习和学位论文答辩获得（某某方向，如刑事诉讼法学方向）诉讼法学硕士学位。最后，在前两者基础上，即在获得法学硕士学位后，获得攻读法学博士的资格，经过 3 年（最长可以延至 6 年）的课程学习、相关学术训练、博士论文答辩等环节获得诉讼法学博士学位[③]。

---

① 这相当于美国获得律师资格的条件。在学徒制时代，在律师事务所的经历是取得职业律师资格的基本条件，在学校里的法律学习则是普通教育的一种。在工业化时代，从事律师职业的背景要求越来越高，虽然从来没有立法排斥律师事务所培养的律师，但在整个律师资格获得人员中，他们可以忽略不计，即法学教育背景成为从事律师职业的前置性条件（请参见〔美〕理查德·L. 埃贝尔《美国律师》，张元元、张国峰译，中国政法大学出版社，2009，第 53 页）。

② 请注意，这里的法学博士学位是狭义的法学博士学位，与中国大法学即广义上的法学（即包括政治学、思想政治教育等专业）博士学位有区别。

③ 在当下中国，很多高校对（文科）博士研究生的要求是除了基本课程外，还必须发表学术论文几篇和完成博士论文一篇（二者又被称为小论文与大论文）。

通过如是至少10年的专业学习和专业训练[①]，一位获得博士学位从事法学教育的教师在理论上应该具备以下几种能力。

首先，从知识的角度看。在笔者看来，除了应该把握和理解法学通识知识外[②]，还应该根据自己的爱好和倾向选择进一步细化的专业知识，更应该擅长细化后的专业领域的前沿知识、相关知识等。标识这些知识的基本工具为考试，即通过考试考察获得法学博士学位的学生应该掌握的知识。

其次，从能力角度看。在获得法学知识的过程中，一位法学博士同时也获得各种技能，但不包括从事司法实务的技能[③]。其一，阅读能力。无论是以法律事务为业还是以学术为业，均须阅读大量卷宗或者学术性著作，如果在专业学习和训练中不能掌握此种能力则不能胜任该项工作。其二，提出问题、分析问题和解决问题的能力。通过学习、阅读应当获得知识和思考，但更应该在此过程中训练学生解决问题的能力或技能，这是前者的最终目的。在法学院就应该培养能力或技能，而不能在司法实务中或者说直到从事教学和研究时才开始训练基础能力。

综上所述，根据当下法学院对法学教师的博士学历要求，他在理论上应该具备丰富的法学知识和解决问题（包括提出问题、分析问题）的能力。当然，需要注意的是，这里的能力主要指抽象意义上的能力，而非教学实践中的教学技巧和经验积累形成的能力。

---

① 根据中国当下教育体制，获得法学博士学位必须经历10年的专业训练（当然也有例外，即研究生阶段的三年学制可以延长到6年）。根据美国的教育体制，不需要10年就能获得法学博士学位，因为J. D需要3年，L. L. M需要1年，J. S. D需要3~5年。当然根据爱岑的叙述，美国的法官、律师和法学院教授基本上都是J. D毕业的，攻读L. L. M和J. S. D的J. D生非常少，而且这些学位（特别是L. L. M）主要针对非美国的学生（请参见爱岑《美国常春藤上的中国蜗牛——美国法学院求学记》，法律出版社，2007，第358~363页）。

② 根据甘阳的观点，除了专业通识知识外，还需要学习和掌握作为本科学生的通识知识，如自然科学知识、人文科学知识和社会科学知识（请参见甘阳《通三统》，生活·读书·新知三联书店，2007）。

③ 对此两种能力的进一步分析，请参见何美欢《论当代中国的普通法教育》，中国政法大学出版社，2005。

五　经验中的知识与技能

获得法学博士学位的法学学生并不必然从事法学教育工作，有可能从事学术科研工作①，也可能从事律师、法官、检察官等实务性工作，还可能从事其他非法律职业工作，但从事法学教育——根据前述教师应该获得法学博士学位——的教师均已取得或者正在攻读博士学位。而且如前所述，一名从事法学教育的教师在整个求学阶段（包括本、硕、博学习阶段）获得的知识、能力和技能是学院派的，具有一般性和抽象性特点。显然，这还只是一个前置性条件，还需要其他条件方能组成一名教师教学的全部内容，亦即如果一名法学博士从事法学教育，他的教学经验（甚至包括他的经历）、个人偏好应该能够融入具体的法学知识教学，形成有个人特色的法学教学方式，教学中不仅仅有法学知识的传授，更有思想的碰撞。反之，法学教育可能仅仅是对教材之重复，或者说仅仅是对前述抽象能力的教条化传授。

（一）教学经验

根据从教的基本要求，一名法学教师除了具备学历条件外，必须接受一段时间的岗前职业培训。在此期间，学员应当修习教育学、教育心理学、教育法等课程，需要备课和试讲，再经过考试等环节，经审核合格取得培训合格证书。经过申请，由省级教育行政机关颁发教师资格证书，取得从教资格②。进而言之，在正式从事教学之前，一名教师虽然获得了一些粗浅的教

---

① 需要指出的是，两者在前现代社会常常重合，在当下，也并不必然分裂。如果从主体上看，很多从事教学工作的法学教师也从事法学专业的科研工作，反之，则未必；从效果上看，从事法学教学和科研可以相互促进。

② 当然，实践中并不严格执行，所谓的岗前培训与其说是培训教师的教学能力，还不如说是一个必须经历的过场，因为它牵涉方方面面的利益。正因为这样，基本上所有高校并不认真对待岗前培训，在实践中并不会因为某一位教师没有获得教师资格而不安排该名教师教学任务。

学经验，但毫无疑问这时该教师的教学经验还非常初步、零星，还主要来自培训期间教育专家的讲授。

真正属于法学教师本人的教学经验，主要为教学活动展开过程中点滴积累起来的思考和感悟。这些教学经验不是一两天形成的，而是长年累月逐渐形成的（在笔者看来，至少需要 3 年时间），是教师本人对其教授课程的反复品读、讲授和思考的产物。它包括三个方面的内容。

其一，对所授课程内容的理解和思考。法学教师应当对讲授的课程内容有信手拈来、庖丁解牛的熟悉度。这是一名教师应该达到的最基础的水平，其将赋予教师良好的处置课程内容的能力。在求学阶段，该教师不可能反复面对这一门专业课程，而是需要学习若干课程，因而只有在教学实践中才能达到上述的熟悉程度。

其二，对法律运行实践、法学教学本身规律的把握和体悟。法律是世俗的，因而法学也应当是一门面向实践的学问。一名法学教师只讲授纸上法律，只讲授理论中的法律知识不可能把法律的理念和灵魂展示出来，也不可能在整体上培养提升学生解决问题的能力。

其三，对入学学生的基本情况、学生毕业后进入法律职业情况的理解和把握。接受专业训练、职业知识并非不需要任何条件，相反需要对教授对象有一定的了解，对其成长环境有一定认识和洞察①。因此，法学教师必须了解其传授对象（学生）接受知识的基本情况，否则所谓的教学活动即为无的放矢或者说没有因材施教。同时，教师应当将法学学生需要掌握的知识、技能从终端视角融入具体的教学实践。

另外，还需要注意的是法学教师与法律有关的经历，如有从事律师、检察官、法官的经历或者与法律事务有密切联系的经历。这些经历使其对中国实践中的法律、法治的理解与纯粹的从学校到学校的法学教师也有不同，在

① 请参见蒋志如《法律职业与法学教育之张力问题研究》，法律出版社，2012，第 240 ~ 243、290 ~ 291 页。

中国更是如此①。在法学教育场域，这些不同的经历也促成教师对教学内容做轻度微调范围内的取舍。

综上所述，一名法学教师的教学经验不仅仅包括教师已有的传授法学理论知识的经验，更是包括对法学教育、教学规律的理解和再思考，还包括法律、法治等思想的不断碰撞。缺少任何一部分，所谓的法学教师的教学经验均为不完整。

（二）法学教师的个人偏好

法学教师的教学过程不仅仅与教师的教学经验有密切关系，与教师的个人偏好、倾向也有内在联系。法学教育不仅仅是知识的传授，更是一门艺术。在这一门艺术中，法学教师能够把自己对法律的偏好和特殊感悟融入所授课程之中，进而形成真正有个人特色的教学活动。

这些偏好、特殊感悟的形成不仅仅与求学阶段形成的爱好、兴趣有关，更与法学教师在教学阶段通过阅读最新的与教学有关的法学论文、理论性专著而形成的对该学科进一步细化的小领域的特殊倾向、偏好有关。当然，这两个阶段形成的偏好、特殊感悟更可能是重合的。如是能够重合，这一偏好形成的感悟、观点和思考所渗透出来的韵味更浓，更能渗透每一堂课中。如果不重合，具体课程的教学实践活动改变了教师对该学科思考的重点，这本身就是对该课程、该学科的一种思考和体悟。

通过阅读与教学有关的法律文献形成的个人偏好、倾向，相当于黏合剂，可以把该课程各个部分以一种精神或者观点融为浑然不可分割的一体，从而使该课程的教学如艺术般精彩展示。

---

① 美国的法官与学者会围绕案件进行有效的交流、对话，甚至共同推动规则的发展与变迁（请参见蒋志如《试论法官与法学家的关系——以美国为语境的思考》，载《安徽大学法律评论》2011 年第 2 期）；中国法学者与法官等实务工作者之间却很少有真正意义上的就案件的对话和交流，更不要说围绕案件两者共同推进法律规则的变迁与发展。

六　结语

根据前述，我们可以从以下几个方面做总结。

首先，一名法学教师的教学活动主要由三部分组成：学历基础、教学经验和教师在教学方面的个人偏好。

就个人偏好而言，一方面，法学教师的个人偏好相较于其获得的教学经验的确更具主观性，但仍然是一名教师教学活动不可分割的组成部分。一则，任何行政命令、任何教学监督也无法将之彻底排斥在教学活动之外，而且不能将之排斥，因为这一因素更可能造就法学教学如艺术般展示的景象。二则，教育部门、行政主管机关也无法对教师提出确切要求，因为个人偏好是教师教学活动不可分割的组成部分，也是相当具有个人性的活动。

另一方面，教师教学经验虽有客观成分，但这是相对于个人偏好而言的，如果相对于教师个人学历而言，其又具有个人性、主观性。这一特征虽然也可以说对法学教师提出了要求，如要求其重视法学教学内容、法学教学针对的对象、学生基本情况、法律职业情况等因素，但也无法以量化方式监督和考核法学教师。

进而言之，一名教师获得的法学博士学位，即一名教师的学历基础在三者中最具客观性。

其次，作为教育管理者，如立法部门、教育行政部门、学校行政部门、学院主管教学的领导，在对教师从事教学活动进行规制和管理时，对教师能够提出的唯一要求只能是学历（学位）。这与前面立法文本和教育政策揭示的情况是一致的。这不是说不能对教师提出要求，而是说对教师没有必要提（只有形式意义上的）要求，而且即使提出要求也没有意义，最终要求可能沦为具文。因为任何人都不能提出超出对方能力的要求，更因为正如笔者在其他地方指出的，教育行政管理者的基本职能与其说是权力命令，不如说是通过权力为教师的教学活动和学生的学习提供服务[①]。

进而言之，对欲从事法学教育的人来说，满足具备博士学历这一基础性要求既可。法学教师在从事法学教学这一场域中的确是主导者，用一句俗语来说或许更形象，即“我（教师）的地盘我（教师）做主”。

当然，也不是说对法学教师没有任何监督。其一，学校、学院形成的教学传统和教育行业、各大法学院为法学教师制定的职业道德可以约束一名法学教师完成最基础的教学工作，否则其不能成为一名合格的法学教师。其二，虽然教育行政管理部门从基本职能看，不能以行政命令的方式控制和监督法学教育活动，却可能以有倾向性的政策引导、促使教师将教育部门的意识、观念、政策贯彻于具体课程的教学活动。

再次，虽然对教师只有学历这一要求，即不对其提出具体要求，但规范教师、学校、学生的基本教育制度和规则不能虚置。简单来说，学生在课堂上对教师教学的配合、教师对学生的作业和要求（如预习、阅读书目、阅读案例、课堂讨论等）、期中和期末考试等制度均能有效检测学生学习的情况，教育行政部门应当充分利用这些工具，而不能让所有人在无意间通过“共谋”利用制度漏洞导致表面共赢实质双输的结果[②]，否则的话，无论对教师提出多少要求，也没有意义，法学教师也只能在讲台上唱独角戏。

在这唱独角戏的教学活动中，教师无论怎么努力准备教学内容、无论怎样组织课堂，学生均可能视而不见，因为法学学生可能因为不上课而没有感悟，而且即使进入课堂也可能因没有读书而无法体悟，更可能以“太阳底下无新事”为由认为在教师教学中没有值得学习和体悟的知识和思想。

更可能的情况是在一些不合理考核规则的操弄下，出现“劣币驱逐良币”现象，即严肃认真教学的教师因为严格、认真而得到不好、不高的评价，而怠于教学、胡乱教学的教师因能够满足学生的各种要求（如期末考

① 蒋志如：《美国大学、法学院与中国大学法学院》，载《中山大学法律评论》第8卷第1辑。

② 对此的详细分析，请参见蒋志如《中国法学教育的双输?!》，载《厦门大学法律评论》2010年第1期；蒋志如《法律职业与法学教育之张力问题研究》，法律出版社，2012，第一章第一节。

试勾重点、漏题或者改卷给高分等）而得到非常高的评价。这将刺激那些教学严肃认真的教师，进而导致他们进一步向后者撤退。

因而，教学大纲、教材、教学参考书等对教师的要求或者约束只有形式上的意义。

综上所述，中国法学教育对法学教师提出的要求呈现如下景象。一方面，在不该提出要求的地方提出要求，具体来说，应该由教师自专、做主的地方不放任其自治，以各种政策、文件提出一系列要求甚至不合理的要求，负效应兹彰，令对教师的要求形同具文。另一方面，在应该提出要求的地方却只字不提或者只提出一些模糊要求（如前述对法学第一学位、第二学位的分析），也令对教师的要求相当于没有。

针对这一景象，我们能够做的，在笔者看来，只有一途，即：落实制度，在此基础上让法学教师在自己的领地上实现自主。在数年的法律职业训练、熏陶，数年的教学经验及由此形成的偏好的三重要求下，虽然要求每一位教师的教学活动成为一种艺术确为痴人说梦，但对矫正当下中国法学教育的一些深层缺陷肯定有若干助益。

在笔者看来，如果能够达致上述主张，即使从微观角度看，也能够令学生“重返”课堂，而非继续令学生“身在曹营心在汉”。在这时，教师的“教”和学生的“学”能够经常碰撞，法学教学活动就可能不仅仅是知识的讲授，更可能成为思想的交流和提升、文化的传承。

简言之，仅对法学教师提出要求并不能矫正中国当下的法学教育的缺陷，也不能提升当下法学教育质量，因此更需要对法学学生提出要求。

第三章　法学教育中教师应当教授的基本内容

一　提出问题

笔者在《试论法学教育对法学教师的基本要求》一文中[①]提出，法学教师在教学这个场域虽然可以自专，但并非对其没有任何要求，仍然有三方面的隐性约束，即求学经历中学习到的法学知识和法律技能、教学经验和由此形成的教师个人偏好，但就其实质而言，教学经验和个人偏好非常主观，比较有意义、也比较客观的要求只有学历（法学博士）而已[②]。在此语境下，一位拥有一定学历（法学博士）的教师在从事一门具体课程（如刑事诉讼法）教学时，对其可以提出什么要求呢，或者说一位法学教师在课堂上授课的基本内容包括哪些；更确切地说，法学教师在教授课程时应当包括哪些基本内容、应当受到哪些因素的约束，法学教师在课堂教学中应当教授什么？

其实，教师教授的基本内容没有多少争议，因为中国法学教育发展

---

① 蒋志如：《试论法学教育对法学教师的基本要求》，载《中国法学教育研究》2013年第4期。

② 在中国20世纪70、80年代，只要大学本科、专科即可，到90年代至少需要本科，在21世纪初要求硕士学历，在当下则要求法学博士学历（著名高校要求更高，不仅要求法学博士，而且还需要本科、硕士、博士教育均为211、985工程高校，并有海外留学经历等）。

到当下已经相当成熟，至少在形式上表现出了成熟的意味，比如说培养方案、课程设置（确立14门核心课程，将所有法学课程分为专业基础、专业必修和专业选修三个层次）、教学大纲、教材建设等指标得到确定和逐渐完善[①]。因而，当任何一名法学教师进入法学院从事法学课程教学时，其所在学校、学院的关于法学本科生的培养方案、课程设置、教学大纲和教材均已就绪，只需要按部就班依据前述要求一一展开即可[②]。

但是，揆诸中国法学教育之现实状况，我们仍然迷失于下面的争议。

一方面，简单地说，根据培养方案[③]，从应然角度观察，法学学生应当掌握法学基础知识、基础理论、基本技能，成为跨专业的复合型法律人才[④]。进而言之，这要求教师在课堂之上既深入理论又讲授法律实务技能，并逐渐强调法律专业技能的应用[⑤]，其实质是要求法学教师应当成为全才，在课堂上什么都应当讲授，将知识、理论与技能融于课堂。

另一方面，当下司法实践中，法官、检察官的司法活动并不需要相关的法律技能：就认定事实而言，司法人员并非根据证据法规则对证据逐一认定，而是对整个证据做综合判断，而且也不展示心证过程。进而言之，司法

① 对此，请参见曾宪义《中国法学教育辉煌三十年》，载《中国法律》2008年第4期；苏力《当代中国法学教育的挑战与机遇》，载《法学》2006年第2期；方流芳《中国法学教育观察》，载《比较法研究》1996年第2期。

② 当然，中国法学教育实践中，大部分教师并没有遵照培养方案、课程设置、教学大纲和教材之逻辑推理展开（对此，请参见蒋志如《试论法学教育对法学教师的基本要求》，载《中国法学教育研究》2013年第4期，第115～119页）。

③ 各所学校在法学学生的培养上，培养方案差不多，都大而全，对什么都有要求。以某大学法学院法学专业培养方案为例，该方案主要包括培养目标、培养规格、主干课程、学分分配几个方面，目标和规格均覆盖了各个方面——在笔者看来，是为培养全才之方案。

④ 对此，还可以参见徐英军、孔小霞《地方高校法学本科专业分类培养方案设计》，载《管理工程师》2012年第2期。

⑤ 李年终：《关于修改〈法学专业培养方案〉的思考》，载《湖南科技学院学报》2006年第12期。

人员对事实之判断虽然在形式上也依据法律、证据法规则，却明显带有一种对事实的“模糊”判断的印记。就法律适用而言，法官基本上没有依据法学方法解释法律、适用法律，而常常对法律做一种（最）模糊的解读。当认定事实与适用法律均以一种模糊方式进行时①，的确无须学习、掌握和践习法律技能，甚至无须掌握深厚的法律（法学）理论、系统的法律知识，只需要掌握社会常识、简单的法条即可②。

简单地说，在当下中国的司法实践中还不需要多少法律技能甚至法学理论的语境下，法学院教师如何达到知识、理论与技能融于课堂的效果？或者更确切地说，法学院教师在当下如何处置法学学生培养方案、教学大纲（包括教学计划）、教材这三者的关系；从长远看，法学院如何才能更好地培养出司法市场，特别是法院需要的法律知识、理论与技能人才③？这是本章拟将分析的内容，请看下面具体的分析。

二　中国法学教育教授内容情况的基本现状

——以刑事诉讼法学课程为例的分析

1979 年以来，中国重新起步的法学教育体制从量上、形式上观察已非

① 从法院判决书可以看出，法院判决书对事实、证据主要以列举方式呈现，在最后以“本院认为”的方式做一个综合判断；适用法律，也仅仅是列举相关法律条文并不对法律条文特别是针对同一事项的多种条文做出解释和选择，仅仅叙述为“根据第××条、×××条作出以下判决”。这一方式不仅仅是对事实认定、法律适用的一种模糊方式，也容易产生事实认定与法律适用的错误，进而造成错案、冤案。

② 这才是苏力支持复转军人进法院的深层次理由（关于苏力对复转军人进法院的分析，请参见苏力《送法下乡——中国基层司法制度研究》，北京大学出版社，2011，第 275～280 页），这也是当下法官虽然有一定准入但谁都可以判案，而且可以在法院民庭、刑庭、行政庭任意轮岗的原因。

③ 法律职业的本质决定了法律执业者不仅仅应当具备知识、技能，还需要具备深厚的法学理论（请参见苏力《法治及其本土资源》，北京大学出版社，2015，第 343～347 页；何美欢《论当代中国的普通法教育》，中国政法大学出版社，2011，第 75～82 页；蒋志如《评〈论当代中国的普通法教育〉》，载《清华法学》2010 年第 5 期）。

常成熟[①]，各大学法学院的法学教育均有成熟的培养模式、培养方案、教学大纲、教学计划、考核标准。教师对课程（如刑事诉讼法学）教学的展开，如果从微观角度到宏观角度看是在考核标准、教学计划、教学大纲、培养方案（培养模式）等因素的制约下展开的。进而言之，一名法学教师展开教学时，具体课程的教授情况（包括具体内容和授课方式）取决于前述因素，而非完全自专。因此，我们要梳理中国法学教育教授内容情况的现状，应将其放到刚才提及的主要背景中考察。

（一）培养模式与培养方案

就两者关系而言，简单地说，培养方案是培养模式的具体化，而所谓的培养模式，简单地说，即“在一定的教育思想观念的指导下，对人才培养目标、培养规格、培养方式和培养过程进行有机整合所形成的育人方式”[②]，因而我们的培养方案主要是对培养模式下各项指标的细化、具体化，它也是学校、学院培养的指导性文件，是一所学校、学院教学思想、教学理念的集中体现[③]。

就法学的培养方案而言[④]，它与其他人文学科一样，学制 4 年（允许

① 中国现代法学教育从 1840 年鸦片战争之后萌芽并逐渐成长，到 20 世纪 30、40 年代逐渐成熟，朝阳大学（法学）、东吴大学法学院等著名法学院是其典范，此为中国法学教育第一次高潮（请参见王健《中国近代的法律教育》，中国政法大学出版社，2001，第 225 ~ 258 页）。1952 年中国高校经过全面的院系调整，法学教育基本中断，改革开放之后得到恢复、发展，逐渐成熟，西南政法大学的发展历程可谓新中国成立之后法学教育发展历程之代表（请参见《西南政法大学校史》编辑委员会编《西南政法大学校史（1950 ~ 2010）》，法律出版社，2010；付子堂主编《当代中国转型时期的法学教育发展之路》，法律出版社，2010）。

② 陈建军：《地方本科院校本科专业人才培养模式创新的探索》，载《云梦学刊》2015 年第 2 期。

③ 就培养方案内容看，均为培养模式（培养目标、培养规格等）的具体化，或者说培养模式是对培养方案的抽象、升华，无法对培养模式做出具体描绘，因而就培养模式和培养方案从操作的角度看，主要是对培养方案的具体叙述，并在叙述中离析出培养模式。当然，需要注意的是，根据这里的考察意旨，我们考察培养方案即可。

④ 不同学校、不同学院有不同规定，但有一个共同点（如果历史地看），理论课比重越来越小，实践课、实验课比重越来越大。笔者以（西部）一所普通高校（在全国排名近 200 名、在 S 省排名前十的西部典型高校）的法学教育的培养方案为考察对象，并对其展开分析。

3～6 年完成)，有 160 个学时左右，课程体系主要由通识课程（主要是公共基础课[①]）和专业课程（包括学科基础课和学科专业课[②]）两部分组成。通识课程有 50 个左右的学分，约占据总学分的 1/3。专业课程中，专业基础课大约为 25 个学分，占 15% 左右；学科专业课大约有 80 个学分，约占 1/2。就具体课程而言，没有任何一门课程超过 4 个学分，有的课程只有 1 个学分。以刑事诉讼法学课程为例，该课程为专业基础课，有 3.5 个学分、56 个学时，每周 4 节课，共 14 周。其在整个课程体系中占据重要地位，低于刑法学总论和民法学总论的 4 个学分，高于公正与律师实务等课程的 2 个学分。

根据中国当下的四年学制（每学年两个学期，共计 8 个教学学期），可以对前述做如下申述。①该学院关于法学学生的培养方案至少有 40 门课程，而实际上有 60 门理论课程，还有 16 门实践教学课程（或环节），每一学期有 8～15 门的理论课程和 2 门实践课。根据中国法学教育的情况，即大四一年主要为实习、考研、找工作阶段，课程不多，因而大学前三年即完成了绝大部分课程，平均每学期至少修习 10 门课。对一名大学生而言，这是一项非常不容易的学习任务。②公共课占据非常高的比例（近 1/3），每一学期学生需要在此花费很多时间以顺利地实现更多的目标和理想，在本科阶段可以预期的理想有考研（外语与政治很重要）和公务员考试（政治理论很重要）两项[③]。③专业课有 30～45 门，专业基础课有 7 门，核心课程有 14

---

① 如果具体地看，该培养方案中，“两课”（思想道德修养、马克思主义基本原理等课程）13 个学分，英语（或者其他外语）17 个学分、体育 5 个学分，其他 17 个学分，而真正的诸如中国文明史、中国人文经典等通识教育课程学分很少（对此，请参见甘阳《通三统》，生活·读书·新知三联书店，2007，第 83～141 页）。

② 包括法理学、宪法学、民法学总论、刑法学总论、中国法制史，刑事诉讼法学、民事诉讼法学 7 门基础课程，其他专业课分为必修和选修，必修课有 14 门，其与专业基础课基本上构成了法学的核心课程，其他课程则是选修。

③ 在中国当下的大学教学实践中，外语和政治非常重要，比其他课程有更多也更客观的考察标准，比如说英语有四六级考试。专业课反而没有客观的考核标准，而研究生入学考试的难度与外语、政治相比其客观性也不可比拟，进而有人说，考研就是考政治理论和英语。因此，学生在此花费很多时间。

门，选修课程有 20 多门，虽然占所有学分的 2/3，但专业课数目比较多，每一门课的时间分配又非常少，专业课的教学进程显得相当紧凑。

对此，我们还可以做出如是推论：在正式的课堂教学中，每一门课的教师的授课时间并不多，学生深入学习的时间也不多，师生在具体课程中可以互动和深入讨论的时间更少。

（二）教材、教学大纲与培养方案

培养方案对一门课程的教学大纲有决定性意义，因为课程（如刑事诉讼法学）的教学大纲是依据培养方案制定的。教学大纲应当依据培养方案确定的学分、学时安排课程的教学内容和授课方式，同时还要受到现行法律规范、流行教材的制约。简而言之，教师的教学内容受制于教学大纲，而教学大纲受制于学科的培养方案、教材。

中国当下教材基本分为三类。其一，全国统编教材，如教育部规划教材（如普通高等教育“十一五”国家级规划教材）、出版社规划的全国教材（如法律出版社出版的“法学新阶梯”系列教材、中国人民大学出版社出版的 21 世纪法学系列教材）①。其二，著名法学院或者地方高校法学院出版的系列教材，如清华大学法学系列教材②、四川大学法学院出版的法学本科系列教材③。其三，某些法学院或者法学专业教师根据教学心得或者教学任务单独编著的法学教材或者专著性教材④。

这些教材，特别是第一类、第二类教材随着时间的推移以及法律文本的变化、发展，内容越来越丰富，教科书也越来越厚⑤。1979 年《刑事诉讼

---

① 在最初还有司法部统编的法学教材（请参见杨军《论我国法学教材编写存在的问题及解决》，载《中国大学教学》2014 年第 6 期），在 2000 年前非常兴盛，当下已经衰落。

② 如高其才编著的《法理学》、崔建远教授等著的《民法总论》。

③ 如《民法学》为四川大学法学院教授王建平主编，《刑法学》为向朝阳教授主编。

④ 这一类教材已不流行，随着中国整体学术水平的提升，教材作为科研业绩或者作为评职称条件的优势已经消失，不仅如此，教师们还看不起这类教材，除非这类教师以独著方式出版（如易延友教授著的《刑事诉讼法讲义》，该书也被纳入北京大学出版社出版的《法学名师讲堂》系列）。

⑤ 杨军：《论我国法学教材编写存在的问题及解决》，载《中国大学教学》2014 年第6 期。

法》仅有164条，1996年发展为225条，到2012年则有290条，2018年已增加至308条，相应的教材，以樊崇义教授主编的教材《刑事诉讼法学》（中国政法大学出版社）为例，在1993年出版时只有20余万字，在2002年出版时已有40余万字，2013年出版时达84万字①。

教材的主编往往依据现行《刑事诉讼法》将教材编得大而全，而且教材级别越高（这里的级别主要根据前述分类而来）就越丰富和“健全”。对于法学本科生的教学而言，学校、学院也常常要求涉及该门课程的主要内容、基础内容不能以专题式教学展开②（其实是要求对所有内容都涉及，因为本科生没有任何该课程的基础知识），因而表3－1所示是通行的做法。

表3－1　××大学法学院刑事诉讼法学课程教学大纲之基本内容与课时安排（2012年）

单位：个学时

课程内容	讲课	讨论	作业	小计
第一章　概论	2			2
第二章　刑事诉讼法的历史发展	1			1
第三章　刑事诉讼的专门机关	1			1
第四章　诉讼参与人	2			2
第五章　刑事诉讼的基本原则	4		课外	4
第六章　管辖	2			2
第七章　回避	2			2
第八章　辩护与代理	2			2
第九章　证据概述	2			2
第十章　证明	3			3
第十一章　证据规则	2		课外	2
第十二章　强制措施	3			3
第十三章　附带民事诉讼	2			2

① 当然，该系列教材虽然均由樊崇义教授主编，但其他参与者变化不少，不断吸收法学新锐进入编撰教材的行列。

② 根据该校之基本要求——本科生要求掌握课程之基础知识，不能进行专题讲授——因而只能依据选定教材之顺序制定教学大纲。

续表

课程内容	讲课	讨论	作业	小计
第十四章　期间、送达	1			1
第十五章　刑事诉讼的中止和终止	1			1
第十六章　立案	1			1
第十七章　侦查	5		课外	5
第十八章　起诉	2			2
第十九章　第一审程序	4			4
第二十章　第二审程序	3			3
第二十一章　死刑复核程序	2			2
第二十二章　审判监督程序	2			2
第二十三章　执行	2			2
第二十四章　未成年人案件诉讼程序	1			1
第二十五章　刑事和解程序	2			2
第二十六章　财产没收程序	1			1
第二十七章　强制医疗程序	1		课外	1
合　计	56			56

刑事诉讼法学课程常常在56个学时左右，结合前述，可以做进一步分析：教师很难在短短56个学时的时间内讲授刑事诉讼程序的所有内容，学生积极参与教学（与被动接受区别）是不可能的事情，因为学生参与则意味着讲授的时间更少，如果教师与学生深入互动、讨论某些具体问题则更费时费力，因而有效的研讨课成为不可能之事。

（三）教学内容与教学方法：以刑事诉讼法学课程为例

根据××大学法学院法学本科学生的培养方案，刑事诉讼法学为3.5个学分，计56个学时，一直使用樊崇义教授主编的《刑事诉讼法学》（到现在已第三版，总字数达84万字），被安排在第三学期。在该学期，这些法学学生除了学习刑事诉讼法学外，还要学习刑法分论（64个学时）、民法分论（64 个学时，主要包括物权法、债权法[1]两部分）、法律逻辑（32 个学时）、外国法制史（32 个学时）、中国法律思想史（32 个学时）、法社会学（32 个学时）、犯罪学（32 个学时）共七门专业课（有两门为选修课，其他为必修课），还有外语等五门必选课。在由学位课、必选课、任选课组成的课程结构中，一名学生在大二第一学期至少要学习 10 门课程，部分学生还可能通过选修方式达到 15 门课，平均每名学生要学 13 门课。

根据表 3－1 所示的教学大纲，一位刑事诉讼法学教师的授课内容应当涉及现行《刑事诉讼法》所规范的刑事诉讼程序之所有内容，可以分为以下几个部分：①总则部分，包括基础理论、基本原则、诉讼主体、证据、强制措施等[2]，达 30 个学时，占 1/2 以上的学时；②（刑事）诉讼程序部分，包括侦查程序、公诉程序、审判程序、执行程序，达 21 个学时，不到1/2；③新增的特别程序，仅有 5 个学时。

我们还可以将其重新划分为两部分，即基础理论与诉讼程序两部分，二者在学时安排上各占半壁江山，前者偏向理论，后者侧重于技术操作。

其一，就基础理论而言，既包括刑事诉讼法的基本概念、基础理论、基本制度、重要规则，又涉及刑事诉讼史、刑事诉讼基本原则、基本理念、诉讼主体、证据、强制措施、相关规则等内容[3]。根据前述，在总共只有 30 个学时的情况下，每一章或者每一种制度的教学时间只有 2～4 个学时，教师不可能详细讲授基础理论，对其进行讨论更是不可能完成的事，进而讨论式教学在刑事诉讼法学课程中没有得到体现，完全处于缺席状态。

其二，诉讼程序（主要为程序之操作规则）包括了大量的事实、证据

---

① 民法分论其他内容，如合同法、婚姻法、继承法、侵权法等单独开课。

② 对此的详细分析，请参见蒋志如《宪政视野下的〈刑事诉讼法·总则〉》，载《安徽警官职业学院学报》2013 年第 4 期。

③ 其实，从教材之篇幅看，可以知道《刑事诉讼法学》的基础理论部分多于诉讼程序部分，如樊崇义教授主编的《刑事诉讼法学》（第三版），其基础理论部分，从第一章到第十三章，在总页数为 629 页的书中有 390 页之多；易延友教授之专著性教材《刑事诉讼法》（第四版），从第一章到第十五章，在总页数为 471 页的书中有 365 页之多，其他教材与此大同小异。

收集和确定，更包括对侦查、公诉等权力行使的约束性规则的审视，需要大量时间讲解和实践这些技术性规则。但是这些具体程序的课时分配非常少。审判程序最多达 11 个学时，但其包括第一审程序、第二审程序、再审程序和审判监督程序四种程序，平均每种程序不足 3 个学时，与其他程序（侦查程序 6 个学时、公诉程序 2 个学时、执行程序 2 个学时、特别程序 5 个学时）相比并不多。其他学时较多的侦查程序、特别程序，由于涉及内容非常丰富也同样出现了课堂时间不够用的问题。

因此，在法学学生没有任何刑事诉讼程序基础知识的情况下，教师要在前述要求①、时间内要完成既定的教学任务是不可能之事。

但是，学校、学院的教学任务必须完成，期末考试也会如期举行，因而教师只能在教学方法上下功夫。同时还应当注意，中国法学教育期末考试这一环节，在实践中的一般运行方式是出题、考试②、改卷、统分、登成绩等所有事项由任课教师独自进行，因而任课教师获得了一项不受限制的考查学生学习情况的权力，直接影响了教师对教学方法的选择，在整体上可以表现出任意性的特征来，大致可以呈现出如下景象。

其一，严格按照教学大纲、教材等要求，按部就班展开教学，以刑事诉讼法学课程为例，教师可以根据前述课时安排对刑事诉讼法律知识、基础理论、具体规则做浅层次的、蜻蜓点水式的教授，讨论式教学完全不可能采取。

其二，虽然有培养方案、教学大纲、教学计划等约束，但在前述考试制度的作用下，教师在教学时可以任意处置教学内容。他们根据自己的兴趣、偏好自主安排，并采取传统讲授方式展开，而非讨论式教学。因为即使时间

---

① 对此，请参见蒋志如《试论法学教育对法学教师的基本要求》，载《中国法学教育研究》2013 年第 4 期。

② 学位课、必修课一般由学院派另一名教师和任课教师一起监考，选修课期末考试则可能开卷考试，也可能是提交一篇学术论文，如果与严格的期末考试比较，其考查学生学习效果的能力更差。当然如果这样考试，学生高兴、教师高兴，学院、学校都高兴，因为成本最低、表面共赢，实际上都输了（对此，还可以参见蒋志如《中国法学教育的双输?!》，载《厦门大学法律评论》2010 年第 1 期）。

允许，讨论式教学也需要教师花费更多的时间和精力，而这些时间和精力无法在教学考核上得到体现。基于便利、成本的考虑，教师们最终通过讲授法讲授刑事诉讼法学部分内容，且偏重于总则理论方面的教学，对于操作程序则略讲或者不讲，比如说对执行程序通常采取略过的方式处置①。

其三，正因为在实际教学中，任何教师都有任意处置教材的权力，部分教师基本上脱离教材。在课堂上，任课教师可能讲授偏离主题的内容，因而，他们不可能也不愿意与学生互动，更不可能与学生讨论刑事案件、刑事案件的具体程序、相关制度、规则等，进而只能将自己对社会、国家的偏颇意见灌输给学生②。

综上所述，这种培养方案、教学大纲、教材、考试制度，导致了两种情况。一种情况是教条式地遵守，教师只能以讲授法方式展开教学，虽然有个别教师能像高中教师一样将这些浅层次的知识如花般展示，却没有高中式的其他制度配合（学生的积极努力、教师的课后监管等），这种好效果也只能随风消散。另一种情况是脱离教材，天花乱坠地胡吹，这也只能以讲授的方式展开，因为学生无法与其对话，教师也不希望学生与其对话，教师仅仅是将自己的价值观、生活阅历（虽然是与法律职业有关的生活阅历）通过课堂方式灌输给学生。如是教学虽然较前述培养方案、教学大纲等而言，要等而次之，但从中国目前法律职业的需求、社会的需要看，并不比前者差。

三　法治国家的对照：法学知识、理论与教学方法的结合

根据前述，我们已经知道，在中国法学教育中具体任课教师的授课以理

① 大部分法学院教师并无司法实务经验，无论是到司法实务部门挂职，还是兼职律师的比例并不高。当然，这一比例会根据学校位置的不同、地位的不同（是否为重点大学、是否为211、985工程高校）而有所不同，因而大部分教师只有学历上的理论知识而已。

② 部分教师的如是讲述形成了一种不好的现象——“呲必中国”（对此，请参见《老师，请不要这样讲中国》，载《辽宁日报》2014年11月14日，第4版）。.

论讲解为主，具体法律实务技能、法律分析技术、阅读能力、写作能力在课堂上无法得到训练，其授课方式基本上是讲授法，讨论式教学、苏格拉底教学法无法在这种环境中生存[①]。为什么中国当下法学教育的基本理论教学呈现如此状态，在笔者看来，我们可以先将目光投向西方国家，探究其如何展开课堂教学，教学中是以理论教学为主还是以传授法律技能为主，他们在短短的教学时间里如何保障教学质量？

当今世界大致存在两大法系，英美法系和大陆法系，英美法系以美国为典型代表，大陆法系以德国为典型代表。为了叙述的方便，笔者在这里仅仅以美国和德国的法学教育、法学教学情况做一个对照式的分析和展示，以探讨中国法学教育质量不彰的深层次原因。

（一）美国的法学教育与法学教学

美国法学教育经历了从学徒制到法学院制的发展历程[②]：就学徒制而言，学徒作为未来的法律人跟从有律师资格的法律人学习，正如学者描绘的，“从理论上讲，这是一种将书本知识与实践操作结合起来的培训方法，如果实施得当，效果应当非常好……著名政治家托马斯·杰斐逊即为优秀代表。但是，这一培养模式也有缺点，即成本高、很难规模化，实务能力有余，理论知识不扎实”[③]。相应地，学徒制法学教育不存在现代所谓的教学方法问题。

工业革命时期，对法律人的需求越来越多，学徒制法学教育被法学院教育取代。

---

① 以这些教学方法展开教学，不仅仅教师需要花费大量时间，学生也需要尽心尽力，这才是真正的共赢，但在中国只有清华大学已故教授何美欢女士以案例教学法方式展开（对此，请参见何美欢《论当代中国的普通法教育》，中国政法大学出版社，2005）。但是，在中国当下教育体制下，法学学生很少有人愿意花时间、精力深层次学习法律，进而效果不彰，更没有教师有意愿以此种教学方法展开。

② 到当下，有诊所法律教育作为法学院教育之补充，但应当注意，其不是取代，并不能当成美国法学教育的独立发展阶段（对此的详细分析，请参见蒋志如《何去何从的中国诊所法学教育？》，载《安徽大学法律评论》2011 年第 1 期）。

③ 对此，请参见胡晓进《自由的天性——十九世纪美国的律师与法学院》，中国政法大学出版社，2014，第 7 ~ 12 页。

第三章
法学教育中教师应当教授的基本内容

最初，法学教育在法学院初立，教师不多，学生也少，教师多由法官等人担任，他们以讲座方式展开教学（被称为“讲席教授”），他们采用的基本教学方法为讲授法[①]。随着学生的增加、教师的专职化，法学教师（大部分教师仍然肩负法官职责或者从事律师行当）主要以法学名著如布莱克斯通的《英国法释义》为蓝本或者教材以讲授方式传授基础法律知识。在教学方法上，除了讲授法外[②]，其他教学方法开始萌芽，如在后来发展为案例教学法的问答式教学法（通过阅读案例和其他材料、教师提问等形式开展教学），另外，考试、模拟法庭等也成为法学教育、教学的组成部分[③]。据此，在法学院教学教育的最初阶段，正如学者的评论，“多采用欧洲大陆流行的讲座授课方式……崇尚演绎推理[④]”，亦即教学上的讲授法，以讲授法学理论为主要内容。但由于这些法学教育教师多由法官、律师担任（哈佛大学法学院直到埃姆斯才出现没有任何实务经历的法学教授，虽然其有律师资格证却从未执业），司法案例不可避免。加上英美法系的判例法传统，其他教学方法也自然而然萌芽。

兰代尔时代。19 世纪 70 年代，身为纽约州职业律师的兰代尔执掌哈佛大学法学院，首倡案例教学法。该教学方法要求学生在课前阅读相关案例，以探求法官居中裁判时可能采取的规则和原则。在教学中，教师居于主导地位，通过提问、学生回答展开教学，既有教师的问、学生的答，还有学生间的相互辩论，以深层次挖掘案例中的法律规则、原则等法律知识和理论以及训练法律分析技术[⑤]。该教学方法到 20 世纪初已席卷全美（到当下也为主

---

① 请参见许庆坤《美国法学教育透视》，载《山东大学法律评论》2007 年第 4 辑，第 246 页。

② 耶鲁大学法学院在 1899 年的课程设置及其教学方法一览表对此有充分证明，对此请参见胡晓进《自由的天性——十九世纪美国的律师与法学院》，中国政法大学出版社，2014，第 110 ~ 112 页。

③ 对此，请参见胡晓进《自由的天性——十九世纪美国的律师与法学院》，中国政法大学出版社，2014，第 58 ~ 61、91 ~ 93 页。

④ 许庆坤：《美国法学教育透视》，载《山东大学法律评论》2007 年第 4 辑，第 246 页。

⑤ 对此，请参见徐显明、郑永流主编《六年制法学教育模式改革》，中国法制出版社，2009，第 17 ~ 19 页；更为详细的分析，请参见蒋志如《法律职业与法学教育之张力问题研究》，法律出版社，2012，第三章第三节。

要的教学方法)，成为法学院基本的教学方法，其虽然不直接讲授法律知识、原理，却在案例讨论中使学生逐渐掌握和实践了法律知识、法律基本原理。如果对照讲授法，二者不仅教学方式区别明显，教学效果的区别也非常显著，达成了培养法律复合型人才（不仅仅有法律知识，还有文学、政治学、社会学、经济学等知识，更有法律人的思维方式）的目标①。

简而言之，美国案例教学法在法律知识、法律规则、原则的基础上，进一步培养学生的阅读能力、分析能力和写作能力②，但究其实质，这也是一种通过案例学习法学理论的教学方法。其主旨在于培训学生掌握法律分析技术，学习基本思维方式为归纳法，即通过经验、系列案例离析出法律规则、原理。

一言以蔽之，所谓案例教学法，不仅仅是一种教学方法，更是案例、法学理论的集中体现。

（二）德国的法学教育与法学教学

大陆法系国家的法学教育大致类似，但均与美国法学教育迥异，没有以案例教学法为基本教学方法，而是直接讲授法学理论。同时，由于法律本身的实践性特点，掺杂了其他教学方法（练习课、研讨课）。

以德国为例，从课程设置上看，德国法学院的专业课课程设置也分为必修课和选修课，具体而言③，前者主要有德国法导论、国家学说总论、欧洲和德国法律史、法律人经济学基础、民法：导论和法律行为学说、国家法Ⅰ、法律方法导论、法哲学、债法Ⅰ、刑法分论、国家法Ⅱ、法律社会学、罗马法Ⅰ、债法Ⅱ、民事诉讼法、行政法Ⅰ、家庭法、继承法、商法、刑事

① 对此，请参见陈绪刚《“朗道尔革命”——美国法学教育的转型》，载《北大法律评论》第十卷第一辑，第203～208页。

② 对此，请参见何美欢《论当代中国的普通法教育》，中国政法大学出版社，2005；更具体的分析，请参见蒋志如《评〈论当代中国的普通法教育〉》，载《清华法学》2010年第5期。

③ 对此，请参见郑永流《知行合一经世致用——德国法学教育再述》，载《比较法研究》2007年第1期，第99～101页。

诉讼法、行政诉讼法、警察法、国民经济、公司法、法律比较、地方法、欧洲法Ⅰ、国际私法、强制执行法等课程，以及诸如初学者练习课Ⅰ等练习课（每学期有2~3门），年级越高练习课比重越大。后者分为5类，学生可以根据自己的偏好选择其中一类课程，以法律史和法律比较为例，其课程有欧洲和德国法律史、罗马法、法律比较、欧洲私法史、法律比较方法论、古希腊罗马法律制定和法律实践、中世纪和近代法律制度、法律史或法律比较学术研讨课。除此之外，还有诸如谈判学/调解、法语/英语法律术语、修辞学等其他课程①。

根据该课程目录，我们知道，德国法学院中的课程数目与中国法学教育之课程数目、学分（学时）相差不大（每门课3~4学分，专业课合计达40余门），学制也是四年。但德国法学教育之质量无人怀疑。之所以如此，在笔者看来，是因为其教学方法与法律职业教育高度契合，所采用的教学方法有以下三种。

其一，讲授法。任课教师（一般由教授主讲）以独白的方式展开教学，通过讲述法律概念、法律规则、基本原理的方式展示一门课程②，与中国法学院的法学教育教学方式并无多大区别。但是，德国法学教育中的考试制度之严格与中国法学院的考试情况有天壤之别，前者之考试与第一阶段国家组织的司法考试紧密相连③，而后者的考试则形同虚设④。

其二，练习课。练习课是对讲授课的补充，但也是必修课，而且每学期均有2~3门。练习课通过小班教学方式展开，通过分析案例探讨法律之适用。一般由高级助教或者教授助手主持，学生先以法学理论对案例展开分

① 其他大陆法系国家的课程设置也大致如此，比如日本（对此，请参见龚刃韧《关于法学教育的比较观察——从日本、美国联想到中国》，载《北大法律评论》第4卷第1辑）。另外，其他国家的课程设置与中国法学院课程也有一个重大区别，即诸如思想道德修养与法律基础，马克思主义原理两课的内容很少，相关的政治、经济课程比较多。

② 请参见吴香香《德国法学教育镜鉴》，载《中国法学教育研究》2014年第2期。

③ 请参见葛云松《法学教育的理想》，载《中外法学》2014年第2期，第299~300页；李道刚《德国法学教育述评》，载《甘肃政法学院学报》2005年第5期，第129~130页。

④ 请参见蒋志如《中国法学教育的双输?!》，载《厦门大学法律评论》2010年第1期。

析，由主持人组织讨论并做最后总结①。

其三，研讨课。该教学方法一般在高年级展开，由教授主持。教授先提供若干主题，学生根据自己的偏好选择一个主题收集资料，并做主题发言，其他同学参与讨论，以训练学生的法学研究、法律推理和说理能力②。

上述三种教学方法在德国法学教育中并存。通过教授课程和考试达到学生系统学习法学理论的目的，为了使学生深刻理解和把握，德国法学院更是以其他专门的练习课、研讨课作为补充，进而要求学生在课外花费大量时间学习、练习专业基础知识、法律原理。正如有人评论，“大学所能提供的不是实务经验，而是对理论知识与专业方法的传授，只有在学生掌握了必备的基础知识……实务教育才有意义”③。

综上所述，无论是大陆法系国家，还是英美法系国家，法学课堂上的教学内容在于法学理论，即使强调法律技能也往往是理论基础上的技能，而非就法律技能实践法律技能，其体现了知识、理论与教学方法的完美结合。具体而言，就美国法学教育而言，学生通过阅读案例、回顾法官判决获取法律知识、法律规则、法律原理，并在教师主导的提问和回答互动中训练法律思维能力；就德国法学教育而言，课堂上首先通过讲授方式教授法学基础知识、法学理论，进而为了巩固学生掌握的理论知识，以练习课（以案例分析为主）和研讨课（以收集资料、写作、表达为主）作为补充，进而形成通过讲授课、练习课、研讨课三种形式以获得法学理论的教学过程，也就是说，教师主要通过演绎方法推演法学基础理论。

实践法律技能主要通过实习。在英美法系国家，诊所法律教育对此有所体现，但真正法律技能的培养是在律师事务所等部门的实习、最初的工

---

① 请参见徐显明、郑永流主编《六年制法学教育模式改革》，中国法制出版社，2009，第99页。

② 请参见吴香香《德国法学教育镜鉴》，载《中国法学教育研究》2014年第2期，第135～136页。

③ 吴香香：《德国法学教育镜鉴》，载《中国法学教育研究》2014年第2期，第128页。

作时期。严格地说，在法学院期间，就是教师讲授理论、学生学习理论，法律技能则在律师事务所等场域获得，即使案例教学法、诊所法律教育在一定程度上可以培养学生的阅读技能、分析技能、写作技能等法律实务技能①。在大陆法系国家，实务法律技能是在学生通过了第一次国家考试进入职业预备期（2 年）后开始培养（在法学院学习法学理论）的，该技能之培养由州高等法院院长负责管理，并要求众多法律实务部门参与，进而使学生获得司法实务技能，在通过第二次国家考试后最终成为一名法律人。

简而言之，无论是在大陆法系国家，还是在英美法系国家，法学教育之课堂教育在于让学生习得法学理论，而非其他。讲授法是大陆法系的基本方法，案例教学法为英美法系的基本方法。如果从任课教师的角度看，都在于讲授法学基础理论。

四　中国理论遭遇教育实践反对的再探讨

对照西方法治国家的法学教育，根据我们对中国法学教育教学内容的描绘（也是一种法学理论教学），其的确存在若干瑕疵和缺陷。

（一）教学方法单一

当下中国，法学院大致只有讲授法一种教学方法，其他教学法如研讨课、案例教学法很少被采用，仅仅是任课教师根据兴趣、偏好偶尔为之。形成鲜明对比的是，德国法学教育形成了讲授法、练习课、研讨课三足鼎立的教学模式，后两者中国没有采用，更没有成为法学院基础课程的组成部分，

① 在美国法学院，一年级学习必修课程，二年级学习选修课程，同时有模拟法庭、法学期刊审稿等活动，三年级到法院、律师事务所实习，学习成绩、实习情况决定了工作的律师事务所（对此，请参见〔美〕马莎·金《一个小女人的常春藤之旅》，周其明译，法律出版社，2009）。

像美国法学教育那样的案例教学法更不可能在中国全面展开[①]。

这种单一的教学方式，需要教师注重以下几个环节，即备课、组织教学、开展课后辅导。在该教学活动中，我们只看到任课教师的身影，只看到教师们的努力，即教师的讲授角色，而教学的另一角色学生处于缺席状态，学生基本上不需要为课堂教学做任何准备。在当下考试模式下，学生也不需要课后花时间，只需要在考前一周集中复习即可，造成在课堂上教师唱独角戏，学生基本上不学习的情况[②]。即使仅从教师角度看，在当下实际教学三个环节中，课后辅导也已名存实亡。另外，由于监督的缺失，有一定教学经验的教师，其凭借教学经验也使备课环节成为一个可以被忽略的因素，法学教育的具体教学则仅剩下课堂教学环节。

（二）考试制度失灵

根据前述，我们知道，德国的法学院考试、国家第一次司法考试和第二次司法考试非常严格，而且法学院考试之严格并不亚于国家司法考试[③]。从美国法学教育看，学生之考试成绩可以决定其实习的场域（在哪家律师事务所实习、哪一所法院实习、能否到联邦最高法院实习），进而影响一名法学学生未来的工作，也就决定了其未来的可能收入[④]。因而，无论是法学院、教师，还是学生均非常重视考试，并努力实现考试考核应当达到的目标。

反观中国法学院的考试情况，根据前述，考试成为法学教师一个人可以自专的场域，在缺乏监督的时间、空间内，学生不以为意，教师也

---

① 到目前为止，中国只有清华大学何美欢教授在清华大学法学院启动了全面的普通法、案例法教育（请参见何美欢《论当代中国的普通法教育》，中国政法大学出版社，2005），但现状如何不甚了解。

② 请参见蒋志如《中国法学教育的双输?!》，载《厦门大学法律评论》2010 年第 1 期。

③ 吴香香：《德国法学教育镜鉴》，载《中国法学教育研究》2014 年第 2 期。

④ 朱伟一：《法学院》，北京大学出版社，2014，第 183 ~ 189 页；〔美〕马莎 · 金：《一个小女人的常春藤之旅》，周其明译，法律出版社，2009；〔美〕史考特 · 杜罗：《我在法学院的故事》，傅士哲译，法律出版社，2012。

不以为意，学院、学校更不以为意，只有想获得奖学金的同学在认真准备，但不需要太多时间，一周时间足已。而且，在这个场域，教师甚至可以令考试与教学完全脱节，即考试内容与上课内容可以完全不相关①。简而言之，中国期末考试制度基本失效，虽然从形式上看，其发展趋势表现出越来越严格的特征——学院领导、学校领导重视（在大会小会上反复强调各种关于考试的规则、注意事项），要求任课教师从出题、监考到改卷，再到登分不许有过错，一旦出错，处罚非常严格，先是被定为重大教学事故，还要扣罚奖金，甚至影响职称评定。

这些不足和缺陷导致了学生对此的回应。

首先，因为教学内容与考试试卷可以分离，而且考试内容也比较简单②，不需要阅读课程教材全部内容，只需要阅读相关章节，所以如果仅仅想“60 分万岁”，就可以不阅读教材。简而言之，对于法学学生而言，在当下的教学、考试要求下，学生并不需要阅读教材，因而没有多少学生认真阅读过教材。根据笔者对一所普通大学法学院的调研③，读完教材（比如说《刑事诉讼法学》）的本科学生不到 5%，认真、反复阅读教材的学生完全没有，他们只关心成绩，不关心法学知识、理论及其内在逻辑。

其次，由于法学院没有开设研讨课，也没有开设案例分析课，学生既不会阅读法学专著，也不会阅读相关主题的法学论文，以深入掌握、思考需要学习的法学理论、法律规则。根据笔者的调研，对于法学本科生而言，严格意义上的专著、名著，如《论法的精神》、《法律概念》、《法理学》（魏德士）、《法理学问题》（波斯纳法官）基本上没有学生阅读；宽泛意义上的法学著作，在教师的推荐下有所涉猎，但在 4 年中读完 10 本以上的学生也不

① 记得大学本科学习宪法课时，宪法学教师花了一学期只讲完第一章，而考试则是全书，其他课程虽然问题没有这么严重，但也可以说是相当脱节，进而到大二时，我们也不关心教师在课堂上讲什么了，只在期末时关注他说什么（通常都与期末考试题有关）。

② 正如一个笑话：一群同学在议论期末考试，担心老师将会考哪些内容。其中一个同学回应道：“其实教师也在担心我们会什么。”

③ 该大学在全国大约排 200 名左右，属于一般普通高校，在该省则属于第一方阵的学校，可以排在前十名。

多［比如说《法治及其本土资源》（苏力）、《看得见的正义》（陈瑞华）］，平均每年不足 3 本；法学学术论文，很多学生基本上不知道其为何物，甚至有同学在大学四年没有进过学校图书馆。

在这种教学情况、学生学习情况下，法学理论怎么可能在法学学生头脑中发芽、生根呢？进而言之，学生在大学四年基本上没有接受系统的法学理论教育，哪怕课堂上法学教师讲授了法学、法律理论。

为什么会出现如此现状、如此缺陷？在笔者看来，直接原因是当下的学生学习处于一种简单学习状态，无法进入深度学习情境，导致师生无法在短短的课堂时间内展开深层次的教学。

首先，作为基本判准的简单学习与深度学习。所谓简单学习，是指即使没有经验的学习者也可以一次学会的知识，诸如时间、地点、事件、年代等学习，主要通过机械记忆完成，是不需要多少时间、精力即可完成的一种学习方式。而深度学习，则是建立在简单学习的基础之上，要求学生深度阅读、多学科思维、设计解决问题的方案等的一种学习方式，需要一系列的活动方能完成（亦即深度学习路线）。从教育学角度看主要有设计标准和课程、预评估、营造积极的学习文化、预备与激活先期知识、获取新知识、深度加工知识、评价学生的学习①。

其次，让我们回到中国法学教育的实际教学现场，以刑事诉讼法学课程为例。

其一，教学方法为讲授法，共 56 个学时，所有刑事诉讼程序的法律基础知识应当涉及，因而在课堂上能讲的时间也非常有限。

其二，一名教师在课堂上只能简单讲授基本概念，概念之特征、性质、意义等基本内容。以“刑事诉讼法”这一基本概念为例，一般的讲授课程的主要框架可以描绘如下：② 诉讼的概念、特征，中西方关于诉讼之语义；

---

① 对此，请参见〔美〕Eric Jensen LeAnn Nickelsen：《深度学习的 7 种有力策略》，温暖译，华东师范大学出版社，2010，第 7～22 页。

② 其主要放在概论部分讲解，一般安排 1 个学时，另 1 个学时主要讲概论中的相关内容，比如说刑事诉讼法学与其他学科的关系等。

诉讼的分类（民事诉讼、刑事诉讼、行政诉讼等）；刑事诉讼的概念、特征、基本内容。通过展示如是内容，在没有所谓的预习，也没有课后作业、研讨等其他形式作为补充的情况下，学生对刑事诉讼法的学习只是在课堂时间里记下了相关术语、概念而已，比如说诉讼、刑事诉讼、行政诉讼等概念。

其三，根据前述对简单学习和深度学习的描绘，这一在课堂上仅仅能记住零星概念、术语的学习方式，只能被归入简单学习的范畴。对何谓诉讼、刑事诉讼等进一步的认识则只能达到相当肤浅的状态，停留在“望文生义”的层次。如果没有案例的辅助、课后复习和研讨的话，对刑事诉讼有深刻、深入的思考和理解，或者通过概念深刻把握程序之要义（包括正面、负面之意义）是不可能的，因为这里的学习效果应当是深度学习的结果。

其四，在中国法学教育的现状下展开深度学习之难度。当法学教育之教学处于前述状态时，一名任课教师要展开深度学习的教学是否可能呢？深度学习建立在简单学习的基础上，首先要求学生有简单学习后的基础知识，而教师先得假设学生已经掌握了基础知识，进而在课堂有限的时间内对知识展开重点提示、串联，并在一定主题下展开研讨或案例分析。简单地说，中国法学教育只在课堂之内解决简单学习的问题，要实现德国法学教育三种教学方法下才能达到的目的完全是一件不可能的事情。

综上所述，中国法学教育、法学教学存在不足、存在深层缺陷的根本原因在于教师浅层次讲授、学生简单学习，深度学习无法展开。但他们通过一系列不可思议的“中国式”考试实现了所有人表面上的共赢，而实质上却是中国法学教育的大倒退，进而导致有志之学生不知学什么、有识之教师在教学上也无所适从的尴尬境地。

五　结论

通过前述分析，我们可以得出以下几个值得注意的判断，以为未来的中国法学教育改革提供借鉴。

首先，在法学教育本科学习阶段，无论是大陆法系，抑或英美法系国家，还是中国，学习法学理论、法律理论是法学教师与学生的基本任务，虽然其他法律实务技能也不可忽视，但其他法律实务技能不能成为本科法学教育的主要内容。基于此，法学教师在授课时，应当围绕（学习）法学理论展开，而非所谓的（掌握）法律实务技能展开。因此，法学教育之教学的基本内容应当为法学理论，而且无论任课教师采用何种教学方法展开均应如此。学习法律实务技能则是在法学本科教育之后，或者更确切地说，当其成为一名准法律人时（在德国，是通过第一次国家考试后的职业预备期；在美国则是在诊所法律教育中或者进入律师事务所等司法部门实习或者在正式加入律师事务所的第一年、第二年时），教学内容应当以学习法律实务技能为主，以学习法学理论为辅。

其次，还有相关问题值得关注，即教学方法的采用问题。无论是大陆法系国家还是英美法系国家，法学教育均能够实现法律知识、法学理论与教学方法的完美组合。在大陆法系国家，法学院以案例分析和研讨等课程方式弥补讲授课之不足，不仅使学生学习了法学理论，也使学生学习了系列案例，掌握了具体法律规则。英美法系国家，比如美国，法学院直接以案例教学法增强学生阅读能力、分析能力和表达能力，更使其掌握法学理论。

但在中国，根据培养方案、教学大纲和教材，任课教师没有多少时间仔仔细细从头至尾讲授，也无法采用讲授法之外的其他教学方法。在中国现有的考试制度下，课堂教育是效果失灵的或者说学生们均处于简单学习的状态中，没有达到法律知识、法学理论与教学方法完美结合的目的。进而言之，在中国当下的法学教育和法学教学中，以达到深度学习为目的的案例分析课、研讨课还没有可以生存的空间。

最后，就法学理论与法律技能之间的关系而言，所谓的各种法律技能（包括实务性的法律技能），只能是法学理论中的法律技能，而非脱离法学理论、法学基础知识的法律技能。进而言之，当我们提及法学学生应当掌握的各种法律技能时，应当首先想到其已经掌握了相当的法学理论，而非仅仅将其作为一种操作技术。

同时，需要注意的是，不管是学习、思考法学理论，还是实践法律技能，都需要法学学生花费大量时间去理解、掌握和践习，并在此过程中形成法律职业共同体所需的基础知识、基础理论和各种技能，而不是让所有教师在法学教育这一培养未来法律人的事业中唱独角戏。

总之，从法学教学的基本功能看，任课教师应当在课堂上讲授法学理论，而不论其采取何种教学方法，也不管后继的法律技能多么重要，教师必须辅导学生花费大量时间学习、实践，否则一切都是空谈。

六　结合前面两章的再总结

根据前述详细分析，我们可以做出如下小结以为后面分析法学院学生的学习情况做好铺垫，具体描绘如下。

首先，从应然层面看，可以总结为两点。

其一，法学院对法学教师的教学不能提出诸多要求，能够做的事情是限制、提高教师之准入条件，比如说要求（法学博士）研究生学历，因为教师的求学经历可以在形式上证明该教师已经具备从事法律职业教育的专业知识和专业技能。但这并不表明，法学院、高等院校在对法学教师施加约束和要求方面无能为力，其可以利用手中的资源（主要指通过做加法的方式影响教师收入）、政策引导法学教师向其欲以实现的目标前进。

我们也应当注意，法学教师在求学经历、教学经历中会逐渐形成自己的教学经验、自己的教学偏好，这对法学课堂教学也有影响。

其二，无论是大陆法系国家，还是英美法系国家，法学教师在法学课堂上均应教授理论，这是法学教学最低层次的要求，中国也应当遵循。同时，法律技能也非常重要。它要求每一门基础课程通过一种或诸种教学方法、充足的课时量，实现对法学学生的法律理论、法律技能训练的目标。换而言之，该问题的关键在于充分的课时量和一定的教学方法充分结合，特别是充分的课时量。还有，就法学理论而言，法学教育作为职业教育之关键，不在于法学具体知识的教授（虽然它非常基础，也相当重要），而在于展示法学理论之体系性、逻辑力，在于培养以法学理论分析问题、解决问题的能力，即一名法律人应当具备诊断、治疗和推论的能力，这也需要一定时间来演示、练习。

其次，从中国法学教育现状看，其存在如下缺陷。

其一，虽然从学历来看，法学院之教师只有具备法学博士学历方可从事法学课程的教学，但教师们在从事教学时受到太多约束，进而在培养学生专业理论知识、法律技能方面有些力不从心，也无施展之空间、时间。

其二，从教学方法上看，课程教学往往以讲授课方式展开，主要传授法学基础知识，而非有逻辑力、体系性的法学理论，法律技能则付之阙如。其他教学方式如案例练习课、研讨课则付之阙如，而且即使其出现在课程计划中，也处于名存实亡的状态。

其三，从时间上看，每门课程（包括基础课程）的教学课时非常少，无法容纳培养具备法律理论、法律技能的学生等诸多目的。现有的课程，即使课时量相对较多的刑法总则、民法总则，总课时也不到 70 个学时（刑事诉讼法仅有 50 个学时左右，有些课程还只有 32 个学时）。这些学时即使仅用来教授理论知识都显得入不敷出，因而专门的研讨课、案例练习课更不可能出现在课堂上，学生无法通过教师的演示、自己的练习培养专业技能。任何理论体系的展示和法律专业技能的培养都需要时间的积累。

简而言之，中国法学教育不仅仅在培养学生法律技能上付之阙如，即使理论教学也停留在较低的知识传授层次。

最后，据此，我们还可以进一步推论。法学教师在法学课堂上仅仅在理论讲授、法律分析技能方面可以努力，其他方面可以努力的空间有限，不过不同国家亦有不同表现。部分法治国家的法学教育，无论是大陆法系国家，还是英美法系国家，一名教师可以将经验、偏好，甚至专业之溢出（业中之道）在专业技能的讲解、演示中展示出来，因而其可以在培养学生专业能力上做得非常出色，而且在其他领域也有很大扩展空间。中国法学教育中教师的表现则不如人意，不仅仅在其他领域不能扩展，在专业能力培养领域也无法发挥既定功能，因而中国教师可以努力的空间主要是提升理论教学的层次。简而言之，中国的法学教师基本上属于是无法依靠的状态，换句话来说，学生学习法律，教师多半是靠不住的。在此语境下，中国法学院之学生应当如何展开学习，以习得法律职业所需的法律理论知识和法律技能，甚而法律职业中的道呢？

第四章　科技、新教学方法等的兴起对法学教学（教育）的影响

——以慕课、翻转课堂为中心的分析

一　问题的提出和讨论范围的界定、说明

中国法学教育存在诸种缺陷①。就法学院教师的缺陷而言，既有诸如对法学教师要求苛刻、干预太多，课堂不独立等缺陷，又有诸如对教师课堂内容要求太多，既要讲授法学理论，又要传授法律技能，还要传授职业道德②。在这里，我们将进一步讨论科技这一因素是否对中国法学教育的缺陷有所减损，或者说科技这一力量可否提升中国法学教育之质量。在论述之前，在这里应当先对本章所涉及的科技做简单界定。科技是一个涵盖力非常强的概念，与“新”密切相关，随着科技的发展，新的教学工具、新的知识承载工具出现并引起课堂教学、法学教育的变化、变迁。在这里，我们仅指两种教学工具，即慕课和“翻转课堂”，因此我们的主题是考察慕课和

① 对法学教育缺陷的详细分析，请参见蒋志如《法律职业与法学教育之张力问题研究》，法律出版社，2012；还可以参见蒋志如《中国法学教育的双输?!》，载《厦门大学法律评论》2010年第1期。

② 对此，请参见蒋志如《试论法学教育中教师应当教授的基本内容》，载《河北法学》2017年第1期；蒋志如《试论法学教育对法学教师的基本要求》，载《中国法学教育研究》2013年第4期；蒋志如《法学院教师在课堂教学中的意义》，载《中国法学教育研究》2018年第1期。

“翻转课堂”对法学教育（教学）的可能影响。

慕课（MOOC，Massive Open Online Course），即大规模开放式在线课堂，最早出现于 2008 年，经过美国 Dave Cormier 教授、Downer 教授、Sebastian Thrun 教授等人的持续努力，最终进入高等教育，并逐渐成为一种席卷全球的教学方法、教学模式。就其实质而言，所谓慕课，即“互联网＋教育”[①]。中国的慕课教育也随世界潮流起步并发展，并建成了中国大学慕课网站。在该平台上一些法学课程得到呈现，如武汉理工大学刘介明等制作的知识产权法课程、中南财经政法大学张德淼等制作的法学通论课程。学习者通过观看视频、参与讨论、提交作业、加入课程的提问和参与终极考试等环节达到考核的基本目标，并获颁中国大学 MOOC 认证证书[②]。

所谓“翻转课堂”，即将课堂之内容通过视频的方式录制下来作为“家庭作业”，由学生在课后观看、观摩；在课堂上教师并不直接授课，而是通过辅导的方式帮助学生解决疑难、复杂或者不懂的问题；对象是中小学生。“翻转课堂”在数学、物理等自然科学课程中运用特别成功。然而，这种教学模式在中国并未引起多大重视，因为中国中小学教育在高考指挥棒的引导下，教育部门、学校和教师均不轻易实验，他们固守着既有的经验以提升教学质量和升学率[③]。

就此而言，两种新的教学工具、模式的确与学徒制、传统的学校教育有很大的差异，它的一个基本特征是利用互联网和课堂之外的时间学习，目的是让学习者有更多的选择权和自主性[④]。我们在这一范围内分析科技、新的教学方法对中国法学教育的可能影响。

---

① 请参见胡新星《我国“慕课”发展研究》，硕士学位论文，吉林大学，2015；董晶《慕课（MOOC）的发展现状及对高等教育的影响》，硕士学位论文，山东师范大学，2015。

② 请参见中国大学慕课网，https：//www. icourse163. org/，最后登录时间：2019 年 2 月 20 日。

③ 当然，中国也有自己的创新——远程教育，即利用名校的教学资源和网络资源，通过付费的方式实现教学资源的共享，以提升教学质量和升学率，这些班级被称为 × ×“网班”。在这种课堂上仍然是教师主导，而非学生更多地参与。

④ 请参见〔美〕阿兰·柯林斯、理查德·哈尔弗森《技术时代重新思考教育——数字革命与美国学校教育》，陈家刚、程佳铭译，华东师范大学出版社，2013，第 93 ~ 104 页。

二 科技等因素对中国法学教育教学的影响——以教学方法为中心的探讨

英美法系国家以美国为典型代表。美国法学教育的基本特点是案例教学法、苏格拉底教学法，其运行方式可以简单描绘为以教师引导式提问和学生回答的方式围绕案例展开讨论。在该教学过程中，课程融理论、案例与法律技能于一体[①]。进而言之，美国法学教育是一种有组织的、严密的研讨课，虽然在形式上没有所谓的讲授课（理论课）和练习课（研习课）的区分。只有当我们放宽案例教学法的视野，仔细审视案例教学课堂并将其扩展到课堂之外，教师的讲授（在提问、引导过程中必然产生对法学理论、法学知识的讲解）、学生的练习课才存在或者说能够被发现[②]。大陆法系国家以德国为典型代表，德国法学教育的教学方式有三种，即讲授课（理论课）、练习课（以分析案例为练习内容）和研讨课（在高年级展开，由教授主持，有参与者选择主题、准备材料、发言，其他同学参与讨论，教师点评等环节）[③]，且教学方式间区别分明，如果与美国的教学方式比较的话，它们的确迥异。中国与大陆法系国家更有亲切感，因而对法学教育方面的交流、学习与借鉴，也更多采用德国、日本体制与制度。因此，在讨论科技对法学教育、教学方式的影响时，以讲授课（理论课）、练习课和研讨课为范围展开。

首先，就讲授课而言。中国法学教育的讲授课表现方式比较单一，基本上是教师在课堂上讲解，同时通过板书的方式展示，学生只是被动地听讲，

① 请参见蒋志如《法律职业与法学教育之张力问题研究》，法律出版社，2012，第 239 ~ 260 页。

② 何美欢教授所著的《论当代中国的普通法教育》对美国法学教育有详细阐述，包括阅读、表达和写作等能力。写作、表达之能力虽然于课堂之外展开，并主要由高年级学生或助教负责、主持，却也勉强可以算练习课。

③ 请参见蒋志如《试论法学教育中教师应当教授的基本内容》，载《河北法学》2017 年第 2 期。

很少有师生互动。当互联网、电脑技术得到广泛运用后，这一讲授课的课堂教学情况得到改善，即教师将课堂内容以 PPT 的方式呈现（代替了教师既有的黑板板书），有的 PPT 还能以多元化的方式展示（有传统的知识内容，更有视频资料、其他数据、表格等资料），可以将讲授的内容以更加立体的方式呈现。这一新技术对学生在课堂上理解知识的确有帮助，但帮助到底有多大，得根据学生的学习情况而定。

但就本章提及的“翻转课堂”而言，它在现有的高校法学教育讲授课中完全没有得到实践，甚至连试验、试点都没有。在中国目前高校的考核体制下，专业教学课堂上强调教师的讲授，并不允许将其变成辅导课，因此没有“翻转课堂”成长的任何空间。网络上的慕课，在中国也只能作为一种额外的、补充的教育方式存在，高校本身并不承认其学分以取代（法）学院之修习，最多可以作为一种值得赞扬的经历而已（通过国家颁发的证书认证，但并不成为特定高校获得学位的组成部分），进而也仅仅是点缀而已，但其情况比“翻转课堂”要好些。前者在国家精品课程等指标激励下还有学校、学院制作①，后者基本上处于无人关心的状态。进而言之，法学课程方面的慕课教育和“翻转课堂”对中国当下的法学教育中的讲授课并没有任何实质上的影响，只有点缀意义上的影响。

其次，就练习课而言。练习课，或者说辅导课，并不是国家课程的组成部分，绝大多数学校的法学院并不开设该类课程，如民法习题课、刑法习题课、刑事诉讼法习题课。在笔者目力所及资料的范围内，的确有个别学校法学院或者政法大学开设类似的课程，如某西部综合性大学开设辅导课，但与标准意义上的练习课运行迥异，其基本情况如下：①将法学院学生分配给学院所有老师（不愿意辅导的老师可以拒绝分配）；②指导老师在分配名额范围内指导、辅导学生，算学时（一学期赋予 36 个学时）；③是否实际辅导，开课学院、学校对其并无监管，导致的后果是很少有实际的辅导，课时更多只

① 其实，在制作法学慕课课程的学校也没有承认学生修习慕课课程可以获得在该法学院修习课程的同等学分。

是增加教师收入的方式，只有个别负责的老师有实际辅导、引导，但针对的并非课程的练习课而是将其作为学生读书活动的研讨课。进而言之，就其实质而言，并无练习课意义上的教学，科技因素对其的影响也就无从谈起。

再次，就研讨课（讨论课）而言。当下中国法学院亦无专门的、严格意义上的研讨课程。如果放宽视野的话，中国的案例课或许可以充任。如果从理想型视角描绘，案例课应当如此运行：①准备案例；②学生发言讨论；③教师总结，这是对美国案例教学法的改进（没有以苏格拉底的方式展开），这是中国式的研讨课[①]。但就实践而言，很多教师的案例课演变为如下模式：①根据自己的计划准备若干案例；②课堂解剖、展示案例；③通过解剖、展示证明一些法学原理或者自己的观点、情况或经验。进而言之，这些教师将案例研讨课则变成了案例式的讲授课，因而，前述讨论的法学领域的慕课与“翻转课堂”等新的教学方式对研讨课没有多少影响，甚至没有影响。

根据上述，我们可以做如下两点总结。

（1）根据中国当下法学教育现状，法学院的教学方式主要是讲授课，研讨课、练习课则处于零星点缀状态或者说可有可无状态。至少国家法学教学指导委员会对后两种方式没有强制，只对法学课程的讲授课有强制。

（2）所谓的科技等因素带来的慕课和“翻转课堂”在中国讲授课中遭遇体制性抵制，国家、各大高校法学院并不承认通过慕课学习方式获得学分（仅将其作为学生的一种学习经历而已），更不允许教师将课堂从讲授课变成辅导课。

总而言之，以慕课、“翻转课堂”为代表的科技因素对中国当下法学课堂教育的影响着实有限。

三　法学院中新因素的萌芽：夏令营中的法学教育

2014 年以来，一些著名法学院进行了一种新尝试，即举办夏令营等学

---

① 对于对科研没有追求的老师，该课程其实更像练习课，但不是学生在练习，而是老师在练习。因为中国的所谓研讨课的整个讨论过程是各说各话，总结也常常与讨论没有关系。

习班，如北京大学、清华大学、中国政法大学、浙江大学、上海交通大学、四川大学、中南财经政法大学等高校的法学院每年都举办夏令营活动。各个层次的大学法学院的夏令营根据其不同的定位、要求和可能吸引到的学生水平采取了不同的策略，进而呈现出不同的教学模式。

第一类夏令营，一般由全国顶级高校法学院举办。它的准入条件高，申请的条件至少是重点大学法学院或者指定政法学院的学生，并要求学生是高年级学生，且学生成绩在班级名列前茅，有论文发表的学生享有优先机会。参加夏令营的学生将接受系统学习、专业训练，虽然不同学校有些差异，但均包括如下内容：围绕某个主题的系列讲座（相当于讲授课）、案例分析课（甚至有的学校直接以苏格拉底教学法展开）、研讨课（根据给定的主题收集资料并发言，相互讨论，教师主持）。该夏令营的教师，部分为法学院教师，部分为聘请的外校教师甚至国外法学院教师。法学教师们主要的角色是发放阅读资料，提供收集资料的网络资源、图书馆资源，并充分引导阅读过指定资料的学员练习案例、撰写论文以参与研讨课。学生则在教师的引导、指导下充分参与夏令营的案例阅读、资料阅读，在案例课、研讨课上积极发言，并撰写案例作业和（小型）学术论文。夏令营根据学员表现情况评定优秀、合格、不合格三个等级的学院毕业证，优秀者可能预先取得保研资格（其前提是取得学员所在学校的保研资格）。

在该类夏令营，“翻转课堂”、慕课等均可以对其产生深刻影响，教师发放的资料、课堂的辅导、案例的研习、研讨课的展开非常充分，学生只有借助这些资源（如课后看视频资料）方可达到优秀的等级。因而，我们可以说这一新兴的法学教育受到了科技等因素的高度影响①。

第二类夏令营，由知名高校法学院（通常是拥有法学一级学科博士点的高校法学院）举办。这类高校法学院举办的夏令营对学生的要求比第一类低，但也有条件，学生至少应当来自211工程以上的高校法学院，也有成

① 其实，这一影响主要是理论上的，因为如是教学方式的成本比较高，而传统的教育方式可以满足夏令营中的各种教学方法。

绩名列前茅的要求，有论文更容易受到青睐。参加夏令营的学生同样要接受该学院教师的系统训练，课程包括系列讲座、研讨课，学生要阅读相关资料、撰写相关主题的小论文，参与发言，但指导培训的教师以法学院自身的师资力量为主，也可能聘请国内一些优秀教授参与，很少有国外教授参与。法学院同样以学生在夏令营的表现情况作为是否取得预先保研资格的标准。

与第一类夏令营有区别的是，教学展开的方式和规模有些差异，后者讲授课的比例更高；研讨课的比重要低一些，但也占据重要地位，因为只有通过研讨才可发现、挖掘优秀的学生；案例练习课的比重较低，因为该类课程一般不以大陆法系的练习课为模仿目标，而是以美国案例教学法为模仿范本。这些学校的法学院要在夏令营实施这一教学方法有师生两方面的不适应性①。进而言之，这类夏令营需要学生在课外了解的资料、文献和视频资料等大大减少，依靠传统教学资源足以。

因此，以“翻转课堂”、慕课为代表的新科技手段对这一类夏令营法学教育的影响有，但已经大大减少。

第三类夏令营，一般由具有硕士点的法学院或者相关学院举办。这类夏令营准入条件低，虽然在招生简章里有很多条件，但只要成绩条件达到即可，即申请者只需要在其所在学校、学院具备保研的资格。夏令营的教师全部由本院教师组成，一般采取讲座的方式展开，持续的时间一般为 5 ~ 7 天。课程之宗旨不在于在课堂之外开辟新的法学教育，而是利用该平台宣传学校、学院以吸引学生到本校本学院读书。夏令营结束，所有学员均将获得优秀或优良的学习证书，在选择保送该校时，获得优先录取权。

这类法学院举办的夏令营，并不在乎新教学方式的具体展开。因此，“翻转课堂”、慕课等代表科技发展的要素对其没有影响。

根据上述，中国大学法学院举办的夏令营的确丰富了既有的法学教育方式，促进了中国法学教育的发展。是否举办、以什么方式举办，各个法学院

① 具体而言，法学院的教师一般为本校教师，需要教师与学生阅读的案例材料一般为英文，教师未必愿意花时间，学生的英语水平也未必能胜任（对此有实践的文献，请参见何美欢《论当代中国的普通法教育》，中国政法大学出版社，2011）。

不一而且有些差异还是本质上的，反映了该校、该学院夏令营的学生质量与教师的整体水平，进而产生了不同的教学方式。

就其共同点而言，所有法学院举办的夏令营活动的目的都是适应国家提倡的研究生保送政策[①]，吸引全国优秀的法学本科生，以提升该法学院研究生新生的生源质量。进而言之，夏令营是各个大学法学院抢夺优秀法学本科生的基本方式，目的不在于提升主流法学教育的质量。由于其对象是大学本科高年级学生（二年级、三年级），在事实上扩张了接受培训和训练的法学学生的知识、理论视野，也促进了中国法学教育的发展[②]。

但是，应当注意的是，与其说是夏令营活动特色本身对申请者产生了吸引力，还不如说是举办该活动的法学院及其背后的高校对申请者产生了吸引力。①全国一流高校拥有优秀的师资，也能邀请、聘请全球的优秀教师参与夏令营，还可以吸引全国优秀的法学本科生参加。如此优秀的师生组成的教学场域虽然具有临时性，但前述三种教学方法均有条件充分展开，进而有“翻转课堂"、慕课等代表科技对这一新的法学教育形式产生深度影响。该类夏令营的目的与宗旨均能实现，即吸引和识别优秀学生，并培养学生的法学专业技能。②次之的法学院则不具备该条件，有些教学方式无从展开，或者说展开的成本太高，法学院不能提供、不愿意提供这些教学方式。他们主要通过研讨课的方式识别出优秀的学生。进而言之，该类法学院举办夏令营的目的在于识别优秀学生，培养他们的法律技能并不在考虑范围之内，即使有也是活动副产品。③再次的法学院举办的夏令营连吸引优秀生源的功能都

---

① 根据当下的研究生保送政策，学生的学习成绩仍然占主导地位，而各个学校的期末成绩、学生综合素质排名做法很不一样，不能保证分数与能力的一致性，各个法学院只能自己亲自考察，法学院举办的夏令营因而成为非常重要的考察方式、一种新的教学方式，进而成为很多法学院，特别是重点大学法学院的常规方式。

② 这种教学方式的确比法学课堂教育还有效果，原因很简单，参与夏令营的三方（法学院、教师与学生）均有内在动力积极参与，讲座、案例课和研讨课的效果远远好于课堂教育：对于学生而言，通过积极参与表现自己，让自己的能力得到肯定，进而获得保研的预录取资格（学生还得获得本校的保送资格）；教师通过该活动辨识、发现优秀的法学学生（还可能成为自己指导的学生）；法学院也可以乘此机会宣传自己、提升法学院的实力和知名度。

无法实现，它们期望通过该活动吸引符合保送条件的学生。因为它们所在的学校没有更多吸引力，但认为保送的学生在整体上比没有保送资格的学生更优秀，保送资格本身起到了识别优秀的功能。而对于前两类夏令营而言，该保送资格只是前提之一，并没有深度识别一名学生是否优秀的功能。

因此，如果结合对传统法学院教育的分析，我们还可以得出两个判断：其一，科技对这一新形式的法学教育产生了影响，而且对第一类夏令营可以产生高度影响；其二，以“翻转课堂”、慕课等为代表的新科技因素对法学教育能够产生影响，但对既有法学教育体制下的法学院教学方式的影响很小，或者说该影响可以忽略不计。但是，法学院举办的夏令营形式的法学教育无法成为法学教育的常规组成部分，其效果也大打折扣，还不能在所有法学院全面铺开，因为其经济成本非常高。

四　科技变迁语境下教师、学生角色的变与不变

在应然意义上，科技的发展必将对法学教育产生积极影响，但对中国法学院的传统教育的影响却非常有限。为什么会出现这一现象？要让科技因素对中国法学教育产生积极影响，特别是普遍的积极影响，教师与学生之角色应当发生哪些变化或者说应当满足什么条件？本部分拟对此做出初步分析。

首先，从国家教育体制看，教育部、各省教育主管机关负责考察、监督指导所有高等学校，高校内部肩负起对法学院的监督、考察职责，法学院负责考察、监督法学教师，让法学院、法学院的教师处于行政监管之下。这一监管以利益为导向，进而被监管者、被考察者与前者形成浓厚的行政命令关系，教师与法学院均很难在既有的教育体制、持续的考察要求中有自己的独立空间和创新空间。具体而言，法学院、法学教师受到既有教育政策、教学大纲和教材的约束，教学课堂并没有多少可以独立活动的空间，如教师无权将讲授课通过“翻转课堂”的方式转变为辅导课，也不可能再有其他方式的创新，课堂以“学术或创新无禁区，课堂有纪律”为运行的出发点和归宿。

其次，教师本身创新的动力问题。中国现有教育体制让教学活动不能成为教师考量最重要的事项。对于一名教师而言，他的教师工作中有三项事项——科研工作、教学工作和接受法学院的行政领导。教学工作虽然是教师应当承当的基础事项，却不是最重要的事项，最重要的事项是科研，因为科研情况与其收入成正比，教学仅是一个大致固定的常量而且基数不高。在中国高校特别是地方高校法学院教师的收入现状下，他们的确没有多少动力花更多的时间创新教学。即使在传统教学中，教师也尽量减少投入而非增加投入。或者说从效率角度看，他们可以花费最少的时间达到对于教师的基本要求或获得相关收入。

最后，从学生角度看，学生缺少学习（特别是深度学习）的动力。①当前的法律职业需求还没有直接与法学教育有密切联系，学生没有内在动力潜心学习，而国外法学教育，特别是美国法学教育与法律职业有密切关系（优秀学生、好工作、高收入三者密切相关）[①]，任何进入法学院学习的学生有学习的强大动力。②在课堂之内，教学方法单一，没有正规的练习课、研讨课，学生对其没有兴趣，至少可以说兴趣不浓厚。③作为考核显性标识的考试制度。中国没有严格的考试制度，学生无须花费多少时间即可获得毕业需要的学分，只需要在期末前 1 ~ 2 周突击学习即可达到该学期所有课程考察的目标[②]。总而言之，无论是从社会需求看，还是从法学教育的实施过程看，学生很难产生学习特别是深度学习的动力。

综上所述，无论是从哪个角度看，以“翻转课堂”、慕课等为代表的现代科技因素对法学教育特别是深度学习的法学教育影响甚少。

当法学院发挥主观能动性，在一定时间内或在一个特别限制的空间内，即前述各所法学院举办的夏令营，我们可以看到科技对法学教育的可能影响。根据前述，我们也可以看到科技要素对法学教育要产生积极影响需要很

① 请参见爱岑《美国常春藤上的中国蜗牛——美国法学院求学记》，法律出版社，2007，第 358 ~ 375 页。

② 对此的深层问题，特别是学生在教学中选择情况的详细分析，请参见蒋志如《中国法学教育的双输?!》，载《厦门大学法律评论》2010 年第 1 期。

多条件，一些是传统法学教育急需的条件，一些是科技因素影响下增加的条件。在这里，笔者将假设在科技对法学教育产生普遍影响的情况下，法学教育中学校（包括学院）、老师、学生角色的可能变化。

首先，从学校、学院角度看，科技的发展和具体应用，如互联网技术、信息技术在法学教育中的应用，需要将信息转化为知识、理论和思维方式，即需要将其与法学理论、司法实践的相关知识进行方式转化。要实现这一方式的转化，得将外部资源变为教师、学生可以随手可以接触到的内部信息和资源。学校、学院这两级主体应当建设相关平台，为教师、学生提供各种服务①。

其次，从教师角度看，在科技的影响下，教师在讲授课的场域，将改变或升级自己获得信息的方式，改变自己展示授课内容的方式，以为学生提供更好的学习机会。案例课和练习课要求教师获得更全面的关于练习题、案例的相关信息以及发现深层次问题，要求教师通过最新的方式、手段进行更多思考，获得更多感悟。研讨课要求教师对讨论主题、对学生发言有更多的洞悉、把握，以理论深度和高度引导学生进步。进而言之，无论哪种教学方式，在科技的影响下，都要求法学教师继续学习。只有更多地学习，才会有能力在各种教学课堂引导学生，否则的话，科技的影响无法通过这三种教学方法，特别是在案例课和研讨课上表现出来。

最后，从学生角度看，学校、法学院和教师提供的教学资料、各种教学课堂只是为学生提供了一种学习机会，它并不意味着科技影响下的讲授课、案例课（练习课）和研讨课可以提升学生的学习能力并自然而然让他们获得更丰富的法学理论知识和法律技能。欲达致该目的，学生则应当更自觉地参与学习，更自觉地参与案例练习和探讨，更自觉地收集资料、提出问题、表达自己的独特见解。简言之，它要求学生花费更多时间和精力而非更少的时间和精力投入科技影响下的法学教育实践。

---

① 好大学都能提供这一服务［对此的详细分析，请参见蒋志如《美国大学、法学院与中国大学法学院》，载《中山大学法律评论》2010 年第 1 期（总第八辑）］，当然最重要的还是优良教育体制的形成。

总而言之，优秀的法学教育是教与学共同努力的结果，而非一方的独角戏。而且，随着科技影响的深入，学生与教师虽然在教学方面有更多的选择，但实际上无论是对教师来说，还是对学生来说，要求只会更多，而非更少，因为需要处理的信息、知识更多。法学理论知识和法律技能深度学习之要求从来没有降低。

五　结语

法学教育是一种职业教育，它要求学生掌握法律知识、理论与专业技能。法学亦是正义之学，更要求学生通过掌握理论、练习案例、研讨讨论等方式领会法学之理念和培养法律人的思维方式。这种学习模式的第一个层次是知识、理论的掌握，第二个层次是法律技能的习得，第三个层次是通过各种教学方式领会法律理念和法律人的思维方式。进而言之，法学教育要求学生进入深度学习状态，而非简单的知识掌握，要求在学习中实现法学知识、司法经验与法律智慧的融会贯通。

当科技得到发展时，它对法律、法学和法学教育之影响亦自然而然。一方面科技扩展法学知识，引起法学理论和理念的变迁、法律制度的变化，进而对法学教育产生深刻影响。另一方面，科技的发展也引起教学方式的变化，即教师与学生获得相关法律知识、法律资讯更加方便，获得的渠道、方式也越来越多元。进而更多元的教学方式得到呈现，如前述慕课和“翻转课堂”在现代教育中逐渐占有一席之地。

但是，中国法学教育本身问题多多，而且有些问题是体制性的，法学教育的课堂教学效果也不好。一方面是因为教师没有多少可以创新的空间，另一方面是因为教师由于收入等原因无心于课堂创新。因此，科技手段（如慕课和“翻转课堂”）实际上没有产生影响，或者说产生的影响可以忽略不计。

不过，随着教育部对研究生录取政策的调整，一种正在兴起的夏令营活动代表了当下中国法学教育的进步和扩张，丰富了中国的法学教育实践。虽然该种形式的法学教育有时间短、容纳学生人数少（一般30～50人，很少有超过100人的夏令营）等缺陷，而且该活动的基本宗旨在于识别优秀的高年级本科生以吸引他们进入该夏令营所在的学校、法学院就读研究生，但在这里，法学院、教师、学生有深度的共识（识别优秀和表达优秀），均产生强大的动力，进而体现出深度学习的效果。当科技成为改变社会、时代的因素时，也影响着中国法学院的夏令营活动，即使对不同层次、不同类别夏令营的影响有差异，甚至有的夏令营还没有体现出科技对其的影响。

总而言之，以慕课和“翻转课堂”为代表的科技因素虽然对法学院的夏令营有影响，但效果并不明显，对中国法学院传统的法学教育影响甚微，或者说可以忽略不计。究其本质原因，在于中国高校、法学院之教育体制本身存在深层次缺陷，并缺少师生深层次良好互动的课堂教学。

别谈：法学教师可以努力的限度

——以黄药师对傻姑的武功教育为中心的考察

一　问题、材料与说明

法学教育在现代社会首先是一种法学院教育、一种职业教育，是现代工业社会发展的产物，法学院教师（法学教师）在其中扮演着不可或缺的重要角色，特别是在法学院学生还不具备任何常识、知识且对法律职业缺少认识的情况下，法学教师的角色是基础性的。但法学院教师不一定是律师，也不是法官、检察官等司法实务部门专家，通常是由专门的教师（已与前者有迥异的经历、思考和角色承担）组成的，主要通过课堂教学（案例教学法或者讲授法）讲授法学理论实现其职业角色。一方面，虽然课堂、教学是教师自治的领域，但是大学或者法学院只能对法学教师提出最低要求，即学历、学位的要求（这是一种准入要求），而对其教学风格、教学偏好、教学经验无法做进一步要求①——此为最低层次的要求。另一方面，法学教师虽然在理论上可以不作为，可以“当一天和尚撞一天钟”，但其职业角色、职业理论将激发其通过教学达到培养更优秀法学学生的理想。进而言之，法学教师可以根据偏好、经验，对所授课程的精深理解和体悟，通过更好的方

① 请参见蒋志如《试论法学教育对法学教师的基本要求》，载《中国法学教育研究》2013 年第 4 辑。

式培养优秀的法学学生甚至一流的法律人。换而言之，前述问题在本质上是一个法学教师在其教学范围内可以努力的限度问题。

可是，法学教师努力的限度是一个主观性非常强的问题，很难用一些客观要素标识，因而对这方面的研究也非常少。在这里，笔者拟从一些个案出发，展示在培养学生问题方面法学教师可以努力的限度，但限于私密性，这项研究在中国当下法学教育语境下，也很难展开。因而，笔者将研究的视野投向与法学教育类似的武功教育，通过文学（武侠小说）中的个案描绘在武功教育中师傅努力的限度，以展示、挖掘法学教育中法学教师可以努力的限度。

在展开分析之前，我们还需要做一个说明，或者说是解决一个前提性条件，即武功教育与法学教育为何有相似性，武功教育何以作为一种对照展示法学教育中法学教师努力的限度。

武功与法律具有相似性。一方面，武功有强身健体的意义，更有解决纠纷之功能，即解决具体个人间的纠纷（保障个人权利），实现个体的公平正义，而武功的高低决定了纠纷解决的效果（当然，在武侠世界、在江湖中，这并不完全取决于武功，还有其他因素，但武功居于主导地位）正如金庸武侠著名人物郭靖所言，“我辈练功学武，所为何事？行侠仗义、济人困厄固然是本分，但这只是侠之小者。江湖上所以尊称我一声‘郭大侠’，实因敬我为国为民、奋不顾身地助守襄阳……[①]”另一方面，围绕在郭靖身边的一批江湖人士帮助襄阳守城大将吕文焕守襄阳城，救大宋子民于水火，是为“侠之大者[②]”。在法治社会中，法律也有如是功能。法律中的宪法可谓“侠之大者”（主要规范国家权力），而其他部门法则为“侠之小者”（主要保障公民的自由、人身、财产权利）。

武功与法律是一种职业工具，是一项实践性的科学、技艺，均需要系统、长期学习和训练。学习与练习的过程，即武功教育与法学教育的展开过

① 金庸：《神雕侠侣（二）》，广州出版社、花城出版社，2008，第710页。

② 请参见金庸《神雕侠侣（三）》，广州出版社、花城出版社，2008，第724页。

程让两者也有了相似性。我们可以通过考察武侠世界、江湖中教师（师傅）在教授徒弟们时所花费的时间和精力以及他们培养学生的情况展示教师可以努力的限度。在这里，笔者将以金庸武侠中的故事为例，特别是以《神雕侠侣》中的师傅（如黄药师、全真七子、郭靖等人）为例展示教师可以努力的限度。

二　黄药师及其弟子们

关于黄药师的基本情况和履历，我们可以从《射雕英雄传》《神雕侠侣》中了解。

首先，黄药师的武林地位。黄药师出自浙江世家，一直被封侯封公，历朝均为大官，后因政治原因充军云南。他本人出生在云南丽江，后回到中原，凭借其武功、家世、行为方式，不仅获得非常高的江湖地位，更是在桃花岛建立自己的“独立王国”。这表明黄药师拥有不菲的财富和不小的势力。当然，这对于我们这里的分析不重要，重要的是黄药师在江湖中的社会地位，正如江湖骗子裘千丈对当时武林高手的描绘：

> 当今学武之人虽多，但真正称得上有点功夫的，也只是寥寥这么几个人而已……武林中自来都称东邪、西毒、南帝、北丐、中神通五人为天下之最。讲到功力深厚，确以中神通王重阳居首，另外四人嘛，也算各有独到之处……那一年华山论剑……天下武功第一的名头给老道士（王重阳—作者注）得了去。当时五人争一部《九阴真经》，说好谁武功最好，经书就归谁，比了七日七夜，东邪、西毒、南帝、北丐尽皆服输……那东邪、西毒、南帝、北丐四人都是半斤八两，这些年来人人苦练，要争这天下第一的名头……①

① 请参见金庸《射雕英雄传（二）》，广州出版社、花城出版社，2008，第477～478页。

这是第一次正式、系统地介绍江湖中的五大绝顶高手①，与《射雕英雄传》一开篇就出场的江南七怪或全真七子、枯木大师比较的话，他们并不属于同一级别的绝顶武林高手。换而言之，武林高手之排名可以大致描绘如下：王重阳被公认为第一，东邪、西毒、南帝、北丐可谓并立第二（其实，还有周伯通），属于第一方阵；全真七子、陈玄风、梅超风、灵智上人等可谓第二方阵；江南七怪、一灯大师座下的四大弟子（渔、樵、农、读）则再次之。第二次华山论剑、第三次华山论剑，黄药师的地位没有任何变化（第三次武林五绝为东邪、西狂、南僧、北侠、中顽童）。

因此，黄药师的江湖地位非常高，仅次于王重阳或周伯通，如果以今天的标准评价的话，黄药师凭借其武学的江湖地位、武学的独特性，也可谓一位具有开创性的大师，更是一名顶级的“化学家”——以其自身地位做出的评价。

其次，黄药师作为一名教师，其六名弟子的江湖地位、武功排名情况。武林五绝皆有弟子继之，中神通王重阳有全真七子（也包括周伯通）、西毒欧阳锋有儿子欧阳克、南帝段智兴有四大弟子（渔、樵、农、读）、北丐洪七公有郭靖。东邪黄药师则有六名弟子（曲灵风、陈玄风、陆乘风、武罡风、冯默风和梅超风）。从武学传承（武学教育、武功教育）的角度看，只有中神通王重阳开山立派，创立全真教。全真教是江湖中非常重要的门派，其有终南山的道场，有众多弟子，还有达者七人（全真七子），是一个非常正式的一个教育机构（集宗教、意识形态与武学教育于一身），产生了非常重要的社会影响力，以至于成吉思汗都愿意与王重阳的弟子丘处机交往并向其请教。西毒欧阳锋传欧阳克为家传；北丐洪七公更多是随缘，遇到有缘的弟子，则传其有一技之长的技艺；南帝则是传给四位大臣（亦师亦友），无收其他弟子的愿望和需求。黄药师则处于其间，稍逊于王重阳，他招收了六名弟子，而且也有一个固定的（教学、生活）场所（桃花岛），琴棋书画无

① 还有两次，一次为梅超风的自我回忆（与曲灵风的一次谈话），另一次是当事人洪七公的叙述（与黄蓉、郭靖的一次私人对话），而对裘千丈的描绘则是第三方对此事件的叙事，而且是当众叙述，不是私下谈话。

所不授[①]。

黄药师六名弟子的武功、江湖地位基本情况，除了武罡风着墨不多外，其他五位弟子均有详细描绘，可以简单描绘如下。

其一，作为夫妻的铁尸梅超风与铜尸陈玄风，江湖人称“黑风双煞”。两人在桃花岛学艺数年，偷了黄药师妻子默写的《九阴真经》（下卷），随即躲起来，练习九阴白骨爪和摧心掌，而两人练功时以活人作为靶子，进而成为武林公敌。虽然武林正派人士不断围剿，“黑风双煞”的名头却越来越大，正如梅超风自己所言，“师门所受的桃花岛功夫本来就十分了得，我二人单以桃花岛功夫，就杀得那些狗子望风而靡……此后横行江湖，‘黑风双煞’的名头越来越响……后来敌人越来越强……全真教的道士也在暗中追踪[②]”。进而言之，梅超风、陈玄风两人的名头仅次于作为整体的全真七子，如果单打独斗，全真七子任何一人都不是两人的对手[③]，江南七怪在整体上也不是两人的对手（作为江南七怪之首的柯镇恶，一见到“黑风双煞”练功留下的骷髅即令其他人逃走）。

其二，作为黄药师的首席弟子，曲灵风虽然在江湖中并不出名，或者说没有挣得名誉，江湖地位也没有，特别是与作为反面形象的梅超风、陈玄风比较的话更是如此，但其武功、能力在其他人的叙述下得到比较充分呈现。①在《射雕英雄传》开始即出场，他瞬间杀死三名大内高手，看得杨铁心（杨康之父）、郭啸天（郭靖之父）心惊肉跳。②梅超风对曲灵风的评价，

① 请参见金庸《射雕英雄传（二）》，广州出版社、花城出版社，2008，第327~332页。严格地说，黄药师还有两名弟子——黄蓉与程英。黄蓉当然也是黄药师弟子，但其成名不依赖于此，而是依赖洪七公的打狗棍法、担任丐帮帮主的职位，还有其丈夫郭靖的社会、江湖地位，或者更确切地说，黄蓉很少以桃花岛武功为自己闯出一份江湖和社会地位。因此，笔者并不将其统计为黄药师弟子，而且在论及黄药师六名弟子时，黄蓉刚刚出生，无须提及。程英也不需要提及，在《神雕侠侣》中基本上不论及其江湖地位问题，主要描绘其与杨过的情感纠葛，因而与本文分析的内容相关性不大。

② 请参见金庸《射雕英雄传（一）》，广州出版社、花城出版社，2008，第336~341页。

③ 在大漠时，当时掌教马钰发现了梅超风，也不敢单独迎战，正如马钰所言，“这人（梅超风）武功当真厉害之极，只怕你六位师父不是她的敌手，再加上我，也胜不了”（金庸：《射雕英雄传（一）》，广州出版社、花城出版社，2008，第184页）。

"大师哥曲灵风文武全才，还会画画"[①]。③师弟冯默风的评价"……曲灵风，行走如风，武功变化莫测，擅长铁八卦神功"[②]。④黄药师对诸弟子的评价，"我门下诸弟子中，以灵风武功最强，人也最聪明，若不是他双腿断了，便一百名大内护卫也伤他不得[③]"。

其三，归云庄庄主陆乘风。陆乘风在江湖上大大有名，与梅超风、陈玄风形成鲜明对比，一个正、一个邪。陆乘风曾经作为正派人物领袖率领江湖人士围攻"黑风双煞"[④]，能够率领群雄则是其江湖地位的主要体现，其武功也不可能差，虽然不如陈玄风、梅超风。陆乘风是领导太湖群雄的总舵主。当黄药师听说陆冠英师从枯木大师时，要求陆乘风自己教，正如黄药师所言，"枯木这点微末功夫，也称什么大师？你所学胜他百倍，打明天起，你自己传他功夫吧。仙霞派的武功，跟咱们提鞋子也不配……[⑤]"简而言之，就武功而言，陆乘风虽然不如梅超风或者陈玄风，却也（应当）是江湖上的武林高手，比仙霞派的枯木大师高，因而能领导群雄。

其四，最小弟子冯默风离开黄药师、桃花岛时，年龄最小，武功最弱，以打铁为生，与江湖人物全然不通信息，无法比较其武功之高低，也无法论其江湖地位，其第一次与人动武，即江湖上人人谈之色变的女魔头李莫愁。李莫愁与冯默风比试时也不能轻易取胜，请看《神雕侠侣》的描绘："冯默风离开桃花岛后，三十年来练功不辍，练功时日久于李莫愁，但李莫愁横行江湖，大小数百战，经历见识多他百倍，拆得二三十招，李莫愁已知冯默风功力不弱……"[⑥] 由此可见，当时冯默风的武功不低，与一般武林人士比

---

① 请参见对此，请参见金庸《射雕英雄传（一）》，广州出版社、花城出版社，2008，第327页。

② 请参见金庸《神雕侠侣（二）》，广州出版社、花城出版社，2008，第533页。

③ 请参见对此，请参见金庸《射雕英雄传（三）》，广州出版社、花城出版社，2008，第889页。

④ 请参见金庸《射雕英雄传（一）》，广州出版社、花城出版社，2008，第340页。

⑤ 请参见金庸《射雕英雄传（二）》，广州出版社、花城出版社，2008，第507页。

⑥ 请参见金庸《神雕侠侣（二）》，广州出版社、花城出版社，2008，第541页。

较，可谓佼佼者，虽然与陆乘风比有很大差距，与梅超风、陈玄风、曲灵风相比的确相差太远。

总而言之，作为武林五绝之一的东邪黄药师，其招收了六名弟子，除了武罡风不明外，其他五名弟子在武学学习、武功境界上均有相当的造诣，由于五人的性格、偏好不同，在他们离开桃花岛独立成长过程中，江湖地位、武功成就表现迥异。曲灵风江湖地位不高，其武功也无人知晓，只有桃花岛一众人清楚其武功之高低，而梅超风、陈玄风让江湖人士闻风丧胆，其武功、江湖地位可以说仅次于五绝，基本上与全真七子并立，再次之则为陆乘风，最弱为冯默风。

简言之，黄药师自已位列五绝，是为武林中、江湖上的顶级人物，他培养的学生、弟子，也均为江湖第一流人物。或者更确切地说，其弟子大部分都凭借黄药师传授的武功、能力挣得相当高的江湖地位。因此，我们可以说，黄药师的武功教育非常成功，正印证了那句谚语“名师出高徒”。黄药师虽然与王重阳开山立派式的武功教育比较还稍逊风骚，但与南帝、西毒比较而言，无论是武功教育，还是人生观教育，抑或其取得的社会地位均更胜一筹。还有，值得注意的是，北丐洪七公教授的徒弟郭靖是例外，或者说两者没有可比性，不能从郭靖本人取得的成就推断出黄药师在武功教育上比洪七公差。

三　黄药师对傻姑的武功教育

虽然黄药师异常聪明，而且无所不精，有极高的江湖地位、卓绝的武功，但黄药师本人属嵇康式人物，性格比较冲动，给其弟子也带来了灾难性的人生际遇。无论是冯默风、曲灵风，还是梅超风、陈玄风，他们的人生发展、际遇和结局都不怎么好，只有陆乘风有较高的江湖地位、有更多的社会财富，成为江南太湖一代的江湖领袖。简单地说，黄药师在培养学生、弟子的武功上非常成功，但其负面效应也不少。在目睹梅超风、陈玄风、曲灵风的遭遇后，黄药师改变了自己的态度，首先同意了郭靖与黄蓉的婚事，随后，因自己既有过失产生的内疚补偿其徒孙，令陆乘风传授其儿子陆冠英桃花岛的上乘武功，自己亲自传授曲灵风的孤女傻姑武功。进而言之，黄药师在年龄、经历中改变了对待其他人的态度、行为方式，虽然不能改变其六名弟子的命运，但令其徒孙辈受益不少。

如果纯粹从武功教育角度审视的话，黄药师对六名弟子的武功教育均有一个好基础，即六名弟子均非常聪明，对他们的武功教育不仅仅是老师努力的结果，更是六名弟子自己努力、奋斗的结果，是师生良好互动的产物。因此，我们无法具体、准确测量黄药师作为教师在学生学习投入上的努力限度。不过，正因为黄药师对弟子的内疚，他对弟子的孩子，特别是对无依无靠的傻姑投入更多时间和努力。这一努力过程和结果体现了其在武功教育中努力的限度，请看下面的具体描绘。

首先，傻姑的基本情况。傻姑的基本情况可以做以下几个阶段的叙述。

（1）《射雕英雄传》第一回即有对傻姑小时候情况的点滴描绘，“他（曲灵风或曲三——作者注）那五六岁的小女儿，也常常捉鸡、追狗，跟爹爹胡言乱语一番，曲三没了妻室，要照顾这样一个小女儿，可着实不易”。杨铁心去买酒时看见“他那小女儿坐在地下，口中唱着儿歌，在独自玩弄泥巴。杨铁心心想这女孩癫癫傻傻，平日里尽胡说八道……①”

（2）在《射雕英雄传》第二十三回，黄蓉看到了十七八岁的傻姑，“内堂走出个十七八岁的姑娘来，蓬头乱服，发上插着一只荆钗”。在对话中，“周伯通道：‘诶，你真是一个傻姑娘。’那姑娘咧着嘴欢笑，说道：‘是啊，我叫傻姑’”。在离开牛家村时对傻姑的评价，“傻姑学得傻里傻气的，掌如其人，只是不知她是从小痴呆，还是后来受到了什么惊吓损伤，坏了脑子……②”

在《射雕英雄传》第二十六回，当黄药师看到傻姑时，发现她与曲灵

① 请参见金庸《射雕英雄传（一）》，广州出版社、花城出版社，2008，第 15 页。

② 请参见金庸《射雕英雄传（三）》，广州出版社、花城出版社，2008，第 778 ~ 784 页。

风相似，在看到曲灵风的遗言时确定了傻姑是曲灵风的女儿[①]。在检视了曲灵风的遗物后，“黄药师……说道：‘我门下诸弟子中，以灵风武功最强，人也最聪明，若不是他双腿断了，便一百名大内侍卫也伤他不得。’黄蓉道：‘这个自然，爹，你要亲自教傻姑武艺吗？’黄药师道：‘嗯，我要教她武艺，还要教她作诗弹琴，教她奇门五行，你曲师哥当年想学而没学到的功夫’，我要一股脑儿教她……[②]”

（3）黄药师不仅是武学大师，更是“化学家”（也应当具备相当的医学知识，其研制的“九花玉露丸”则是重要佐证），在将傻姑带回桃花岛后，必然欲医治其疯傻的病症，但其效果如何呢？我们可以从《神雕侠侣》第十五回的描绘中看出：“歌声是女子的口音，听来年纪已自不轻，但唱的却是天真烂漫的儿歌：‘摇啊摇，摇到外婆桥，外婆叫我好宝宝，糖一包，果一包，吃了还要拿一包’……她越唱越近，转了几转，从大门中走了进来，却是个蓬头乱服的中年女子，双眼圆睁，嘻嘻傻笑，手中拿着一柄烧火用的火叉……这蓬头女子正是曲傻姑[③]。”如果从时间看，这时傻姑应当接近四十岁（距离黄药师第一次看到她时又十余年）[④] 由此可见，黄药师并没有治愈傻姑的疯傻之病症，一如从前的样子。

通过对傻姑三个年龄阶段精神状态的描绘，我们可以对傻姑学习武功的基本条件做出判断：傻姑从小智商不高，精神处于疯傻状态，在其二十岁左右、中年时期，这一疯傻状态也没有改变，虽然导致其疯傻的原因不明。傻姑处于疯傻状态，虽然不是纯粹的精神病，但精神状态有瑕疵，这一瑕疵与正常智商相差较远，与郭靖小时候的情况也是不可比较的[⑤]。与前述的黄药

① 该遗言全文如下：“敬禀桃花岛黄岛主尊前：弟子从皇宫之中，取得若干字画器皿，欲奉岛主赏鉴。弟子尊称岛主，不敢擅呼恩师，然弟子虽睡梦中，亦呼恩师也。弟子不幸遭宫中侍卫围攻，遗下一女……”

② 请参见金庸《射雕英雄传（三）》，广州出版社、花城出版社，2008，第 889 页。

③ 请参见金庸《神雕侠侣（二）》，广州出版社、花城出版社，2008，第 517～518 页。

④ 根据《射雕英雄传》《神雕侠侣》两部著作故事情节发生的大致时间，郭靖第一次看到傻姑时，傻姑 17～18 岁（杨过还没有出生），当杨过长大成人见到傻姑时，傻姑应当有 30 多岁（接近 40 岁）。

⑤ 请参见蒋志如《试论法学学生、法律人学习的阶段或层次——以金庸武侠人物为例》，待刊稿。

师的其他弟子比较而言，是两种完全不同的状态，后者远超正常智商，多是聪明才智之士。

其次，黄药师的努力。正如上文所述，黄药师对傻姑进行武功教育的一个不利基础，就是傻姑智商很低，而非正常人。因而，在这一武功教育中，需要作为老师的黄药师付出更多努力方可令傻姑达到与他人同样的水平。对此，根据小说《神雕侠侣》之文本，我们可以做如下描绘①。

(1) 基础与常识。“至于她能绕过茅屋前的土堆，只因她在桃花岛住得久了，程英布置的尽是桃花岛的粗浅功夫，傻姑也不需要什么奇门遁甲，看也不看，自然而然地信步进屋……”当（专业）知识与生活常识密切联系起来，对于其他人而言，是精深的专业知识，对于生活于其中的人（傻姑）则为生活常识。进而言之，当傻姑随黄药师生活在桃花岛时，其生活经历自然而然令其学习到了黄药师的相关知识。换而言之，黄药师作为武林顶级高手，其生活中的言行（对于傻姑而言，特别是其涉及武功的行）则成为傻姑生活、学习武功的常识，因此，我们可以说，在名师营造的学习环境中，学习者不知不觉步入攀登学习高峰的捷径。

(2) 武功的内容。“黄药师知道什么变化奇招她决计记不住，于是穷智竭虑，创造出三招掌法、三招叉法。这六招呆呆板板，并无变化后招，威力全在功劲之上。常人练武，少则数十招，多则变化逾千，傻姑只练六招，日久自然精纯，招数虽少，却也十分厉害……”任何负责任的教师都会根据学生的知识基础、思维能力审视教学内容（范围、顺序），在傻姑的武功教育中，黄药师也面临这一问题。①教学对象。傻姑是一个不会自己动脑，只能简单重复、机械学习的人，因而黄药师不可能将其全部武学（而且黄药师的武学，不仅靠努力，更依靠聪明去思考，正因为这样，郭靖从没有学习黄药师一派的武功）一股脑儿传授给傻姑，虽然黄药师主观上想这样。②黄药师武学的基本情况。文武全才，自创桃花岛功夫，正如其弟子曲灵风的评价“……文才武功，琴棋书画，算数韬略，以至于医卜星象，奇门五行，

① 请参见金庸《神雕侠侣（二）》，广州出版社、花城出版社，2008，第518页。

无一不会，无一不精……[①]”撷其要有弹指神通、玉箫剑法、桃花落叶掌、兰花拂穴手等绝技。③黄药师的努力。黄药师空有刚才提及的一身本领，却也不能一股脑儿将其传于傻姑。经过实践、经过挫折，黄药师将所有武功根据其理解、思考化繁为简，针对傻姑个性，融入一套掌法、一套叉法之中，共计六招，进而符合傻姑学习武功的基本情况。

（3）黄药师武功教育的效果。“……十余年来，傻姑在名师的督导之下，却也练成了一套掌法、一套叉法……”经过黄药师十余年的努力，傻姑练成了这套只有六招的掌法和叉法。经过时间的浸润，傻姑的武功也有不小成就，至少可以达到强身健体的效果。

再次，黄药师对傻姑武功教育的社会效果。武功对于江湖人士而言是基本工具，好像任何问题均可通过比武的方式解决，包括武林排名。第一次华山论剑后产生东邪、西毒、南帝、北丐和中神通五绝即如此。这是学武之人学习武功，或者说师傅教授武功欲以达到的社会效果。黄药师对傻姑进行的武功教育所取得社会效果，可以通过傻姑与李莫愁的“比武”体现。根据《射雕英雄传》《神雕侠侣》之文本，可以简单描绘如下。

> 此时她见李莫愁拂尘打来，当即火叉平胸刺出。李莫愁听得这一叉破空之声劲急，不禁大惊：“瞧不出这女子功力如此深湛。”急忙绕步向左，挥拂尘向她头颈击去。傻姑不理敌招如何，挺叉直刺。李莫愁拂尘倒转，已卷住了叉头。傻姑只如不见，火叉仍往前刺。李莫愁运功急甩，火叉竟不摇动，转眼间已刺到她胸口，总算李莫愁武功高强，百忙中一个“倒转七星步”，从墙壁破洞中反身跃出，方始避开了这势若雷霆的一击，却也吓出了一身冷汗。她略一凝神，又即跃进茅屋，纵身而起，从半空中挥拂尘击落。傻姑以不变应万变，仍然挺叉平刺，敌人已经跃高，这一叉就刺向对方小腹。李莫愁见来劲狠猛，倒转拂尘柄在叉杆上一挡，借势窜开，呆呆地望着她，心想：“我适才攻击的三手，每

① 请参见金庸《射雕英雄传（一）》，广州出版社、花城出版社，2008，第14页。

一手都暗藏九般变化，十二招后招，任他哪一位武林高手均不能等闲视之。这女子只是一叉当胸平刺，便将我六十三手变化尽数消解于无形。此人武功深不可测，赶快走吧！①”

李莫愁虽然不是《神雕侠侣》的主人公，却也是该部小说的重要人物，其武功很高，是江湖中人人谈之色变的“女魔头”，也是江湖中武功最高的两位女性（即黄蓉与李莫愁）。黄蓉与李莫愁第一次比武之后，也非常佩服李莫愁的武功②。因此，虽然不能确定李莫愁在江湖上的具体排名，却可以对其江湖地位做一个基本评估：在女中豪杰中，李莫愁可以名列第二（小龙女在江湖上还没有多大名头），在整个江湖的武林高手中也能位列前茅，或者说她在江湖上也是一流人物。当傻姑面对李莫愁时，却也可以通过六招的一套掌法、叉法化解李莫愁的绝学武功并令其落荒而逃，就可以认为傻姑的武功深不可测。虽然在本质上两人武功不处于同一级别，但至少表明，傻姑的武功已然不弱，至少可以和当时的程英、陆无双等并列。

综上所述，我们做出如下一个判断：根据傻姑的既有条件、先天基础，通过黄药师的努力，其竟也可以达到江湖高手，至少可以说武林好手的水平，即使行走江湖，一般人已不能打败她。可见黄药师对其的武功教育非常成功，然而这一成功不全是师生互动的结果，主要是黄药师努力的结果，当经过时间的浸润，黄药师对傻姑武功教育的成功自然水到渠成，也已达致教师可以努力的极限。

四　分阶段教育可以努力的限度：洪七公等人对郭靖的武功教育

对傻姑的武功教育，由黄药师一人负责，是一种学徒制教育，我们可以

① 请参见金庸《神雕侠侣（二）》，广州出版社、花城出版社，2008，第518～519页。

② 请参见金庸《神雕侠侣（三）》，广州出版社、花城出版社，2008，第936～947页。

看到教师努力的限度。但现代教育是一种分段式教育，是由小学、初中、高中、大学、研究生等阶段组成一套完整教育体系，后者是对前者教育的继续，与黄药师式的教育迥异。因此，我们需要追问，在分段教育模式下，如何考察教师可以努力的限度。在这里，笔者将以老师们对郭靖的武功教育为例展开分析。

从郭靖的成长经历看，其师父有很多，不止一个。首先是哲别，其次是江南七怪、全真七子中的马钰、洪七公、周伯通等人。郭靖之成功（无论是武功，还是江湖、社会地位均极佳，被尊为“北侠”，为武林新的五绝之一）不是一位教师的努力，而是诸多教师努力的结果。这些老师水平不等，可以用当下的本科教育、硕士研究生教育、博士研究生教育来分析郭靖的老师在不同阶段努力的限度。

首先，郭靖的“本科教育”。郭靖的“本科”老师可以分为三类，培养了其不同侧面却是不能少的能力。①哲别是郭靖的第一任老师，主要传授其行军打仗需要的箭法和武功，郭靖学习之可以强身健体。②江南七怪教授的武功才是江湖人士应当具备的专业知识，可以通过武功与他人比试以解决纠纷。江南七怪（虽然张阿生逝世，由七师傅韩小莹代为传授）将其所学的武功知识一招一式地授予郭靖。经过十余年的努力，虽然郭靖对敌能力不强，但就其该段教育的要求而言，郭靖所有的基础知识均已达标，因为他努力学习、努力练习，牢记了江南七怪所授予的武功知识，只是还不会运用。③全真教掌教马钰对郭靖的内功教育。根据《射雕英雄传》，江南七怪注重郭靖具体武功知识的学习、练习，却很少注重内功教育，正如该书的描绘，“原来马钰得知江南六怪的行事之后，心中好生相敬，又从尹志平口中查知郭靖全无内功根基[①]”。到了大漠，马钰用两年时间，通过润物细无声的方式传授了郭靖上乘轻功“金燕功”，大大提升了郭靖的武功水平，也远远超出了其“本科”学习阶段应该达到的境界。

在“本科”毕业时，郭靖与中原鬼王龙门沙通天的四大弟子黄河四鬼

① 请参见金庸《射雕英雄传（一）》，广州出版社、花城出版社，2008，第190页。

的对阵可谓毕业典礼，标志着其达到较高的“本科”学习水平，也反映了哲别、江南七怪、马钰教学的成功。三类老师从不同方面对郭靖进行武功教育，而且几位教师均尽心尽力，花费数年功夫进而令郭靖成为优秀的“本科毕业生”。进而言之，在数年间，根据郭靖的智商、能力，三类老师尽心尽力，虽然他们没有共同备课、一起教学，却也达到了教师可以努力的极限。

其次，“硕士研究生”教育。郭靖从漠北到中原，遇到了人生中最重要的人——黄蓉。在黄蓉的帮助下，郭靖得以拜武林五绝之一、北丐洪七公为老师，即郭靖的“硕士生导师”。郭靖的“硕士研究生”学习过程或者说洪七公对郭靖武功教育的过程，可以做如是初步描绘。①郭靖的性格、品德。郭靖虽然智商不高，但实诚、勤奋，有行侠仗义、打抱不平的勇气，具有孔子倡导的君子风范，有勇者、仁者的品德，宽广的胸怀。②郭靖的武功基础。正如前述，从外功看，郭靖学习了江南七怪所有的武功，从知识的角度看，学习到丰富的武功知识，或者说积累了丰富的通识知识，即使还不能灵活应用。从内功角度看，郭靖学习到全真教正宗的内功心法。从实践经验角度看，郭靖与黄河四鬼的对阵，与梁子翁、杨康、梅超风等人交战中积累的丰富实战经验，为下一步学习专业知识打下基础。③洪七公本人的性格和降龙十八掌的特点。洪七公作为丐帮帮主，行侠仗义，性格耿直，其成名武功有打狗棍法和降龙十八掌。前者以巧，后者反之，正如《射雕英雄传》对其的描绘：“这‘降龙十八掌’可说是外门武学中的巅峰绝诣，当真是无坚不摧，无固不破。虽招数有限，但每一招均具有绝大威力。北宋年间，丐帮帮主萧峰以此邀斗天下英雄，极少有人能挡得他三招两式，气盖当世，群豪束手。当时共有‘降龙二十八掌’，后经萧峰及他义弟删繁就简，取精用宏，改为降龙十八掌，掌力更厚。这掌法传到洪七公手上，在华山绝顶与王重阳、黄药师等人论剑时施展出来，王重阳等尽皆称道……[①]”进而言之，萧峰、洪七公的降龙十八掌与他们的性格、品德相适应，他们在学习、实践

① 请参见金庸《射雕英雄传（二）》，广州出版社、花城出版社，2008，第416~417页。

中发挥了该武功的最佳效用，降龙十八掌成为丐帮帮主的成名绝技。

在郭靖投入洪七公门下后，洪七公根据其性格、品性、既有武功基础，仅传授郭靖降龙十八掌（而非打狗棍法），而且刚开始只传授了一掌，“亢龙有悔”，后来传授十五掌，最后才补齐到十八掌。进而言之，在硕士研究生教育阶段，硕士生导师不再传授该专业的所有具体专业知识，而是根据其特长、体悟，根据教育对象的具体情况选择某一领域传授，令学生专攻该具体领域，进而使这一领域成为学习者的成名绝技。

要做到这一点，需要导师分析学生的基本情况，审视自己专业知识的特点，选择与学生相匹配的领域，进而提升武功教育的境界。

再次，“博士研究生”教育。当郭靖到桃花岛时，遇到周伯通，学习空明拳、双手互搏，进而窥探《九阴真经》，可谓其博士学习阶段。在该阶段博士生导师不止一个，应当有洪七公、周伯通二人。虽然周伯通作为一名老师与黄药师比较而言有差距，但在方向上的引导却是功不可没。郭靖与洪七公（还包括黄蓉）一起参研《九阴真经》则有助于更好地融会贯通其既有的降龙十八掌，进而成为优秀的“博士生”。第二次华山论剑可谓其毕业典礼，第三次华山论剑后，其获得北侠的地位，武功、人品均为至高，达到真正的武学宗师的境界。不过，在这里，笔者主要就其接受武功教育的角度审视他的教师们努力的限度。

无论是空明拳、双手互搏，还是《九阴真经》，与郭靖已有的学习都有了方向性的转变，由具体的知识，转向了方法论的学习[①]。①空明拳是周伯通在桃花岛十五年的时间内独创的一门功夫，这是一门以道家理念、思维方式为基础的有七十二式拳法的武学，与洪七公的降龙十八掌迥异。②双手互搏则为方法的改变，由一人转变为两人，如果与人对敌则是两人对付一人。周伯通原本仅次于东邪、西毒、南帝、北丐（甚至相若），有了双手互搏，则变为天下第一，他是在第三次华山论剑后真正位列五绝第一（中顽童）。③《九阴真经》更是以道家理念、原理为基础的一门武学，更多在于内功

① 请参见金庸《射雕英雄传（二）》，广州出版社、花城出版社，2008，“双手互搏”一章。

修为上，而非具体的武功上（如九阴白骨爪、摧心掌等）。郭靖在与洪七公、黄蓉参研该门武学时，更多不是学习具体武功，而是学习其中的内功心法、解决问题的方法。

总而言之，虽然周伯通传授郭靖这三门武学是出于好玩，带有偶然性，但的确将郭靖带入另外一个境界，其意味着：当知识达到一定程度时，不仅仅需要具体知识的继续增加，更需要方法、理念、思维方式的转变。当郭靖与黄蓉、洪七公参研《九阴真经》解决面临欧阳锋威胁、黄蓉受伤等事件[①]时，标志着郭靖“博士研究生”生涯的结束，第二次华山论剑即是毕业典礼，不仅仅有武学的提升，更有人格、品德的完善。

通过对郭靖武功学习三个阶段的分析和展示，我们可以看到如下事实，并做如下总结甚或推论。

（1）在每一阶段，诸老师均用心引导郭靖学习武功，达到了其所在阶段的最高境界；同时，后一阶段的老师不再负责前一阶段武功的巩固和提升，而是根据其基础选择一个更具体的领域令其学习，到最后老师传授给学生的与其说是知识，还不如说是方法、理念和思维方式。与现代分段式教育相比，与当下法学本科教育（通识兼专业基础教育）、硕士研究生教育（在某一专业中选择更具体的领域）、博士研究生教育（在某一领域甚至某一问题上研究方法、理念、思维方式训练的教育）的教育体制有异曲同工之妙。

（2）不管什么阶段的教育，诸位老师均用心指导学生，尽量让学生达到该阶段的最高境界（这是教师在教学中可以达到的限度），而非由学生自己摸索，探求学习之范围、路径。在求学阶段，学生没有能力认识到学习的基本任务和最高目标，也不知晓学习之规律。

（3）我们更应当注意，诸位教师可以努力的限度如果在聪明学生的武功教育中体现得不够充分，在郭靖、傻姑身上，我们可以明显捕捉到教师在

① 这贯穿于《射雕英雄传》的第三册、第四册，西毒欧阳锋是郭靖成长过程中的重要人物，虽然是反派人物，其强迫郭靖思考、审视《九阴真经》里的功夫，以应付欧阳锋的进攻。

武功教育中的努力限度，而且越在早期，教师的努力体现得越明显，教师也越辛苦（如江南七怪对郭靖的培养）。到后来随着武学知识的积累、实战经验的丰富，学生的勤奋、主动思考与教师的努力结合得更紧密，诸位教师的努力也不容易得到充分体现（如《倚天屠龙记》中张无忌跟着张三丰学习太极拳与太极剑）。

总之，诸多老师的主观努力对郭靖的武功教育具有决定性的作用，郭靖被培养为一名优秀的“博士”，是其最终成为一名武学宗师、一代大侠的基础性、必要性条件，虽然不是充分条件。或者说，从武功教育的角度看，诸位老师的努力非常成功，也已经达致极限。

五　作为对照：中国法学教育教师努力的现状

根据前述，我们还可以做进一步概括：对聪敏之士而言，学习不是一件难事，如果还有名师指导，则容易达致学习的最佳效果并可能超出其所处的学习阶段。如《神雕侠侣》中的杨过，其学习之效果远远超出其所在学习阶段应当达到的境界，并且在诸多名师的影响、指导下，不断审视自己学习到的武功，并将思念小龙女之情感寄托于武学，进而创造出全新武学——黯然销魂掌。在此过程中，导师的努力不容易被揭示，但对于不聪明的人来说，如本别谈涉及的傻姑、郭靖，老师们的努力很容易被观察到，而且老师努力的上限也容易被观察到。以傻姑为例，师爷黄药师通过审视自己拥有的武学，针对傻姑的傻、疯之特点（不能主动学习，只能被动接受），删繁就简，创立一套叉法、掌法（凡计六招），是为教师可以努力的上限。大部分人绝不是杨过式的天才，而是一般智商、一般努力的普通人。如果教师能够发挥主观能动性（达致其努力的限度），学生首先可以更顺畅地进入学习的轨道，学习效果也更佳，当机会、机遇出现时，学生也可以达到该阶段的极限，甚至超出其所处的阶段。

在武功教育中，老师发挥主观能动性所带来的正效应，对法学教育有什么启示、借鉴呢？

在笔者看来，我们得首先描绘中国法学教育中教师的基本情况。

就其性质而言，高等学校或者法学院的法学教育是现代教育制度的重要组成部分，包括法学本科教育、法学硕士教育、法学博士教育，这是一种分段式教育。现代（法学）教育的基本特征之一，就是教育的制度化，其中一项即为对（法学）教师的要求，教学大纲、教学日志、教材、平时作业、期末考试等均是对（法学）教师从制度上提出的要求。法学院的法学教师通过共同努力培养出合格、优秀的法学学生。这是将前述教师可以努力的主观事项，通过一定的要素、内容客观化，进而不需要每一类老师审视学生的基本情况、培养学生的规格，这是一种规模化培养学生，与学徒制教育形成了鲜明对比。

就中国现实而言，法学教师在课堂上无力可使、课后无可辅导，而且在考核、考试时常常受所谓的及格率、毕业证等因素的影响而放松了考试的监考、改卷、总分等，进而使考试成为一种形式，亦即中国法学教育被虚置①。就法学教师而言，该虚置表现为由于收入低、管理行政化、衙门化、考核的倾向化（偏向科研），老师们不仅仅没有精力也没有心思审视其教学内容，更不可能花心思琢磨学生的基础知识、学生将来职业生涯需要的法律知识和技能，仅仅是根据既有教学大纲、教学日志、教材、平时作业、期末考试对课程做简单化处理，以在形式上完成教学任务、完成日常教学考核。进而言之，法学教师们在主观上并没有尽到应有的本分，即没有根据法律职业的需求、学生的情况对其教授的课程做严肃、认真的整理、提升（这是底线），更不要说发挥主观能动性达到其可以努力的上限。

（1）法学本科生阶段。教师在法学本科教育中可以一板一眼地“照本宣科”，一个 PPT、一本（不断再版的）教材可以用若干年，甚至用到退休。教师们很少花心思、精力在教学上，不仅仅备课没有“心”、课堂上没有“心”，课后也没有“心”，亦即教师们花费了最少的时间、精力在教学上，虽然中国法学本科教育对老师提出了最严格的要求。

---

① 请参见蒋志如《中国法学教育何处去?》，载《安徽大学法律评论》2012 年第 2 期。

（2）法学硕士生教育阶段。虽然学生在法律领域中有一个更具体的领域，如民商法、诉讼法、经济法等方向，但法学教师们并没有对学生做系统的教育，以本科的 PPT、教案往往即可应付，还能以让学生讲、老师点评或者其他方式完成，即教师花费了比本科更少的时间教育学生，老师们基本上没有参与到学生的学习中，虽然也有一套完整的培养硕士研究生的方案。

（3）法学博士研究生教育。在法学博士期间，导师、教师很少对学生进行系统教育、有针对性的个别指导，特别是方法论领域的引导和训练。不过在这里，学生学习的主动性得到大大提升，3 年主要围绕博士论文展开，而法学院设置的课程均为形式、摆设。简单地说，老师可以在博士教育中花费很少的时间，指导也零零星星，只有学生的自我探索，刚刚有点收获就毕业了。

通过简单描绘中国法学教育教师的参与情况，可以做如下总结：教师花费的时间不多，指导、引导学生学习法律的情况更是少得可怜，针对本科生的指导基本上付之阙如，只有在培养硕士研究生、博士研究生中，有一些个别指导，更确切地说，只有零星指导。

六　作为结语：法学教师可以努力的限度

针对中国法学教育中师生的时间、精力付出问题，特别是法学教师在教学、教育培养学生中付出的时间、精力问题，中国法学教师可以努力的地方有如下几个方面。

首先，法学教师应当花更多时间审视自己所教授之课程。现代社会分工严密，每位老师在其所在领域有数年、数十年经验，有时间、有经验、更有能力审视和反思其所从事的专业领域、所教授的课程。但由于一系列原因，老师们没有时间、精力，甚至主观上不愿意付出时间、精力审视自己所教的课程。或者更确切地说，从现状看，中国法学教师还未达到审视自己专业、课程的水平，进而无法根据学生未来职业需要，就其所教课程删繁就简，在课堂、学校里令学生更顺畅地学习专业知识、法律人的思维方式。因此，法学教师只有花费更多的时间审视其所教授的课程，其才有能力、有机会引导、辅导法学学生。

其次，法学老师们应当花费更多时间审视法学本科生、硕士研究生、博士研究生成长规律，以便根据不同阶段做出不同的引导、指导。法学本科生、硕士研究生与博士研究生有不同特点，如果对照前述对郭靖的武功教育，我们也可以说，法学本科教育是一种基础教育，学生应当掌握法学理论、实践的常识（正如郭靖学习江南七怪的武功和马钰的全真内功一样，均应当认真学习和实践）。法学硕士教育则是一种针对更具体领域的教育。学生根据自己的偏好（如民商法、诉讼法等选择方向）；法学院、教师则应当在诸如民商法等更具体领域有一个更系统的培训，对应于郭靖跟随洪七公学习降龙十八掌。法学博士应当是在一个具体领域（如诉讼法学等）就某个具体问题展开研究，着手研究方法、研究方向的改变进而增进对法学理论等问题的理解和思考，对应于郭靖学习空明拳、双手互搏和《九阴真经》。法学教师在此基础上，对所带学生进行指导以使学生能够在其所处阶段达到最高水平。

总而言之，法学教师应当花费更多时间、精力以适应培养合格学生、优秀学生的需要①，因为未来的法律人基本上来自法学院培养的学生。虽然法学教育是分阶段教育，亦即法学院的学生不会完全在一位老师指导下攻读本科、硕士、博士学位，其将经历本科生导师、硕士生导师、博士生导师，这些教师不可能对学生做全面、系统的思考、审视并安排相关事务，但应当在其所处阶段担当应有的指导、引导角色，达到其努力的限度。

但是，我们应当注意一点，法学院老师们努力的限度问题不是高等院校或者法学院可以对教师提要求的问题，而是老师们自觉自愿和凭职业伦理花费更多时间指导、引导学生的问题。由于中国教师的待遇、考核等原因，老师们的心思并不在教学、培养学生上，他们不太可能花费时间专门将学生培养成为合格、优秀的学生，花费更多时间以达到培养学生问题上老师努力的

---

① 同时这也是老师们对自己专业的理解和思考，对其科研有相当之促进作用。当然，这不是本文关注的问题，在这里只关注教师在培养学生问题上的努力情况，而且是努力的限度问题。

上限则是更不可能的事情。因此，法学教师们可以努力的限度问题不仅仅是其主观努力的问题，国家、高等院校、法学院应当保障老师在教学、生活中处于一种有闲、平和的状态，有心情主动努力以达到培养学生的最佳状态。如果他们处于焦虑（行政考核、科研考核的压力）、受困于经济（房子、车子等）的状态，就很难有心情花时间、精力培养学生，更不要说有心情花费更多时间、更多精力培养优秀学生，即不仅培养不出具有开创能力的杨过式人才、郭靖式人才，还可能培养出误入歧途的学生！

第二编
法学教材研究：以刑事诉讼法学为例

题记：法学教材是法学教师从事法学教育的重要依据，也是当下中国法学院学生阅读的基础读物。党和国家非常重视法学教材建设，“马工程”教材可谓新中国成立以来教材建设的最高成就，无论是从规模，还是从层级看都如是。虽然“马工程”启动不到10年，但已洋洋大观。因此，本编拟以刑事诉讼法学教材为例考察新中国成立以来中国法学教材的发展史，勾勒出中国法学教材发展的三个阶段，即向苏联学习阶段、向欧美学习阶段和教材本土化阶段（以“马工程”教材为最新发展阶段）。

第五章　中国刑事诉讼法教材中的苏联因素（1949～1979年）

一　问题之提出

1949年10月1日中华人民共和国成立，中国历史进入新纪元。到1979年7月7日，全国人民代表大会颁布新中国第一部刑事诉讼法法典《中华人民共和国刑事诉讼法》，其间经历三十年（被称为“共和国前三十年”）。在这三十年中历经各种革命、政治运动，特别是十年的“文化大革命”，中国的法制建设充满曲折。

首先，全面清理和废除晚清、民国以来的法律、司法机关、司法体制，逐渐确立社会主义中国的法律制度、司法机关和司法体制。这一进程从1948年华北人民政府时期正式启动，一直持续到1954年《宪法》《法院组织法》《检察院组织法》的全面出台。

其次，社会主义政治体制确立、巩固之后，社会主义建设展开，中国的法制建设也持续推进。但是由于各种政治运动，法制建设进展缓慢。

最后，从1966年开始“文化大革命”，中国的法制建设停顿，甚至既有成果也消失殆尽。1979年，随着《刑法》《刑事诉讼法》等法律的颁布，中国法制建设重新起步。

作为中国法制建设重要部分的法学、刑事诉讼法学，特别是刑事诉讼法学的教材在这三十年间也经历了如此历程。但是很少有学者对 1949 ~ 1979 年的刑事诉讼法教材进行深入考察和探讨，在这一章，笔者拟对这一主题展开初步讨论。

首先，我们从形式上、数量上考察、讨论 1949 ~ 1979 年中国刑事诉讼法学著述的基本情况，刑事诉讼法教材的基本情况、建设情况，以反映中国刑事诉讼法学、刑事诉讼法学教育之基本情况。

其次，从三十年来出版的刑事诉讼法学教材中选择有代表性的或者说最优秀的教材，对其内容做初步的展示和解读，以呈现最优秀教材的基本建设情况。

再次，我们将详细梳理民国时期中国刑事诉讼法学教材的基本情况，通过对照两个阶段最优秀的刑事诉讼法教材，为再次审视 1949 ~ 1979 年中国刑事诉讼法教材提供经验和借鉴。

最后，有一点需要说明，本文收集的 1949 ~ 1979 年（包括民国时期）的刑事诉讼领域的著作、教材并不完全。笔者主要通过一些数据库（如图书馆、“全国图书馆参考咨询联盟”网、孔夫子旧书网）、论文、专著提供的资料（如陈光中教授主编的《刑事诉讼法学五十年》、陈瑞华教授的文章《二十世纪中国之刑事诉讼法学》）搜集资料。在笔者看来，经过前辈学者的积累，根据现代数据库（虽然不完善）的资料，对于描绘本章之主题来说即使没有收集到所有相关信息，已可以达到考察的目的。

二　中国刑事诉讼著述、教材的基本情况（1949 ~1979年）

（一）既有文献整理

中华人民共和国成立五十周年之际，刑事诉讼法学界的陈光中、崔敏等教授编写了一部著作《刑事诉讼法学五十年》[1]以为国献礼和反映刑事诉讼法学的巨大成就与时代精神。在该部著作的第三部分，编辑者整理了1949～1999年的刑事诉讼法学专著、教材、译著及其他书籍的一览表。根据该表，我们可以对1949～1979年的刑事诉讼法学领域的著作，特别是教材做初步梳理[2]。

（1）中国本土专著为零。

（2）教材、释义、辞典类有2部，即《中华人民共和国刑事诉讼基本问题讲稿》（中央政法干校教研室编，1957）和《中华人民共和国刑事诉讼法讲话》（北京政法学院诉讼法教研室编，群众出版社，1979）。

（3）译著有13部，分别为《前日本陆军军人因准备和使用细菌武器被控审判材料》（外文书籍出版局，1950）、《刑事诉讼》（〔苏〕贝斯特洛娃著，中国人民大学刑法教研室译，1952）、《苏维埃法律上的诉讼证据理论》（〔苏〕安·扬·维辛斯基著，王之相译，人民出版社，1954）、《日本首要战犯的国际审判》（〔苏〕拉金斯基、罗森布立特著，萨大为等译，世界知识出版社，1955）、《国际军事法庭审判德国首要战犯判决书》（汤宗舜等译，世界知识出版社，1955）、《苏维埃法院组织》（〔苏〕卡列夫著，中国人民大学刑法教研室译，法律出版社，1955）、《苏维埃刑事诉讼》（〔苏〕切里佐夫，中国人民大学刑法教研室译，法律出版社，1955）、《苏联和苏俄刑事立法史资料汇编（1917～1952）》（〔苏〕盖尔青仲编，郑华等译，法律出版社，1956）、《苏维埃刑事诉讼中的上诉审和监督审程序》（〔苏〕格罗津斯基著，王更生等译，中国人民大学出版社，1956）、《苏维埃刑事诉讼中的律师》（〔苏〕高里雅柯夫等著，方霭如译，法律出版社，1957）、《苏维埃刑事诉讼讲稿》（〔苏〕楚贡诺夫著，北京政法学院出版社，1957）、《苏维埃检察制度（重要文

---

① 陈光中主编《刑事诉讼法学五十年》，警官教育出版社，1999。

② 陈光中主编《刑事诉讼法学五十年》，警官教育出版社，1999，第723～748页。

件)》(〔苏〕列别金斯基、奥格洛夫著，党凤德等译，法律出版社，1957)、《革命法制与审判》(〔法〕罗伯斯庇尔著，吴敬仁译，商务印书馆 1965)。

(4) 本土论文集为零。

(5) 案例与资料汇编有 5 部，分别为《刑事诉讼法资料汇编第一辑：苏联部分》(中央人民政府法制委员会编，1954)、《中华人民共和国审判法参考资料汇编（第 1 ~ 5 辑)》(北京政法学院编，1956)、《各级人民法院刑、民案件审判程序总结》(最高人民法院编，1956)、《中华人民共和国审判法参考资料汇编（第 6 辑)》(北京政法学院编，1958)、《检察制度参考资料》(高检研究室编，1959)。

(6) 外国刑事诉讼法典有 2 部，分别为《苏俄刑事诉讼法典》(郑华译，法律出版社，1955)、《德意志民主共和国刑事诉讼法》(中央人民政府法制委员会编译室，法律出版社，1956)。

综上所述，1949 ~ 1979 年，中国刑事诉讼领域的专著、译著、教材、法典等资料凡计 22 部。这些资料和文献有如下特点。①外国资料 15 部，除了一部是法国的、一部是德国的外，其他均为苏联翻译作品，有专著、有教材、法典等资料；本土资料仅 7 部，均为法律资料和讲话稿，并没有本土学者撰写的教材、专著。②在 15 部译著中，与法律条文、法典有关的著作有 4 部（包括 2 部法典)；有 4 部与历史有关或者说与历史事件有关，1 部为罗伯斯庇尔撰写的专著《革命法制与审判》，另外 3 部与审理二战战犯有关，其重心不在于叙述和分析刑事诉讼程序及其基本问题；专著仅 4 部，有维辛斯基《苏维埃法律上的诉讼证据理论》、卡列夫《苏维埃法院组织》、格罗津斯基《苏维埃刑事诉讼中的上诉审和监督审程序》、高里雅柯夫等《苏维埃刑事诉讼中的律师》，均来自苏联；教材仅 3 部，即贝斯特洛娃《刑事诉讼》、切里佐夫《苏维埃刑事诉讼》、楚贡诺夫《苏维埃刑事诉讼讲稿》，亦均为苏联学者的专著。③在 7 部中国本土资料中，5 部涉及与刑事诉讼程序有关的法律条文，但并无中国刑事诉讼法典；另外2部为学者讲稿，一部资料不详①，另一部为不到10万字的诸多学者讲稿汇编②。

（二）笔者自己收集资料的整理

笔者通过北京古城堡图书有限公司2002创建的“孔夫子旧书网”收集资料。该平台已成为国内著名的旧书交易平台。由于市场的趋利性，该平台的声誉、规模和呈现的商品信息（涉及1949～1979年刑事诉讼领域的著述）比较充分，能够充分显示这段时间发行的著作，可以满足本研究之需要③。笔者根据该网站提供的资料收集1949～1979年的旧书，不仅查找在售旧书（以便获得图书馆没有的珍贵资料），还可以通过已售记录尽可能查询已经出版的著作、教材和资料。另外，笔者还利用中国最大的图书网络资源“全国图书馆参考咨询联盟”网④，通过该数据平台获得的资料可以作为一种补充。利用前述两种数据库收集到资料，按时间顺序罗列。

（1）张君悌译：《苏俄刑事诉讼》，新华书店，1949；

（2）〔苏〕杜尔曼诺夫：《苏联刑事诉讼法概论》，赵涵舆译，人民出版社，1951；

---

① 笔者通过各种途径、方法均没有找到该书，仅从陈光中主编的《刑事诉讼法学五十年》第三部分一览表看到该书。

② 对此，请参见“全国图书馆参考咨询联盟”网，http：//img. duxiu. com/n/jpgfs/book/base/10242865/b42ac0453f2a4866b494aff648909283/c6b95b1d5092776866a13da7a1bd695b. shtml? uf = 1&t = 3&time = 2019012809&url = http%3A%2F%2Fbook. ucdrs. superlib. net%2FbookDetail. jsp%3FdxNumber%3D000000919552%26d%3D9263FB95AE45AC4B61DD4AA 02DD70347%26t%3D3%26rtype%3D1，最后登录时间：2019年1月28日。

③ 对孔夫子旧书网的基本情况、发展历程的信息，请参见 http：//www. kongfz. com/help/aboutus. php，最后登录时间：2019年1月28日。

④ 根据该网页自己的简介，其情况如下：“全国图书馆参考咨询联盟”拥有我国目前最大规模的中文数字化资源库群：电子图书120万种、期刊论文4000多万篇、博硕士论文300万篇、会议论文30万篇、外文期刊论文500万篇、国家标准和行业标准7万件、专利说明书86万件，以及全国公共图书馆建立的规模庞大的地方文献数据库和特色资源库，提供网络表单咨询、文献咨询、电话咨询和实时在线咨询等多种方式的服务。

(3)〔苏〕加列夫:《保加利亚的法院和刑事诉讼程序》,陈汉章译,人民出版社,1951,共36页;

(4)〔苏〕贝斯特洛娃编著《刑事诉讼法》,中国人民大学刑法教研室编译,中国人民大学出版社,1952;

(5)郑华译,《苏俄刑事诉讼法典》,法律出版社,1953;

(6)〔苏〕切里佐夫:《苏维埃刑事诉讼法(上下册)》,中国人民大学刑事法教研室译,中国人民大学出版社,1953;1954年、1955年法律出版社再版;

(7)中央人民政府法制委员会编《刑事诉讼法资料汇编:第一辑(苏联部分)》,中央人民政府法制委员会,1954;

(8)东北大学刑事法教研室编《中华人民共和国刑事诉讼法资料汇编(第一册)》,1954;

(9)〔苏〕卡列夫主编《苏维埃刑事诉讼提纲》,中国人民大学刑事法教研室译,中国人民大学出版社,1954;

(10)华东政法学院刑法教研室编《苏维埃刑事诉讼讲义》(内部讲义),1955;

(11)〔苏〕卡列夫、列维娜编《苏维埃刑事诉讼(实务教材表册)》,周亨元译,中国人民大学出版社,1955;

(12)中央政法干部学校:《我国刑事诉讼中的几个问题讲稿提纲》,中央政法干部学校,1955;

(13)〔苏〕拉洪诺夫:《苏维埃刑事诉讼中的证人证言》,董镜苹、俞康勤译,法律出版社,1956,共184页;

(14)全国人民代表大会常务委员会办公厅编译室译《刑事诉讼论文选集》,法律出版社,1956,共117页;

(15)中央人民政府法制委员会编译室译《德意志民主共和国刑事诉讼法》,法律出版社,1956;

(16)中华人民共和国最高人民检察院办公厅:《学习苏维埃刑事诉讼的笔录(初稿)》,1956;

（17）北京政法学院刑事法刑诉教研室编《中华人民共和国刑事诉讼实例汇编》，1956，共 202 页；

（18）〔苏〕格罗津斯基：《苏维埃刑事诉讼中的上诉审和监督审程序》，王更生、卢佑先译，中国人民大学出版社，1956，共计 262 页。

（19）〔苏〕巴扎诺夫：《苏维埃刑事诉讼中控诉的变更》，杨文良译，法律出版社，1956，共计 61 页；

（20）〔苏〕库佐娃：《刑事诉讼中的附带民事诉讼》，王兆生、闫仁斌译，法律出版社，1956；

（21）中央政法干部学校刑法教研室编《中华人民共和国刑事诉讼基本问题讲稿》，1957；

（22）《保加利亚人民共和国刑事诉讼法典》，张文蕴译，法律出版社，1957；

（23）文英麟、刘晋棠译《阿尔巴尼亚人民共和国刑事诉讼法典》，法律出版社，1957；

（24）〔苏〕高里雅柯夫等：《苏维埃刑事诉讼中的律师》，方霭如译，法律出版社，1957；

（25）《朝鲜民主主义人民共和国刑事诉讼法典》，方霭如译，法律出版社，1957；

（26）〔苏〕别尔洛夫：《苏维埃刑事诉讼中法庭审理的准备工作》，法律出版社，1957；

（27）〔苏〕楚贡诺夫：《苏维埃刑事诉讼讲稿》，北京政法学院，1957。

（28）〔苏〕施夫曼编著《苏维埃刑事诉讼实习教材》，中国人民大学出版社，1957；

（29）〔苏〕拉胡诺夫：《苏维埃刑事诉讼中的提起刑事案件》，法律出版社，1957；

（30）中国人民大学审判法教研室：《中华人民共和国刑事诉讼发展简史（初稿）》，1957；

（31）〔苏〕列文主编《苏维埃刑事诉讼实习题汇编》，陈莱棣、魏家驹等译，法律出版社，1957，共计270页；

（32）黄永魁译《蒙古人民共和国刑事诉讼法典》，法律出版社，1957；

（33）〔苏〕古谢夫等：《苏联和苏俄刑事诉讼及法院和检察院组织立法史料汇编（1917－1954）》（上），法律出版社，1958；

（34）〔苏〕切里佐夫：《资产阶级国家的法院和刑事诉讼》，北京政法学院审判法教研室译，1959；

（35）王之相：《苏俄刑事诉讼法典》，法律出版社，1962；

（36）北京政法学院诉讼法教研室编《刑事诉讼讲义》，北京政法学院诉讼法教研室，1964；

（37）北京政法学院诉讼法教研室编写《中华人民共和国刑事诉讼法讲话》，群众出版社，1979；

（38）中央政法干部学校政策法律教研室编《中华人民共和国刑事诉讼法辅导稿（初稿）》，1979。

根据表5－1，我们可以知晓如下事实。①中国刑事诉讼法领域的著述共计达38部，远远超出陈光中、崔敏等教授编写的《刑事诉讼法学五十年》所统计的数据（22部）。但是就1949～1979年的时间段看，该时期刑事诉讼法学领域的成就非常有限。②在30年间，成绩斐然的年份主要是1954～1957年，其他年份取得成就非常少，基本上可以忽略不计，特别是1965～1978年没有任何成果。新中国前三十年刑事诉讼法学取得的成就主要是在1949～1957年取得的。

表5－1　1949～1979年刑事诉讼法学著述出版年份情况

单位：部

	1949年	1951年	1952年	1953年	1954年	1955年	1956年	1957年	1958年	1959年	1962年	1964年	1979年
数量	1	2	1	2	3	3	8	12	1	1	1	1	2

根据表5－2，我们可以洞悉如下事实。①在38部作品中，国外著作占据主导地位，共计达27部，如果加上中国国内作品中涉及苏联刑事诉讼制度的2部，进而达到29部，占比高达76.3%。在这些国外译著中涉及苏联刑

事诉讼制度的著作有24部，占国外作品的82.8%，相当于苏联刑事诉讼学者的观点、立场和基本制度在中国占据统治地位，或者说到1979年，苏联刑事诉讼制度与实践确立了在中国的统治地位或基础地位。②在此期间，中国刑事诉讼法学领域的作品乏善可陈，仅8部作品，专著仅1部，是中国人民大学审判法研究室1957年编印的《中华人民共和国刑事诉讼发展简史（初稿）》。教材仅有4部，还有2部是介绍、描绘苏联刑事诉讼法、制度的教材（一部是华东政法大学的内部讲义，另一部是最高人民检察院学习笔记）。中国本土的教材则是高校的内部讲义，由于新中国立国未久，又无统一的刑事诉讼法典，这些教材更多是介绍、复述苏联教材的精神和内容[①]。③真正有新中国特色、本土色彩的著述，是四部学者或者领导的讲话稿。以北京政法学院诉讼法教研室编写的《中华人民共和国刑事诉讼法讲话》为例，这是张子培、严端、程味秋等学者编写的类似教材的讲话稿，但严格来说又不是真正的教材，因为1979年中国第一部正式的《刑事诉讼法》出台，该书作者编著之宗旨在于宣传、实施该部法律[②]。

表5－2　1949～1979年刑事诉讼法学著述题材形式情况

单位：部

<table>
<tr><td colspan="3">法典、法律条文资料（11）</td><td colspan="3">专著（10）</td><td colspan="4">教材（12）</td><td colspan="2">讲话稿（4）</td><td colspan="2">论文集（1）</td></tr>
<tr><td rowspan="2">中国（1）</td><td colspan="2">外国（10）</td><td rowspan="2">中国（1）</td><td colspan="2">外国（9）</td><td colspan="2">中国（4）</td><td colspan="2">外国（8）</td><td rowspan="2">中国（4）</td><td rowspan="2">外国（0）</td><td rowspan="2">中国*（1）</td><td rowspan="2">外国（0）</td></tr>
<tr><td>苏联（5）</td><td>其他（5）</td><td>苏联（9）</td><td>其他（0）</td><td>涉及中国**（2）</td><td>涉及苏联（2）</td><td>苏联（8）</td><td>其他（0）</td></tr>
</table>

注：* 该部论文集没有一篇中国学者的论文，均为苏联学者的论文，并和一些法典编在一起组成一部《刑事诉讼论文选集》（群众出版社，1957）。** 在这两本教材中，有一本是1956年由北京政法学院刑事法刑诉教研室编的案例集《中华人民共和国刑事诉讼案件汇编》，纯粹的教材即1964年出版的内部讲义《刑事诉讼讲义》。

① 如果以今天的标准看，有一种抄袭的味道，当然在当时的特殊语境下，这肯定不能算抄袭，但能说明中国当时的刑事诉讼法教材之水平和质量。

② 对此，请参见北京政法学院诉讼法教研室编写的《中华人民共和国刑事诉讼法讲话》，群众出版社，1979，“编写说明”。

（三）本部分小结

通过梳理既有文献、相关资料，我们可以对 1949 ~ 1979 年中国刑事诉讼法学的基本情况做如下总结。

（1）由于有些资料、著作是内部资料、内部讲义，笔者收集的资料与其他学者收集的资料有差异。换句话来说，如果只以正式出版物为评价标准的话，在这一时期，中国单位内部（主要是大学、法律机关）发行的内部资料占据重要地位，这些内部资料也反映了中国刑事诉讼法学的初步萌芽与起步，即使是跟着苏联学者后面亦步亦趋。进而言之，不管是根据既有资料，还是从笔者收集整理的资料数据看，两者均有一个明显的特征，即新中国成立后的前三十年（1949 ~ 1979 年）刑事诉讼法学发展缓慢，或者说具有中国特色的社会主义刑事诉讼法学起步很慢，更确切地说，不管是刑事诉讼专著，还是教材，甚至法条、法典均是苏联占据绝对主导地位，中国本土之著述处于边缘、起步阶段。

（2）在关于刑事诉讼法学著述中，法典、专著与教材基本上是三分天下。相对而言，专著属于零星点缀（仅对其中个别问题进行研究和探讨，如对律师的研究、对证人证言的研究）；教材领域的引介、介绍成就最高，围绕苏联的刑事诉讼法典展开，属于对刑事诉讼法学比较系统、比较完整的叙述和描绘。

（3）总而言之，中国刑事诉讼法学在这三十年里由苏联学者占主导地位，中国学者在此期间贡献甚少，主要与立法资料的整理有关，零星的著述主要是对苏联著作、教材的翻译、引介，具有本土性质的著述要到 1979 年中国《刑事诉讼法》颁布后才起步。

三　中国境内刑事诉讼法学教材的基本内容（1949~1979年）

就 1949 ~ 1979 年的刑事诉讼法教材而言，亦复如是。在教材建设、出版方面，苏联学者的著述也占据绝对统治地位，根据前述收集的资料共有12部，其中10部涉及苏维埃刑事诉讼（其中两部是中国学者对于苏维埃刑事诉讼的著述），中国本土只有一本很薄的内部讲义（即1964年的《刑事诉讼讲义》）和一部案例集（即1956年编的《中华人民共和国刑事诉讼实例汇编》）。这些刑事诉讼法教材，不仅包括纯粹的教材（如〔苏〕切里佐夫的《苏维埃刑事诉讼》），也包括一些实习的教材（如〔苏〕施夫曼编著的《苏维埃刑事诉讼实习教材》），更有一些练习题教材（如〔苏〕列文主编的《苏维埃刑事诉讼实习题汇编》）。苏联学者切里佐夫的独著教材《苏维埃刑事诉讼法》成就最高，该书于1955年由法律出版社出版，总字数达46.6万字，共计660页[①]。

如果说中国本土有刑事诉讼法教材的话，更多只是学者的讲稿。两部于1954～1957年（这是中国刑事诉讼法学萌芽、快速起步阶段[②]）问世，即中央政法干部学校编写的《我国刑事诉讼中的几个问题讲稿提纲》和中央政法干部学校刑法教研室编写的《中华人民共和国刑事诉讼基本问题讲稿》；另外两部在1979年中国第一部《刑事诉讼法》颁布之后才出现，即北京政法学院诉讼法教研室编写的《中华人民共和国刑事诉讼法讲话》和中央政法干部学校政策法律教研室编的《中华人民共和国刑事诉讼法辅导稿（初稿）》。在这四部讲话稿中，有三部为内部资料，只有张子培等人编写的《中华人民共和国刑事诉讼法讲话》是公开出版物，其成就也最高。该书于1979年9月由群众出版社出版，总字数约8.5万字，共计126页。

据此，我们可以得出如下结论：1949～1979年，中国刑事诉讼法学领域苏联学者占据绝对主导地位，苏联学者切里佐夫的独著《苏维埃刑事诉讼》成就最高，中国则以张子培等人的讲话稿《中华人民共和国刑事诉讼法讲话》（如果将其归入教材类的话）成就最高。进而，在本部分探讨、描

---

① 该书对中国刑事诉讼法学的影响巨大，其第一版在1953年分为上、下两册出版，后来一直再版，不仅仅在1953～1957年再版，该书到改革开放后亦得到再版。

② 当然，这一快速起步很快被各种政治运动特别是“文化大革命”摧残了，进而沦为一种历史的纪念物。

绘 1949～1979 年中国刑事诉讼法学内容时，我们将以这两部著作为案例展开，再辅以楚贡诺夫的《苏维埃刑事诉讼讲稿》以展示中国在这三十年间刑事诉讼法学的基本情况，请看下面的详细分析。

（一）《中华人民共和国刑事诉讼讲话》

严格地说，中国在 1949～1979 年并无用于刑事诉讼法学教学的教材①。因为在该阶段共有四部讲话稿，其中三部为内部资料，只有一部《中华人民共和国刑事诉讼讲话》为唯一的公开出版物。该书的“编写说明”表明了该类著作的性质②：

> 为了宣传、贯彻社会主义法制，我们根据《中华人民共和国刑事诉讼法》和人民法院、人民检察院、公安机关办理刑事案件的实践经验，编写了这本《中华人民共和国刑事诉讼讲话》，供司法、检察、公安人员和广大干部、群众学习参考。有不妥之处，希望读者批评指正，以便修改。
>
> 北京政法学院诉讼法教研室
>
> 一九七九年七月③。

当然，如果从在当时法学教育遭到全面否定的特殊语境审视的话，这些

① 1964 年北京政法学院诉讼法教研室编写的《刑事诉讼讲义》为内部资料（封面有提醒，“校内使用，”），根据该书说明，该书仅供校内使用，发行量非常有限，可以忽略不计，该“说明”全文如下：本讲义供我院教学使用。编写时力求以毛主席思想为指导，总结我们政法实践经验，阐明党和国家有关的政策、法律。但由于水平有限，讲义质量不够高，可能有缺点和错误。希望兄弟院校和我院的同志们、同学们提出宝贵意见，以便不断改进和提高教材质量。本讲义在编写过程中得到中央公安部、最高人民检察院、最高人民法院同志们的不少帮助，在此表示感谢。本讲义内容涉及国家机密，绝对不能丢失，不得出售、转借、赠予，也不得公开引用。北京政法学院诉讼法教研室。

② 《中华人民共和国刑事诉讼讲话》，群众出版社，1979。

③ 同年印的内部资料《中华人民共和国刑事诉讼法辅导稿（初稿）》（由中央政法干部学校政策法律教研室编写）仍然不是为了培养法学学生而编写的教材，而是为了培训学员（公、检、法）学习刑事诉讼法的讲话稿，并保留了讲话稿的形式。

讲话稿可以充任当时中国本土化之教材。我们将以唯一公开出版的《中华人民共和国刑事诉讼讲话》为例对中国本土教材做初步分析，请看下面的详细描绘。

首先，该书由张子培、李春林、严端、张玲元、武延平、曹盛林、陶髦、程味秋等八名学者撰写，更确切地说，该书是八名学者讲话稿的书面记录，并以“北京政法学院”的名义由群众出版社出版的培训教材[①]。

其次，《中华人民共和国刑事诉讼讲话》一书的目录体系。第一讲：刑事诉讼法的指导思想；第二讲：刑事诉讼法的性质和任务；第三讲：刑事诉讼法的基本原则；第四讲：刑事案件的管辖；第五讲：刑事诉讼证据；第六讲：刑事诉讼中的强制措施；第七讲：刑事诉讼的立案；第八讲：刑事诉讼的侦查；第九讲：刑事诉讼的提起公诉；第十讲：人民法院第一审审判；第十一讲：人民法院的第二审审判；第十二讲：死刑案件的复核；第十三讲：审判监督程序的再审；第十四讲：刑事附带民事诉讼；第十五讲：判决和裁定的执行。

根据这一目录体系，《中华人民共和国刑事诉讼讲话》一书已经具备当下刑事诉讼法教材的基本框架，包括刑事诉讼基本制度和基本诉讼程序。同时，从该书第一讲到第三讲的内容看，如下内容占据重要地位[②]：①“四人帮”等在“文化大革命”时期破坏法制是该讲话的基本背景；②强调中国刑事诉讼法与封建主义、资本主义、帝国主义刑事诉讼的本质区别；③强调中国刑事诉讼法（制度）运行的指导思想是马列主义、毛泽东思想。该书总字数不到10万字，每一部分的叙述与探讨都相当粗疏和简单，并缺少对刑事诉讼法、刑事诉讼法学的体系性思考。总而言之，在这一时期，中国的刑事诉讼法教材中的知识和学术无论是在量上还是在质上均不高，处于中国特色社会主义刑事诉讼法学起步阶段。

---

① 同年印的内部资料《中华人民共和国刑事诉讼法辅导稿（初稿）》也是由中央政法干部学校政策法律教研室的樊凤林、柴发邦、曹妙惠、孙铣、张克明、刘岐山、崔敏、唐宗瑶八位学者执笔撰写的讲话稿，但没有公开出版。

② 《中华人民共和国刑事诉讼讲话》，群众出版社，1979，第1～35页。

（二）楚贡诺夫的讲稿《苏维埃刑事诉讼讲稿》

楚贡诺夫的《苏维埃刑事诉讼讲稿》于1957年出版，早于《中华人民共和国刑事诉讼讲话》，共计326页，分二十三题，具体情况如下。

首先，该书的基本性质。《苏维埃刑事诉讼讲稿》的“出版说明”如下：

> 一、本讲义是苏联专家B.E.楚贡诺夫在1955~1956学年，对本院研究生和教员讲授的手稿，出版前著者又做了一些修改和补充。二、本讲义全面重点深入地叙述了苏维埃刑事诉讼理论和苏联的司法实践，可供政法院校教员、学生及司法干部参考……①

据此，我们可以知晓，该书虽然是授课的产物，却是一部培训法学学生（当然在当时的语境下，也培训教师）的讲稿，是一部典型的刑事诉讼法教材，虽然主要针对研究生阶段的法学学生。

其次，该书的基本体系。其基本目录体系如下。第一题：苏维埃刑事诉讼的概念与本质；第二题：革命前俄国的刑事诉讼史；第三题：苏维埃刑事诉讼的发展；第四题：苏维埃刑事诉讼的宪法原则；第五题：苏维埃刑事诉讼中的法院、检察长、侦查机关与当事人；第六题：苏维埃刑事诉讼中的证据；第七题：苏维埃刑事诉讼中证据的种类；第八题：诉讼强制措施；第九题：提起刑事案件；第十题：侦查；第十一题：侦查的程序；第十二题：侦查的停止与终结；第十三题：起诉；第十四题：审判管辖；第十五题：法庭审判；第十六题：控诉的变更与检举新犯罪人负刑事责任；第十七题：判决；第十八题：对未生效的判决是否合法及有无根据的审查；第十九题：判决的执行；第二十题：对已生效的判决和裁定是否合法及有无根据的审查；第二十一题：个别几类案件诉讼

① 〔苏〕B.E.楚贡诺夫：《苏维埃刑事诉讼讲稿》，北京政法学院，1957，“出版说明”。

程序的特点；第二十二题：欧洲各人民民主国家刑事诉讼的概况；第二十三题：资产阶级国家刑事诉讼[①]。

根据该目录体系，该书对刑事诉讼的基础知识、基本原理和基本程序做了一个完整描绘。同时，该书亦有全球视野，利用两讲的内容简单叙述了东欧社会主义国家和资产阶级国家的刑事诉讼法。由于其讲稿特点，该书的体系性、逻辑性不严密，论证相对粗疏。当然，相对于《中华人民共和国刑事诉讼讲话》，本书显得更丰富和深刻。

最后，该书的基本特色体现在该书第一题到第五题。①在该书第一题，作者阐述了苏维埃刑事诉讼之本质，正如该书开篇所言，“苏维埃刑事诉讼是依靠工人阶级和集体农民的专政、表现全体劳动人民的意志与利益的苏维埃社会主义法的一个部门。苏维埃刑事诉讼是社会主义国家的诉讼，它是以社会主义和社会主义民主制的原则为基础的[②]”。②该书的第二题、第三题对俄国、（特别是对）苏维埃各个时期的刑事诉讼进行详细阐述，将苏维埃刑事诉讼之前述本质特征通过革命、建设之刑事诉讼史做进一步阐释与具体化。③楚贡诺夫通过该书第四题、第五题详细描绘了宪法、司法体制与刑事诉讼的深层关系，着力描绘苏维埃宪法、司法体制与苏维埃刑事诉讼的内在决定与被决定关系，或者更确切地说，从宪法高度再次阐释苏维埃刑事诉讼、刑事审判的本质和基本特征。

总而言之，虽然该书前于《中华人民共和国刑事诉讼讲话》20余年，如果从教科书角度观察，无论是从深度、广度看，后者均不可比拟。

（三）切里佐夫独著的《苏维埃刑事诉讼》

苏联学者切里佐夫所著的《苏维埃刑事诉讼》，与翻译成中文的苏联绝大部分刑事诉讼法教材相一致，是一部独著性教材，而非合著或主编的

---

① 〔苏〕B. E. 楚贡诺夫：《苏维埃刑事诉讼讲稿》，北京政法学院，1957，“目录”。

② 〔苏〕B. E. 楚贡诺夫：《苏维埃刑事诉讼讲稿》，北京政法学院，1957，第1页。

教材[1]，也是一部新中国出版非常早的刑事诉讼法教材。它初版于1953年，1954年重印，1955年法律出版社再版，后来持续再印刷，进而成为该时期中国影响力最大的刑事诉讼法教材。该著作的基本情况可以申述如下[2]。

首先，从宏观上看，该书分为三个部分。第一部分，苏维埃刑事诉讼；第二部分，人民民主国家的刑事诉讼；第三部分，几个最主要的帝国主义的刑事诉讼（包括美国、英国和法国刑事诉讼）。根据当时的国际时势，社会主义国家与资本主义国家两分[3]，以英美法为首的帝国主义国家和以苏联、波兰为首的社会主义国家对立，进而产生该书前述三分的框架，相当于对世界上主要国家的刑事诉讼均做出探讨和研究，是一部有全球视野的刑事诉讼法教材。

其次，从第一部分苏维埃刑事诉讼看刑事诉讼的基本体系。第一篇：总论——诉讼的基本概念和原则，共分十一章。第一章：社会主义的审判和苏维埃的刑事诉讼；第二章：苏维埃刑事诉讼的基本概念及其内容；第三章：苏维埃刑事诉讼原则及其形式的发展简史；第四章：苏维埃刑事诉讼的原则；第五章：控诉；第六章：被告人、辩护；第七章：刑事诉讼中的附带民事诉讼；第八章：证据的一般学说；第九章：证据的种类、证据的来源；第十章：管辖；第十一章：诉讼上的强制措施。

第二篇：分论——刑事案件的进行，共有十三章。第十二章：提起刑事案件（提起追究刑事责任）；第十三章：侦查及其原则和形式；第十四章：侦查行为；第十五章：侦查中的被告人；第十六章：侦查的终结；第十七章：起诉；第十八章：法庭审理；第十九章：变更控诉和兼具新犯罪人；第二十章：判决；第二十一章：对尚未生效的法院判决和裁定的上诉和重新审查；第二十二章：对业已生效的法院判决和裁定的重新审查；第二十三章：

---

① 在笔者收集的8部苏联刑事诉讼法教材中，6部为独著，其他2部主编的教材都是辅助性的教材而已。

② 以下内容均来自〔苏〕切里佐夫《苏维埃刑事诉讼》，中国人民大学刑法教研室译，法律出版社，1955。

③ “第三世界”的概念还没有提出。

军事审判机关的诉讼程序；第二十四章：判决的执行。

从该书的目录结构看，切里佐夫教授在教材中将苏维埃刑事诉讼分为总论与分论两部分。总论着重描绘、阐释刑事诉讼的本质、理念和基本原理；分论注重刑事诉讼程序的描绘和阐述，呈现出严密的层次性、逻辑性——仅就这一点，前两部教科书无法等量齐观。

最后，从具体内容看，有以下方面内容值得探讨。其一，具体规则探讨的制度化，以证据为例，切里佐夫通过两章共计77页阐述刑事证据的基本原理和各种证据规则（证人证言、鉴定、被告人自己的辩解和陈述、物证和书证的证据规则），相当于《中华人民共和国刑事诉讼讲话》一书2/3的篇幅，相当于《苏维埃刑事诉讼讲稿》一书1/4的篇幅。其二，每一章均有详略不等、但丰富的参考文献。其三，作者通过四章共计127页的篇幅[①]，对刑事诉讼的本质、理念特点进行界定。①作者着力阐述“十月革命”后国家审判的基本性质，即社会主义审判与资本主义审判是有本质区别的，社会主义审判工作与行政工作仅有形式上的区别，在本质上是一样的，都是有行政性质的工作，苏维埃法院是社会主义的审判机关[②]。②作者通过两章（第三章和第四章）展示苏维埃的司法体制（包括苏联最高法院）、刑事诉讼形式、审判体系的历史沿革，强调社会主义体制下宪法和刑事诉讼的基本原则、基本理念（如法制原则、审判员独立原则、职权原则、直接原则、言词原则和辩论原则等）[③]。

总而言之，切里佐夫的《苏维埃刑事诉讼》是一本严谨且内容丰富，集规则、制度与思想于一体的社会主义刑事诉讼法学著作，进而影响了新中国成立后前三十年的刑事诉讼法学界。

---

① 比《中华人民共和国刑事诉讼讲话》整部作品都长，相当于《苏维埃刑事诉讼讲稿》一书的1/3。

② 请参见〔苏〕切里佐夫《苏维埃刑事诉讼》，中国人民大学刑法教研室译，法律出版社，1955，第19～27页。

③ 请参见〔苏〕切里佐夫《苏维埃刑事诉讼》，中国人民大学刑法教研室译，法律出版社，1955，第60～127页。

（四）本部分小结

通过展示新中国成立前三十年刑事诉讼法学中最好的三本教科书的基本内容、特点，我们可以做如下总结。

首先，仅就时间来看，切里佐夫的《苏维埃刑事诉讼》出版时间最早，楚贡诺夫的《苏维埃刑事诉讼讲稿》次之，《中华人民共和国刑事诉讼讲话》最晚，属于新中国第一部刑事诉讼法颁布后即出版的类似教材的一部讲稿。但就质量而言，《中华人民共和国刑事诉讼讲话》最低，虽然其反映了新中国刑事诉讼法教材的真正起步，代表着新中国前三十年刑事诉讼法教材的最高成就。

其次，就中国本土刑事诉讼法教材而言，以《中华人民共和国刑事诉讼讲话》为中心的四部讲话稿（包括 1964 年的一部内部讲义《刑事诉讼讲义》）均是诸多学者集体创作的产物（经历了如是一个过程：最初以集体的名义出版，诸多作者不出现；后来虽然仍然以集体的形式出现，但诸多合著者能体现出来）。《中华人民共和国刑事诉讼讲话》与切里佐夫的《苏维埃刑事诉讼》比较而言缺少体系、逻辑和应有的教科书之严谨。换而言之，苏联学者独著性的教科书体现出教科书应有的刑事诉讼理念、制度与理念内在一体的逻辑、体系与圆融，因而在新中国前三十年刑事诉讼法教材中占据绝对统治地位。

最后，中国刑事诉讼法教材完全笼罩在苏联刑事诉讼法教材的氛围之中，奠定了中国本土的刑事诉讼法教材的基调：①新中国刑事诉讼是革命的产物，也是对“文革”反思的产物，或者说革命和“文革”是刑事诉讼法制定（或修改）的基本背景；②社会主义审判与资本主义审判、封建主义审判有本质区别；③刑事诉讼法之指导思想为毛泽东思想。

总而言之，中国刑事诉讼法教材的确在 1979 年真正起步了！

四　与民国时期刑事诉讼法教材的对照

1949 年新中国成立是对晚清、民国以来中国人追求现代化的延续，而非彻底断裂，法律领域（包括宪法体制、司法体制和刑事诉讼①）亦是如此。因此，考察1949～1979年中国刑事诉讼法教材的基本情况应当将其与民国时期刑事诉讼法教材情况做对照，以更好地观察其得与失。

我们仍然利用孔夫子旧书网和“全国图书馆参考咨询联盟”网两种资源收集这一时期的刑事诉讼法教材信息，通过收集和整理，其基本情况可以大致描绘如下。

涉及刑事诉讼的著述不多，仅100余种，基本情况如下。法律条文是相当重要的组成部分，如单独出版的刑事诉讼法典，或者以六法全书形式出版的法律条文，多达1/3以上。关于刑事诉讼法某个具体主题的专著（如周荣于1936年在商务印书馆出版的《证据法要论》）不多；个人出版的刑事诉讼法著作、教科书占据重要地位，如陈瑾昆于1930年在朝阳大学出版社出版的《刑事诉讼法通义》、陈瑾昆和李良于1930年在朝阳大学出版社出版的《刑事诉讼实务》、孙绍康于1935年在商务印书馆出版的《刑事诉讼法》、戴修瓒于1936年在上海法学编译出版社出版的《刑事诉讼法释义》、孙路于1944年在商务印书馆出版的《刑事诉讼实务》、夏勤于1944年在商务印书馆出版的《刑事诉讼法要论》、夏勤于1947年在商务印书馆出版的《刑事诉讼法释疑》、蔡枢衡于1947年出版的《刑事诉讼法教程》。

这段时期是中国刑事诉讼法学的初步发展时期，缺少精耕细作的专著②，主要是对刑事诉讼法学整体的研究，亦即刑事诉讼法教材越来越理论化和体系化。根据陈瑞华教授的观点，有三部著作或教科书代表这一时期中国刑事诉讼法学（亦即刑事诉讼法教材）的最高成就，即夏勤于1944年在商务印书馆出版的《刑事诉讼法要论》、陈瑾昆于1930年在朝阳大学出版

---

① 对此的详细分析，请参见蒋志如《历史与法律文本中的中国法院——一个导论》，即刊书。

② 对中国刑事诉讼法学的发展分期进行详细分析的文献，请参见陈瑞华《二十世纪中国之刑事诉讼法学》，载《中外法学》1997年第3期。

社出版的《刑事诉讼法通义》、蔡枢衡于1947年在商务印书馆出版的《刑事诉讼法教程》[①]。我们将对这三部著作的基本情况做探讨。

(一)夏勤的《刑事诉讼法要论》

首先,《刑事诉讼法要论》及其作者的基本情况。该书之作者夏勤,江苏泰州人,在东京帝国大学法学研究部专攻刑法,归国后任大理院推事、最高法院刑庭庭长、司法院大法官,其间任朝阳大学教授[②];曾出版《法学通论》《刑法总论》《刑法分则》《刑事政策学》《刑事诉讼法》《刑事诉讼法要论》等著作。其中,《刑事诉讼法要论》为其代表作[③]。《刑事诉讼法要论》为夏勤独著,初版于1923年,属于我国学者出版非常早的一部独著刑事诉讼法教材。该书再版于1931年,又于2012年由中国政法大学出版社再版。在这里,我们将以2012年出版的版本为准。

其次,《刑事诉讼法要论》之目录体系[④]。(1)从宏观上看,该书分为两部分:绪论与本论。其中绪论有11章内容,探讨刑事诉讼之基本概念、范畴、基本原理等基础事项;本论共分为六编60余章。

(2)《刑事诉讼法要论》具体目录体系。

绪论

第一章:刑事诉讼法与刑法之关系;第二章:刑事诉讼法及刑事诉讼之意义;第三章:刑事诉讼法之解释;第四章:刑事诉讼法之地位;第五章:刑事诉讼法之效力;第六章:刑事诉讼之种类;第七章:刑事诉讼之阶段;第八章:刑事诉讼之法律关系;第九章:刑事诉讼之条

① 请参见陈瑞华《刑事诉讼的前沿问题(第五版)》(上),中国人民大学出版社,2016,第9~18页。

② 请参见程波《“法学津梁”——法学家夏勤与朝阳大学》,载《朝阳法律评论》2009年第2期。

③ 请参见王向阳《夏勤对20世纪中国刑事诉讼法的探索》,载《兰台世界》2014年第4期(上旬)。

④ 请参见夏勤《刑事诉讼法要论》,中国政法大学出版社,2012,“目录”,第1~11页。

件；第十章：刑事诉讼之方式；第十一章：刑事诉讼之主义。

本论

第一编：诉讼主体。第一章：总论；第二章：法院；第三章：当事人。

第二编：诉讼行为。前编：总论。第一章：诉讼行为之意义及其性质；第二章：诉讼行为之要件；第三章：诉讼行为之形式；第四章：诉讼行为之取消；第五章：诉讼行为之无效；第六章：附条件之诉讼行为；第七章：择一之诉讼行为；第八章：诉讼行为之时期；第九章：诉讼行为之处所；第十章：诉讼行为之种类。后编：各论。第一章：被告人之讯问；第二章：被告人之传唤、拘提及羁押；第三章：保释及责付；第四章：证据；第五章：扣押及搜索；第六章：勘验；第七章：证人；第八章：鉴定人及通译；第九章：裁判；第十章：文件；第十一章：送达。

第三编：通常诉讼程序。前编：第一审。前部：公诉。第一章：通论；第二章：侦查；第三章：起诉；第四章：审判。后部：自诉。第一章：自诉之性质；第二章：自诉之案件；第三章：自诉之效力、驳回、判决及撤回；第五章：自诉之程序；第六章：自诉之反驳；后编：上级审。前部：上诉。第一章：上诉通论；第二章：第二审之上诉；第三章：第三审之上诉。后部：抗告。第一章：抗告之意义；第二章：抗告之案件；第三章：抗告之主体；第四章：抗告之声明；第五章：抗告之审判；第六章：再抗告及类似抗告之程序。

第四编：特别诉讼程序。前编：非常上诉及再审。前部：非常上诉。第一章：非常上诉之意义；第二章：非常上诉之声明；第三章：非常上诉之调查；第四章：非常上诉之判决。后部：再审。第一章：提起再审之概念；第二章：提起再审之条件；第三章：提起再审之声明；第四章：提起再审之裁定。后编：简易程序。第一章：简易程序之意义；第二章：简易程序之要件；第三章：简易程序之管辖；第四章：简易程序之开始；第五章：简易程序之审判；第六章：简易程序之变更；第七章：简易程序之效力。

第五编：裁判之执行。第一章：总论；第二章：死刑之执行；第三章：自由刑之执行；第四章：财产刑之执行；第五章：其他处分之执行；第六章：判决疑义及行刑疑义。

第六编：附带民事诉讼。第一章：附带民事诉讼之制度；第二章：附带民事诉讼之目的；第三章：附带民事诉讼之当事人；第四章：民事诉讼附带之结果。

最后，初步评价。根据作者的基本情况和该书的体系、内容，特做出如下三点评价。

（1）该书作者夏勤，既有系统法学教育经历，又有丰富实务经验，而且从其学术经历看，刑事诉讼法学也仅仅是其学术关注的一个领域，法理学、刑法学也是其关注的重要领域。

（2）作者在撰写《刑事诉讼法要论》时，受到法理学、刑法学的理论方法、思维方式的深刻影响，因而该书呈现出高度的理论性和体系性，概念、范畴、研究方法俱备，是一部非常有理论性的刑事诉讼法教科书。或者说该书是以法哲学、刑法般严谨的逻辑、体系布局撰写的一部刑事诉讼法教材。

（3）该书内部体系严谨、对刑事诉讼法学的基本理论、范畴、理念、基本原理和基本程序均做了全面深入剖析，其广度和深度与当下中国主流的刑事诉讼法教材相比较也不遑多让。

（二）陈瑾昆的《刑事诉讼法通义》

首先，《刑事诉讼法通义》及其作者的基本情况。该书作者陈瑾昆，湖南常德人，1908 年入东京帝国大学学习法律，曾任奉天高等审判厅推事、庭长等职务，后来专任北京大学、朝阳大学等高校教授，著作有《民法通义总则》《刑事诉讼实务》《民法通义债编总论》《刑法总则讲义》《刑事诉讼法通义》等。《刑事诉讼通义》是其在刑事诉讼领域的代表作，是一部独著，于1930年初版，后来多次重版，于2007年由法律出版社整理重版[①]。在这里，笔者将以法律出版社2007年出版的《刑事诉讼法通义》为依据进行探讨。

其次，该书的目录体系。

（1）从宏观上看，该书分为绪论和本论。其中绪论共两章（讨论刑事诉讼的概念、法律渊源等基础事项）；本论分为上部（总论）和下部（分论）两部分，上部探讨刑事诉讼的基本制度、诉讼程序，下部探讨刑事诉讼的各个审判程序（包括第一审、第二审、第三审、再审程序等）。

（2）具体目录如下[②]。

---

① 请参见郭烁《勘后记》，载陈瑾昆主编《刑事诉讼法通义》，法律出版社，2007，第483～487页。

② 请参见陈瑾昆《刑事诉讼法通义》，法律出版社，2007，第1～11页。

第二章：再审之客体；第三章：再审之原因；第四章：再审之提起；第五章：再审的审判。第六编：特别程序。第一章：概说；第二章：简易程序；第三章：兼理诉讼程序；第四章：履判程序。第七编：执行程序。第八编：附带民事诉讼。第一章：总论；第二章：诉讼程序。

最后，初步评价。

根据该书目录结构、内容及其作者的基本情况，我们可以做如下初步评价。

（1）该书作者陈瑾昆也接受了系统的法学教育，亦有丰富的司法实务经验，也正如作者在《自序》中所言，“余不揣谫陋，思效介绍微劳，爰将历经讲稿厘定成书，颜曰《刑事诉讼法通义》[①]”。陈瑾昆不仅擅长刑事诉讼法，更对民法、刑法有精深之研究，并出版有相关著述，如《刑法总则讲义》《民法通义总则》等，刑事诉讼法仅仅是作者关注的领域之一。

（2）该书的结构体系相对于夏勤之《刑事诉讼法要论》简单，虽然宏观上分为绪论和本论两部分，不过将其看成三部分更有意义，即绪论、上部：总论、下部：各论。第一部分阐述刑事诉讼的概念、理念和基本的思维方式；第二部分讨论刑事诉讼的基本范畴、基本原理；第三部分则探讨刑事诉讼的各个程序，令该书呈现的刑事诉讼的基本逻辑、内在体系比《刑事诉讼法要论》更简洁、逻辑力更强。

（三）蔡枢衡的《刑事诉讼法教程》

首先，《刑事诉讼法教程》及其作者的基本情况。该书作者蔡枢衡，江西永修人，1919 年赴日本留学，先后到日本中央大学法学部、东京帝国大学法学部学习法律，在日 14 年，师从著名法学家星野牧一教授，1933 年回

① 陈瑾昆：《刑事诉讼法通义》，法律出版社，2007，“自序”第 1 页。

国担任北京大学等高校教授。在长达50余年的学术生涯中，他出版了《刑法学》《刑事诉讼法教程》《中国法律之批判》《中国法理自觉之发展》《中国刑法史》等著作[①]。《刑事诉讼法教程》是其在刑事诉讼领域的代表作，是其长期教学的产物，是一部独著式刑事诉讼法教材，初次出版于1947年，又于2012年（近70年后）在中国政法大学出版社再版，“是中国刑事诉讼法学初步发展时期的一部极为重要的著作”[②]。

其次，该书之具体目录体系。

（1）从宏观上看：该书共分五编：第一编：绪论；第二编：刑事诉讼之主体、客体及行为；第三编：当事人等之诉讼行为；第四编：审检机关之诉讼行为（上）；第五编：审检机关之诉讼行为（下）。

（2）具体目录[③]。

第一编：绪论。第一章：刑事诉讼法学；第二章：刑事诉讼法之形式；第三章：刑事诉讼法之内容；第四章：刑事诉讼法之效力。

第二编：刑事诉讼之主体、客体及行为。第一章：刑事诉讼之主体：审检机关（上）；第二章：刑事诉讼之主体：当事人、关系人、第三人及被疑人（下）；第三章：刑事诉讼之客体；第四章：刑事诉讼之行为。

第三编：当事人等之诉讼行为。第一章：告诉、告发、自首、声请再议、申诉不服及陈述意见；第二章：声请、声明、陈明、抗告及再抗告；第三章：诉及辩诉并诉之撤回；第四章：上诉、辩诉、答辩及撤回上诉。

第四编：审检机关之诉讼行为（上）。第一章：侦查、调查及审

① 请参见苗文龙、刘莉《蔡枢衡先生和他的〈中国刑法史〉》，载《重庆工学院学报》（社会科学版）2008年第4期；程波《蔡枢衡的深刻性》，载《东方法学》2013年第1期。

② 请参见陈瑞华《刑事诉讼的前沿问题（第五版）》（上），中国人民大学出版社，2016，第15页。

③ 请参见蔡枢衡《刑事诉讼法教程》，中国政法大学出版社，2012，“目录”第1～2页。

理；第二章：传唤、通知、告知及送达；第三章：搜索、扣押及存留物品；第五章：勘验、鉴定及通译；第六章：拘提、羁押及逮捕。

第五编：审检机关之诉讼行为（下）。第一章：裁判；第二章：声请、声明、陈明及抗告、再抗告之裁判；第三章：侦查之终结及声请再议、申诉不服、陈述意见之处分；第四章：诉及上诉之裁判；第五章：判决之履判；第六章：判决之执行。

最后，初步评价。

根据《刑事诉讼法教程》的目录结构和内容、作者蔡枢衡的基本情况，可以做如下初步评价。①蔡枢衡作为民国时期著名的法学家以治刑法、法理闻名，刑事诉讼是副产品，是其教学积累的产物，其他学科知识对刑事诉讼之目录和结构影响巨深。②相较于《刑事诉讼法要论》《刑事诉讼法通义》，该书之目录结构更加简洁，同时也体现出法理学理论对刑事诉讼原理的深刻影响，更确切地说，注重将刑事诉讼概念、范畴、理念等刑事诉讼法律思维以法哲学的方式呈现。

（四）本部分总结

通过描绘、陈述民国时期著名法学家有代表性的刑事诉讼法教材，我们可以对其做如下总结。

首先，从教科书本身看，该三部教科书均为独著，大部分亦为教学经验、工作经验积累之产物[①]，与新中国成立后强调教科书是集体智慧的结晶迥异，这一时期仅有的几本勉强可以称为教科书的内部讲义和内部讲话稿不仅是集体的结晶，更是只以集体的名义出现，个体完全被淹没，只有 1979 年的两部有新迹象，即：在集体名义之下罗列了个体的贡献。该三部教科书的作者均接受了系统的日本法学教育，亦有一定的司法实务经验，不仅如

① 其实，当我们揆诸民国时期其他刑事诉讼法教材时，发现基本上是独著，即使合著，一般不超过两个学者（而且数量非常少），一个学者主编、其他众多学者参与的情况基本上没有。

此，他们的学术贡献也不局限于刑事诉讼法学，还有相关诸如刑法等学科的著述。有的学者在相关领域取得的成就更多，如蔡枢衡，他在刑法学、法理学的贡献更多，刑事诉讼倒有点像“偶然间”的产物。更确切地说，民国时期刑事诉讼法教科书的撰写、布局深受相关学科知识的影响。

其次，从教科书的基本结构看，这三部教科书分别出版于20世纪20年代（初版于1923年）、30年代（初版于1930年）、40年代（初版于1947年），时间上呈前后相继关系，在教材目录结构上已有一种越来越简洁的趋势，刑事诉讼法之体系也越来越严谨。虽然最初的本论、绪论两部分比较简单，但本论部分非常繁杂，夏勤的《刑事诉讼法要论》本论最为复杂；陈瑾昆的《刑事诉讼法通义》则有所简化，整个结构包括本论可以分为三部分，即绪论、基本原理与程序；蔡枢衡的《刑事诉讼法教程》则更简单，即绪论、诉讼主体与诉讼行为。

最后，从三部教科书的基本内容看，夏勤的《刑事诉讼法要论》、陈瑾昆的《刑事诉讼法通义》均以当时的《刑事诉讼法》法典为中心阐释刑事诉讼的基本概念、范畴、基本原理和各种诉讼程序。这两本教科书有很大的相似性，虽然在目录结构、逻辑体系有些差异。蔡枢衡的《刑事诉讼法教程》在内容上相较而言差异更大，但理论性更强。

总而言之，经历民国30年左右时间的积累，该三部教科书已呈现出刑事诉讼法教科书应当具有的理论性和逻辑体系性，是中国本土发展起来的刑事诉讼法教科书。

五　对新中国成立后前三十年刑事诉讼法教材的再审视

中国刑事诉讼法教材在1949～1979年的情况，如果与民国时期进行对照的话，我们可以对其在整体上做如下再审视。

首先，从教科书风格和内容看，1949年是一个关键年份。1949年，新中国成立，不仅仅政治领域有根本性转型，其他相关领域也如此，与政治密切联系的法律、法学更如此。

从形式上看，民国时期的刑事诉讼法教材通常是独著，以理论性、系统性和技术性见长，很少谈及政治和意识形态与刑事诉讼的内在关系，更不谈阶级性。新中国成立后的前三十年风格截然不同，中国本土的刑事诉讼法教材没有一部独著，都是合著的产物且只以“北京政法学院诉讼法教研室”等集体名义出现，其中政治话语、意识形态、党和国家的刑事政策等内容较多，特别是在刑事诉讼的性质和任务、指导原则、基本原则等内容上得到充分体现。正如1964年某内部讲义的第一句话，“我国刑事诉讼是公安机关、人民检察院、人民法院在党的领导下，同广大群众相结合，依照党的政策和国家法律所进行的镇压敌人，揭露、证实和惩罚犯罪的专政活动①”。但是，民国时期的刑事诉讼法教材等刑事诉讼程序与基本原理探讨较少，对法律技术探讨更少。

民国时期三部刑事诉讼法教材虽然在目录结构上、风格上有差异，但在本质上没有差异，均可以归纳为三部分：绪论（何谓刑事诉讼）、基本原理（诉讼主体、诉讼行为、诉讼客体等）和诉讼程序（第一审、第二审、第三审等）。新中国前三十年的教科书与民国时期有本质差异，虽然也可以分为三部分——绪论、基本原理和诉讼程序——但绪论和基本原理更多是对阶级斗争、意识形态的重新阐释，即使在叙述、描绘刑事诉讼程序时也有诸多对党和国家阶级斗争、意识形态、刑事政策进行宣传的内容。进而言之，新中国成立之后，刑事诉讼法教材在整体上有宣传手册的意味。这是因为，1949年是中国刑事诉讼法律、刑事诉讼法学、刑事诉讼法教材的一个新开始，或者说是有根本转型的一年。

其次，这个新的开始即刑事诉讼法教材采用苏联模式。

中国在法律领域向苏联学习比较晚，始于1949年前后②，这一过程大

① 北京政法学院诉讼法教研室编《刑事诉讼讲义》（内部资料），1964，第1页。

② 中国“以俄为师”从“十月革命”的炮声响起开始，先是马克思主义、列宁主义在中国的传播，后是军事斗争，经过中国化，形成毛泽东思想，进而解放全中国。以此为基础和背景，才有在法律领域向苏联学习的现象。

致描绘如下。

（1）翻译苏联刑事诉讼法教材。先是对苏联刑事诉讼法典的翻译（如郑华翻译的《苏俄刑事诉讼法典》），此后是刑事诉讼法教材的翻译（如切里佐夫的《苏维埃刑事诉讼》）和一些案例、实习题教科书（如列文编的《苏维埃刑事诉讼实习题汇编》）的翻译，也有对涉及刑事诉讼方面的专著（如《苏维埃刑事诉讼中的律师》）的翻译，进而逐渐形成以法典、教材为中心的基本体系。

（2）中国学者采用苏联模式自己编著教材。翻译苏联刑事诉讼法著述的过程，也是新中国刑事诉讼法领域的教师和学生持续学习的过程。一些学习成果得到呈现，即华东政法学院刑法教研室编的《苏维埃刑事诉讼讲义》（内部讲义，1955）和中华人民共和国最高人民检察院办公厅编的《学习苏维埃刑事诉讼的笔录（初稿）》（1956）。

后来随着中苏关系的冷淡、破裂，中国开始有本土的、唯一的但没有公开出版的刑事诉讼法教材，即 1964 年由北京政法学院诉讼法教研室编写的《刑事诉讼讲义》。在此过程中也有四部类似教材的讲话稿。这两种中国式的刑事诉讼法教材模仿苏联教科书的色彩也相当浓厚。

最后，这次采用苏联模式并没有完成。

如果将切里佐夫的《苏维埃刑事诉讼》与 1964 年北京政法学院诉讼法教研室编印的内部资料《刑事诉讼讲义》、1979 年群众出版社出版的《中华人民共和国刑事诉讼讲话》做比较的话，后者无论在数量（字数）上还是在质量上都无法与之相比。更确切地说，正是由于中国本土出版的刑事诉讼法教材具有强烈的宣传手册意味，没有教科书意义上的学术价值，质量远远不如翻译到中国的苏联学者出版的刑事诉讼法教材。

（1）当中国“以俄为师”，马克思主义、列宁主义中国化后，中国法律领域、刑事诉讼法学、刑事诉讼法教材领域迅速以马克思主义、列宁主义、毛泽东思想为指导思想，以其作为解释、细化刑事诉讼的基本理念、规则和诉讼程序的基本判准。关于这一点，中国学习效率比较高，或者说采用苏联模式比较彻底，以在教科书中详细阐述、讨论社会主义审判的基本性质、特点等（在与资本主义审判、封建主义审判的区别中呈现这一点）为具体体现。

（2）采用苏联模式不彻底表现在教科书缺少对具体刑事诉讼制度、规则的深度阐释，整体上缺少逻辑性、体系性特点，因而切里佐夫的《苏维埃刑事诉讼》是一本真正的社会主义国家的教科书，中国本土的《刑事诉讼讲义》《中华人民共和国刑事诉讼讲话》更像在法院、法学院场域制作的宣传手册，而且诸多作品也没有公开出版，中国的刑事诉讼法律、刑事诉讼法学仍处于荒漠阶段。

总而言之，1949 年不仅仅是中国历史的重大转型，也是中国刑事诉讼法教材的彻底转型，即刑事诉讼法教材采用苏联模式，但这一点即使到 1979 年也没有彻底完成。

六　结语

通过前述，我们可以对 1949 ~ 1979 年中国刑事诉讼法学著述的基本情况做如下简单总结。

首先，从形式上看。①刑事诉讼法学领域的著述不丰富，以译著为主且苏联学者著作占据主导地位。②刑事诉讼法教材方面的著作更是不多，即使在这不多的刑事诉讼法教材中，也是苏联学者的教科书占据主导地位，以切里佐夫的《苏维埃刑事诉讼》成就最高。如果严格地说，中国本土化的教材只有一部，即 1964 年北京政法学院印刷的内部讲义《刑事诉讼讲义》，如果加上一部 50 年代出版的案例教材则有两部，放宽标准，将 30 年间学者的讲话稿（4 部）算上则有 6 部。③《中华人民共和国刑事诉讼法讲话》是 6 部作品中唯一正式出版的著作，如果以教科书应当具有的科学性、学术性来评价的话，该书也是这一时期质量最高的著作。

其次，从内容上看，如果对照民国时期的刑事诉讼法教科书，1949 ~ 1979 年中国刑事诉讼法教科书是一个根本转型，即刑事诉讼法教科书以宣传政治、意识形态和党的政策、刑事政策为中心。但是如果以切里佐夫的

《苏维埃刑事诉讼》作为判准的话，中国刑事诉讼法教科书采用苏联模式并没有实现。

最后，1979 年也是一个关键年份，新中国第一部刑事诉讼法典出台，以宣传该法典为中心的学者讲话稿也相继出现，《中华人民共和国刑事诉讼法讲话》是第一部。如果将之视为刑事诉讼法教科书的话，其也代表着新气象，预示着新时代的到来，亦即中国本土刑事诉讼法教科书的起步或者说新的开始。

第六章　中国刑事诉讼法教材中苏联因素的持续（1979～1989年）

一　问题、材料与说明

1979年是一个关键年份，中国改革开放启动的第二年（如果以1978年12月召开的十一届三中全会为起点的话），全国人民代表大会制定了《中华人民共和国刑事诉讼法》《中华人民共和国刑法》《中华人民共和国人民法院组织法》《中华人民共和国人民检察院组织法》等法律，也开启了中国法治建设的新篇章。中国法学教育也真正重新起步①，在已经展开的法学教育中，教材建设是其重要内容。在苏联与欧美的双重影响下，经过10年左右的初步发展，到1989年之际，法学教育之教材建设亦有相当之进步和发展，与1949～1979年的情况对照已呈现出迥异的景象，有点沧海桑田的意味。

作为法学教育教材建设重要组成部分的刑事诉讼法教材亦如此，基本上从零开始。在1979年7月1日通过的《中华人民共和国刑事诉讼法》《中华人民共和国刑法》《中华人民共和国人民法院组织法》《中华人民共和国人民检察院组织法》等法律的规范和指引下，在中国台湾、日本、欧陆、

① 法学教育则早已开始，但处于恢复的初期：1977年恢复高考，有两所学校招收法学专业学生，达到576人（请参见蒋志如《试论法学教育对法学教师的基本要求》，载《中国法学教育研究》2013年第4期）。

英美和苏联的影响下，各所高校或者独自或者联合编写了这一时期的刑事诉讼法教材。在本章，笔者拟对这 10 年中国刑事诉讼法教材的情况做一个初步的梳理和深层审视，以探求其取得的成就和存在的问题（及其发展之特点）。

在展开讨论之前，笔者需要做一个说明：在本校图书馆收集这一时期所有的刑事诉讼法教材信息是不可能之事，亦是没有必要之事，因此，笔者将根据相关文献、既有研究和梳理来收集、选择这一时期的刑事诉讼法教材。主要依据以下途径收集本章分析需要的资料：①专著类，徐益初编著的《刑事诉讼法学研究概述》[①]、陈光中教授主编的《刑事诉讼法学五十年》[②]；②一些文章的分析和梳理，如陈光中教授撰写的《改革开放 30 年的刑事诉讼法学》；③还有一些数据库（如“全国图书馆参考咨询联盟”网）。

二　中国刑事诉讼法教材的基本现状（1979~1989年）

（一）基本情况：根据既有文献的整理

1979 ~ 1989 年，中国刑事诉讼法教材情况可以从以下方面进行分析。

首先，根据既有学者的整理。徐益初教授在《刑事诉讼法学研究概述》一书中整理出这期间的教材有 17 种，陈光中教授主编的《刑事诉讼法学五十年》整理出这期间的教材有 22 种。集合两者之所有，仅就公开出版的教材而言[③]，基本情况可以描绘如下：

（1）北京政法学院诉讼法教研室编《中华人民共和国刑事诉讼法讲话》，群众出版社，1979；

① 徐益初编著《刑事诉讼法学概述》，天津教育出版社，1989。
② 陈光中主编《刑事诉讼法学五十年》，警官教育出版社，1999。
③ 在他们整理的资料中，仍然有数种教材属于内部资料。

（2）王国枢主编《刑事诉讼法概论》，北京大学出版社，1981；

（3）中国人民大学《刑事诉讼法讲义》编写组：《刑事诉讼法讲义》，中国人民大学出版社，1981；

（4）中央政法干部学校刑法、刑事诉讼法教研室编著《中华人民共和国刑事诉讼法讲义》，群众出版社，1981；

（5）邓崇范、任振铎等：《刑事诉讼法概论》，吉林人民出版社，1981；

（6）常怡主编《刑事诉讼法教程》，重庆出版社，1981；

（7）张子培、吴磊主编《刑事诉讼法教程》，群众出版社，1982①；

（8）法学教材编辑部编《刑事诉讼法讲义》，法律出版社，1983；

（9）王国枢主编《刑事诉讼法教学大纲》，北京大学出版社，1985；

（10）徐友军等编著《刑事诉讼法通论》，光明日报出版社，1985；

（11）严端主编《刑事诉讼法教程》，中国政法大学出版社，1986；

（12）朱云、丁鸣、于绍元主编《刑事诉讼法教程》，吉林人民出版社，1986；

（13）廖俊常主编《刑事诉讼法》，四川社科出版社，1986；

（14）吴会长等编著《刑事诉讼法概论》，浙江人民出版社，1986；

（15）严端、陶髦主编《刑事诉讼法》，法律出版社，1986；

（16）陈一云、严端、张凤桐：《刑事诉讼法讲授稿》，中国政法大学出版社，1986；

（17）崔敏主编《刑事诉讼法教程》，中国人民公安大学出版社，1988；

（18）郝双禄主编《刑事诉讼法教程》，法律出版社，1988；

（19）樊凤林主编《刑事诉讼法学》，中国人民公安大学出版社，1988；

（20）李学宽主编《刑事诉讼法学》，科学文献出版社，1988；

（21）任振铎主编《刑事诉讼法学》吉林人民出版社，1989；

（22）严端主编《刑事诉讼法教程》，中国政法大学出版社，1989；

（23）王国枢主编《刑事诉讼法学》，北京大学出版社，1989。

---

① 该书一直再版，到1985年即达38万册，到1994年时，其印数达到76万册。

其次，根据“全国图书馆参考咨询联盟”网提供的资料，除了前述部分教材外，还包括了如下教材①：

（24）赵国志、白永侠编《刑事诉讼法学》，黑龙江人民出版社，1985；

（25）吴磊、周亨元：《刑事诉讼法学》，文化艺术出版社，1987；

（26）袁红兵、张丽岐编《刑事诉讼法学》，时事出版社，1987；

（27）宋世杰主编《刑事诉讼法学》，湖南大学出版社，1988；

（28）裴苍龄主编《刑事诉讼法学概论》，兰州大学出版社，1988；

（29）宫模义主编《刑事诉讼法学教程》，江苏人民出版社，1989；

（30）康润森主编《刑事诉讼法概论》，广西民族出版社，1989；

（31）祝铭山主编《中国刑事诉讼法教程》，人民法院出版社，1989；

（32）樊崇义、肖胜喜主编《刑事诉讼法学》，对外贸易教育出版社，1989。

再次，在此期间刑事诉讼法教材之译著情况（包括中国学者撰写的外国刑事诉讼法，亦包括内部资料），可以描绘如下：

（33）《诉讼法》，上海市社会科学院研究所编译，知识出版社，1981；

（34）欧阳涛、周叶谦等：《英美刑法刑事诉讼法概论》，中国社会科学出版社，1984；

（35）〔苏〕U. B. 蒂里切夫编著《苏维埃刑事诉讼》，张仲麟等译，法律出版社，1984；

（36）〔美〕查尔斯·F. 亨普希尔：《美国刑事诉讼——司法审判》，中国政法大学研究生院1984年印（内部资料）。

最后，以表格方式将上述教材情况做整理。

根据表6-1，我们可以做如下总结。①从1979～1989年，共出版刑事诉讼法教材类著作至少有36部，在1979～1984年，共出版教材12部；1985～1989年，共出版24部。②在这一时期，翻译的外国刑事诉讼法教材很少，

① 根据该数据库，除这些教材外，还有配合教材的习题集、指导书（如穆宏仪、齐湘泉主编《刑事诉讼法学自学考试指导》，辽宁大学出版社，1989），亦有案例书（如王圣扬等编著《刑事诉讼案例评析》，安徽人民出版社，1988）。

共计4部，英美著作（包括教材）有3部，苏联教材则只有1部，英美的法律思想、法律制度在中国的影响越来越大。

表6－1　1979～1989年刑事诉讼法学著述出版年份情况

单位：部

	1979年	1980年	1981年	1982年	1983年	1984年	1985年	1986年	1987年	1988年	1989年
数量	1	0	6(包括外国著作1部)	1	1	3(均为涉外国著作)	3	6	2	6	7

（二）初步评价

当我们将这10来年的刑事诉讼法教材情况与1949～1979年做比较、对照的话①，可发现如下特点。

（1）从形式上、数量上看，中国（大陆）境内的刑事诉讼法教材仅短短10年时间即得到蓬勃发展，数量多达36部，其中国内教科书达32部、国外译著仅4部，翻转了1949～1979年的基本状态。后者的基本情况是苏联教材占据主导地位，中国本土教材非常匮乏，仅有的资料也主要是解释、引介苏联教科书的主要内容（如华东政法学院1955年编著的《苏维埃刑事诉讼讲义》）。进而言之，通过40年的向苏联学习（从1979年起也有部分眼光投向英美），到1989年时，刑事诉讼材法教材已彻底本土化，苏联的教科书仅有一部即蒂里切夫的《苏维埃刑事诉讼》（张仲麟等译，法律出版社，1984）。苏联对中国的支配地位已消失，影响也变得越来越有限。

（2）从教科书的著述形式看，这一时期的中国刑事诉讼法教材均以主编形式或以合著方式完成。具体而言，就是由一名教授担任主编、其他人参与的方式，将教科书章节内容分配至所有参与者（根据学者的研究方向、

① 对此的详细分析，请参见蒋志如《中国刑事诉讼法学教科书的“苏联模式”：1949～1979》，待刊稿。

擅长领域分配多少不一的章节），当稿件确定后由主编（有时包括副主编）汇总、负责（包括修改和要求负责某一章节内容的作者修改）的方式完成一部刑事诉讼法教科书。这种方式与1949～1979年翻译到中国的苏联刑事诉讼法教科书写作风格迥异，被翻译到中国的刑事诉讼法教科书以独著为主。如果考虑到译著的翻译者情况，亦即这些译著通常是由一个集体共同翻译完成的。以1953年翻译到中国的苏联学者切里佐夫的《苏维埃刑事诉讼法(上下册)》为例，该书由中国人民大学刑事法教研室翻译。即使是国内的讲话稿、内部讲义，基本上也以集体名义完成，主编者和参与者均没有名字显示，只有诸如"北京政法学院刑事法教研室""中国人民大学刑事法教研室"等集体署名，在本质上与1979年之后的刑事诉讼法教科书相同。但也有进步的一面，即主编者（副主编）、参与者享有各自的署名权。

(3) 1979～1989年，当需要对中国刑事诉讼法学、刑事诉讼法教科书进行编撰、模仿与升级换代时，我们学习的对象不再唯一（换而言之，在1949～1979年，苏联对中国的影响是一种全面的、深入的影响，一种支配性的影响)，我们开始将眼光投向欧美。进而言之，虽然刑事诉讼法教科书从欧美引进的译著仅有三部，如果与1949～1989年进入中国的苏联刑事诉讼法学（包括刑事诉讼法教科书）著作的情况相比的话更是少得可怜，但的确是一种新现象，即中国作为一个后进国家，在刑事诉讼法学及其教科书的学习对象上已经不再单一，而是向全世界优秀的刑事诉讼法学学习。

总而言之，中国刑事诉讼法教科书在1989年的情况与1979年相比已是相当不同的景象，可以说中国本土的刑事诉讼法教材建设在短短10年里取得巨大成就。

三　刑事诉讼法教材的基本内容（1979~1989年）

1979～1989年中国境内出版的刑事诉讼法教材，从种类看有近40部，呈现种类繁多、一幅欣欣向荣的景象。从发行数量看，更是一个庞大数字。

以张子培主编、吴磊副主编的《刑事诉讼法教程》为例，该书由群众出版社于 1982 年 7 月出第一版，印数 50000 册；1983 年 5 月第二次印刷达到 97000 册；1987 出版第二版，到 1989 年该书进行第 12 次印刷，印数总计达 708000 册。严端主编的 1986 年由中国政法大学出版社出版的《刑事诉讼法教材》，其第一版即达 170000 册①。

但这只是形式上的繁荣。如果要挖掘这一时期的更多内容，我们对其的考察还应当更加深入，即以具体著作、教科书（特别是这一时期的经典、著名教科书）为例展开讨论。根据同时代陈光中教授的观察，在这一时期影响较大的主编有张子培、严端、王国枢三位教授②。本部分的分析即以张子培主编的《刑事诉讼法教程》、王国枢主编的《刑事诉讼法概论》、严端主编的《刑事诉讼法教程》为中心进行考察，请看下面的详细分析。

（一）张子培主编的《刑事诉讼法教程》

首先，中国政法大学教授张子培主编的《刑事诉讼法教程》（后来改名为《刑事诉讼法学》）的基本情况。①该书初版于 1982 年（凡计 26.9 万字），1987 年第二版（凡计 30.4 万字），此后对该教科书没有再版，仅是每年根据需要重印，到 1994 年时已有 17 次印刷，总印量达 769000 册③；②该书的撰写者从第一版到第二版（即使到 1994 年第 17 次印刷时）均没有任何变化，即张子培（1922）、吴磊（1923）、吴会长（1926）、王存厚（1929）、王兆生（1931）、任振铎（1933）、陶髦（1935）和李学宽

---

① 其他类似教科书的印数也不少，如中国人民大学《刑事诉讼法讲义》编写组编《刑事诉讼法讲义》由中国人民大学出版社于 1981 年出版，第一版即 5 万册；王国枢主编的《刑事诉讼法学》由北京大学出版社于 1989 年出版，达 8 万册。

② 对此，请参见陈光中、罗海敏《改革开放 30 年的刑事诉讼法学》，载《现代法学》2009 年第 1 期，第 141 页；对此有异议文章，请参见王新清、陈一云《刑事诉讼法学十年》，载《法律学习与研究》1989 年第 5 期，第 10 页。但两文都认为张子培主编的《刑事诉讼法教程》、王国枢主编的《刑事诉讼法概论》属于这一时期影响非常的教科书。

③ 张子培主编《刑事诉讼法教程》，群众出版社，1982，版权页；张子培主编《刑事诉讼法教程》，群众出版社，1987，版权页；张子培主编《刑事诉讼法学》，群众出版社，1994，版权页。

(1937)，共计8人[①]，由张子培担任主编、吴磊任副主编。③8名撰稿者均为20世纪20～30年代出生的法学教师。20年代出生的有4名教授、30年代出生的有4名教授，分别来自北京政法学院、北京大学、中国人民大学、安徽大学、吉林大学等著名高校。

其次，《刑事诉讼法教程》一书的基本体系和基本内容，根据1982年第一版可以描绘如下[②]。

导言：①刑事诉讼法的概念；②刑事诉讼法与有关部门法的关系；③刑事诉讼法学的研究对象和体系。

第一编：总论。第一章：剥削阶级国家刑事诉讼法概述；第二章：中华人民共和国刑事诉讼法的历史发展；第三章：我国刑事诉讼法的指导思想；第四章：我国刑事诉讼法的性质和任务；第五章：我国刑事诉讼法的基本原则；第六章：管辖；第七章：回避；第八章：强制措施；第九章：附带民事诉讼。

第二编：证据论。第十章：证据的概述；第十一章：运用证据的原则；第十二章：证明；第十三章：证据的审查与判断；第十四章：证据的种类；第十五章：证据的分类。

第三编：程序论。第十六章：诉讼程序的概述；第十七章：立案；第十八章：侦查；第十九章：提起公诉；第二十章：一审程序；第二十一章：二审程序；第二十二章：死刑复核程序；第二十三章：审判监督程序；第二十四章：执行。

该教科书第二版基本体系与基本内容如下[③]。

---

① 以上资料、基本信息，请参见王玉明主编《中国法学家辞典》，中国劳动出版社，1991；上海社会科学学会联合会研究室编《上海社会科学界人名辞典》，上海人民出版社，1992。

② 请参见张子培主编《刑事诉讼法教程》，群众出版社，1982。

③ 请参见张子培主编《刑事诉讼法教程》，群众出版社，1987。

导言：①刑事诉讼法学的研究对象和范围；②刑事诉讼法学的体系；③学习方法。

第一编：总论。第一章：刑事诉讼法的概念；第二章：剥削阶级国家刑事诉讼法概述；第三章：中华人民共和国刑事诉讼法的历史发展；第四章：我国刑事诉讼法的指导思想；第五章：我国刑事诉讼法的性质和任务；第六章：我国刑事诉讼法的基本原则；第七章：管辖；第八章：回避；第九章：强制措施；第十章：附带民事诉讼；第十一章：期间、送达。

第二编：证据论。第十二章：证据的概述；第十三章：剥削阶级国家刑事证据制度的特点；第十四章：运用证据的原则；第十五章：证明；第十六章：证据的收集、审查判断与认定案情；第十七章：证据的分类；第十八章：证据的种类。

第三编：程序论。第十九章：诉讼程序的概述；第二十章：立案；第二十一章：侦查；第二十二章：提起公诉；第二十三章：一审程序；第二十四章：二审程序；第二十五章：死刑复核程序；第二十六章：审判监督程序；第二十七章：执行。

最后，对张子培主编的《刑事诉讼法教程》的初步评价。

（1）从形式上判断，可以分为三个方面。其一，如果从该书的使用时间看，该教材贯穿了 1979 ~ 1989 年的全阶段，并且（根据笔者收集的资料看），至少持续到 1994 年。如果考虑从出版到高校学生使用有时间滞后的情况，其使用相当于持续到 1996 年新的《刑事诉讼法》颁布。其二，该教材的使用量非常大，印刷次数至少达 17 次，总印刷数至少有 769000 册，与当时的学生数量相比的话，可以说是一部非常重要、流行或者说被各大高校普遍知晓、使用的一部教科书，也是为学界所公认的影响力非常大的一部教科书①。其三，虽然该教科书有两个版本（1982 年

① 请参见陈光中主编《刑事诉讼法学五十年》，警官教育出版社，1999，第 15 页。

初版，1987年第二版），除了个别章节增删外（从二十四章增加到二十七章，从26.9万字增加到30.4万字），并无本质差异。

（2）从内容看，该书分为四部分，分别为导言、总论、证据论和程序论。如果仅仅从该教科书之目录结构看，其已相当深刻地洞悉了刑事诉讼程序的基本理念和精髓。就其实质而言，同时代的学者徐益初的评价或许更贴切："本书由法学教材编辑部约请部分诉讼法学专家编写，经过集体讨论修改而成。作者以马克思列宁主义、毛泽东思想为指导，对我国刑事诉讼法的基本精神和刑事诉讼法学原理，紧密结合我国司法实际，并同外国有关诉讼理论和程序相比较，做了系统、全面的阐述。是理论性和实践性较好的一本著作……"①

（二）王国枢主编的《刑事诉讼法概论》和《刑事诉讼法学》

首先，王国枢教授主编教材的基本情况。王国枢教授在这一时期主编的教材主要有两种②：①《刑事诉讼法概论》，由王国枢（1936）、王以真（1930）和王存厚（1929）三人编著（最后由王国枢统稿），总字数达23万字，由北京大学出版社于1981年出版；②《刑事诉讼法学》，王国枢（1936）为主编，陈一云（1925）为副主编，王存厚（1929）、孔庆云（1927）、李学宽（1937）、武延平（1936）参与，该书总字数达28万字，

① 徐益初编著《刑事诉讼法学概述》，天津教育出版社，1989，第167页。

② 如果从形式上看，王国枢教授主编的教材有如下数种：①王国枢主编《刑事诉讼法概论》，北京大学出版社，1981，该书没有再版；②王国枢主编《刑事诉讼法学》，北京大学出版社，1989（针对普通高校学生，属于高等学校文科教材系列），该书在1995年再版，1998年又出新编本即《刑事诉讼法学（新编本）》，在2001年又再版，被纳入"21世纪法学系列教材"；③王国枢主编《刑事诉讼法学》，北京大学出版社，1989，针对自考学生，属于自考教材系列；④王国枢主编《刑事诉讼原理与实务》，北京大学出版社，2000，针对自考学生，属于自考教材系列［对此的详细描绘，请参见《当代中国法学名家》（第三卷），人民法院出版社，2005，第1751～1761页］。根据在这里的考察目的和范围，我们仅以前两种为中心进行考察，而且还有一个重要原因，即：第三种虽然也初版于1989年，但其撰稿者与第二种完全相同，从体系结构看也无本质差别。另外，根据这些书的出版形式、对象、发行量看，王国枢教授更倾向于主编自学考试教材、面向自学考试的学生，其主编的《刑事诉讼法概论》《刑事诉讼法学》面向全日制高校学生。

于1989年在北京大学出版社出版，作者均为20世纪20～30年代出生的专家，并且20年代、30年代各占一半。

其次，两书的基本体系和基本内容。

《刑事诉讼法概论》一书的基本体系和基本内容如下。

第一篇：绪论。第一章：刑事诉讼法的概念和本质；第二章：我国刑事诉讼法的历史发展。

第二篇：中华人民共和国刑事诉讼法总则。第一章：指导思想、任务和基本原则；第二章：管辖；第三章：回避；第四章：辩护；第五章：证据；第六章：强制措施；第七章：附带民事诉讼；第八章：期间、送达；第九章：当事人及其他诉讼参与人。

第三篇：立案、侦查和提起公诉。第一章：立案；第二章：侦查；第三章：提起公诉。

第四编：审判。第一章：审判组织；第二章：第一审程序；第三章：第二审程序；第四章：死刑复核程序；第五章：审判监督程序。

第五篇：执行。

第六篇：资产阶级国家刑事诉讼法概述。第一章：诉讼原则；第二章：诉讼程序。

《刑事诉讼法学》一书的基本体系和基本内容如下。

第一篇：绪论。第一章：刑事诉讼法学的研究对象和体系；第二章：刑事诉讼和刑事诉讼法概述；第三章：中华人民共和国刑事诉讼法的历史发展。

第二篇：总论。第一章：中华人民共和国刑事诉讼法的指导思想和任务；第二章：刑事诉讼中的法院、检察院和公安机关；第三章：当事人及其他诉讼参与人；第四章：基本原则；第五章：管辖；第六章：回避；第七章：辩护；第八章：证据；第九章：强制措施；第十章：附带民事诉讼；第十一章：期间、送达。

第三篇：分论。第一章：立案；第二章：侦查；第三章：提起公诉；第四章：审判；第五章：第一审程序；第六章：第二审程序；第七章：死刑复核程序；第八章：审判监督程序；第九章：执行。

最后，初步的评价。①两部教科书之间已有相当差别，前者于1981年出版，受到苏联刑事诉讼法教科书的深刻影响，首先根据我国1979年《刑事诉讼法》安排教科书的基本内容，在最后一篇概述资产阶级国家的刑事诉讼法[①]；后者于1989年出版，只分绪论、总论和分论，主要根据1979年《刑事诉讼法》安排教科书之基本内容，也就是说苏联教科书影响减少。②当我们对比1949～1979年刑事诉讼法教材的基本情况时发现[②]，三者有更多的共同性，均在强调意识形态、政治思想对刑事诉讼制度、刑事诉讼程序的指导、支配意义，是意识形态、基本原则与制度、规则作为体系的强调和整合。③两部教科书之间亦有继承性，毕竟两书出版相距7年。对于1979～1989年的中国来说，无论是政治经济，还是社会形势均有相当的变化，刑事诉讼法教科书亦如此。两者的体系在同一主编的领导下也得到发展，即篇章架构进一步合理化、内容更具有知识性和技术性、口号和纯粹的政治内容减少。

（三）严端主编的《刑事诉讼法教程》

首先，严端教授及其主编的《刑事诉讼法教程》的基本情况。严端教授生于1934年，其主编的《刑事诉讼法教程》在1986年由中国政法大学出版社出版，该书第一版即达17万册[③]。该书由严端（1934）、丁慕英

① 这一编写、安排模式的详细分析，请参见蒋志如《中国刑事诉讼法学教科书的“苏联模式”：1949～1979》，待刊稿；〔苏〕切里佐夫《苏维埃刑事诉讼》，中国人民大学刑法教研室译，法律出版社，1955。

② 请参见本书第五章。

③ 请参见严端主编《刑事诉讼法教程》，中国政法大学出版社，1986，版权页。

(1933)、周士敏(1936)、单长宗(不详)、武延平(1936)、陶髦(1935)六人撰写①，总字数达19万字，主要针对大专法律专业学生。

其次，该书的主要内容和基本体系。

> 第一章：刑事诉讼法概述；我国刑事诉讼法的指导思想与任务；第三章：刑事诉讼中的司法机关和诉讼参与人；第四章：刑事诉讼法的基本原则；第五章：管辖；第六章：辩护；第七章：强制措施；第八章：刑事附带民事诉讼；第九章：证据；第十章：立案；第十一章：侦查；第十二章：提起公诉；第十三章：第一审程序；第十四章：二审程序；第十五章：死刑复核程序；第十六章：审判监督程序；第十七章：执行。

最后，初步评价。①该教科书主要根据1979年《刑事诉讼法》的基本内容、篇章结构进行布局，或者说1979年《刑事诉讼法》是严端教授主编《刑事诉讼法教程》的基本框架。②从书的内容来说，除了刑事诉讼制度和程序的具体知识外，第一章《刑事诉讼法概述》、第二章《我国刑事诉讼法的指导思想与任务》均是对政治意识形态在刑事诉讼法中的投射，或者说是1979年《刑事诉讼法》第一章《指导思想、任务和基本原则》(更确切地说，是法典条文的第一条、第二条)的教科书化——这也是这部教科书与前述几部教科书的共同特点。

(四)小结

根据前述分析，我们可以对1979~1989年中国刑事诉讼法学教科书做如下初步总结。

首先，从主编和撰稿者的基本信息看。

就张子培主编的《刑事诉讼法教程》而言，8名撰稿者的基本情况如

---

① 以上资料、基本信息，请参见王玉明主编《中国法学家辞典》，中国劳动出版社，1991；上海社会科学学会联合会研究室编《上海社会科学界人名辞典》，上海人民出版社，1992。个别信息来自网络和相关论文的作者简介。

下：张子培（1922年出生，中国政法大学教授）、吴磊（1923年出生，中国人民大学教授）、吴会长（1926年出生，华东政法大学教授）、王存厚（1929年出生，北京大学教授）、王兆生（1931年出生，西北政法大学法学院教授）、任振铎（1933年出生，吉林大学教授）、陶髦（1935年出生，中国政法大学教授）和李学宽（1937年出生，安徽大学教授）①。

就王国枢主编的《刑事诉讼法概论》而言，3名撰稿者王存厚（1929）、王以真（1930）和王国枢（1936），均为北京大学教授。就王国枢主编的《刑事诉讼法学》而言，6名撰稿者的情况如下：陈一云（1925年出生，中国人民大学教授）、孔庆云（1927年出生，中国人民大学教授）、王存厚（1929年出生，北京大学教授）、王国枢（1936年出生，北京大学教授）、武延平（1936年出生，中央政法管理干部学院教授）、李学宽（1937年出生，安徽大学教授）。

就严端主编的《刑事诉讼法教程》而言，6名撰稿者情况如下：丁慕英（1933年出生，国家检察官学院教授）、严端（1934年出生，中国政法大学教授）、陶髦（1935年出生，中国政法大学教授）、周士敏（1936年出生，中国政法大学教授）、单长宗（国家法官学院教授）、武延平（1936年出生，中央政法管理干部学院教授）。

据此，我们可以做如下几个判断。①主编与撰稿者均为20世纪20年代、30年代出生的学者，如果除去严端主编教材之撰写者（该书于1986年出版，处于这一时期的后期），基本上可以说两个时代的人处于等量齐观的状态。②严端主编的《刑事诉讼法教程》可谓新气象，即20年代出生的学者已逐渐退出了编著教材的行列，均由30年代出生的学者主笔。③从另一方面看，40年代出生的学者还没有真正登上历史舞台②。④主编与撰稿者主

① 学校的名称均以该校当下的名称代替，“北京政法学院”被改名为“中国政法大学”（下同）。

② 其实，这时期已有1940年以后出生的学者主编、参编的教材，如樊崇义、肖胜喜主编的《刑事诉讼法学》（1989），主编之一樊崇义即1940年出生，肖胜喜教授生于1956年，但从整体上看，数量不多，而且影响力也没有得到显示。

要来自北京的高校，地方高校参与较少，而且主要来自北京大学、中国政法大学和中国人民大学三所著名高校。

其次，就几部教科书的基本结构而言。形式上有差异：①有的教材将其明确分为几部分，如张子培教授主编的《刑事诉讼法教程》分为导论和三编（总论、证据论和程序论）、王国枢教授主编的《刑事诉讼法概论》分为六篇（绪论，中华人民共和国刑事诉讼法总则，立案、侦查和提起公诉，审判，执行，资产阶级国家刑事诉讼法概述）；②有的不分几个部分，直接以章为基本单位，如严端教授主编的《刑事诉讼法教程》，直接布局为十七章[①]。

但从内容、本质上观察的话，它们并无多少差异，均是在1979年《刑事诉讼法》法典的影响下对教材篇章结构进行布局，基本结构可以做如下描绘。①导论，涉及刑事诉讼的基本概念，刑事诉讼的历史、基本原则、指导思想等内容，该部分主要以马克思主义、列宁主义、毛泽东思想为指导阐释社会主义刑事诉讼的概念、理念、历史和思维方式。②刑事诉讼基本制度，涉及管辖、回避、辩护、证据、强制措施、附带民事诉讼等内容，这部分内容涉及的意识形态规范较少，但仍然受影响。因此该部分内容虽然对刑事诉讼制度有法律规范和理论制度的分析，却也有很多口号式内容。③诉讼程序，从侦查程序到起诉程序，再到审判程序、执行程序[②]。

最后，如果从时间上看，它们之间亦有其他一些继承关系。将几部教科书进行比较可以发现，后出版的教科书在意识形态上的内容越来越淡薄，程序性、技术性内容越来越丰富，或者说教科书的学术性特征也越来越多，虽然相对于当下的教科书而言仍然显得单薄。①以张子培主编的《刑事诉讼法教程》和严端主编的《刑事诉讼法教程》为例，如果

---

① 还有西南政法大学常怡教授主编的《刑事诉讼法教程》，该书也直接分为十五章（请参见常怡主编《刑事诉讼法教程》，重庆出版社，1981）。

② 只有王国枢教授的《刑事诉讼法概论》例外，其多出一部分，即资产阶级国家刑事诉讼法概述。

从结构上观察，两者的导论部分有明显差异①，前者受到意识形态影响的导论部分共有五章内容（凡计100余页）②，后者仅两章内容（仅35页）③。②以王国枢主编的两部教科书（《刑事诉讼法概论》和《刑事诉讼法学》）为例，前者以1979年《刑事诉讼法》为基本框架安排章节，且意识形态内容丰富；后者涉及刑事诉讼制度和规则的框架结构，章节内容的知识性、技术性更强，意识形态更弱，更是没有“资产阶级国家刑事诉讼法概述”部分④。

总而言之，在1979～1989年，中国刑事诉讼法教材得到发展，表现出自己的独有特征，不仅仅是知识性、理论性有所增强，其内在结构亦开始体现出刑事诉讼法学的基本素养。

四 对1979～1989年刑事诉讼法教材的再审视：继续采用苏联模式

通过描绘这一时期具体的经典教材或者说在这一时期很有影响力的刑事诉讼法教材，我们不仅仅可以看到教材之间的前后继承关系，更是可以窥视到其内在的基本结构、基本特点。但是，这还是一个孤立的观察，我们还应当将其与1949～1979年的情况做纵向比较，更应当将其与同一时期翻译到中国的苏联教材做对照，以对张子培、王国枢、严端等人主编的教科书做再审视，请看下面的详细分析。

（一）与1949～1979年刑事诉讼法教材对照

在1949～1979年的三十年间，中国刑事诉讼法教材之建设处于萌芽状

① 即138页第二段提及的结构内容。

② 请参见张子培主编《刑事诉讼法教程》，群众出版社，1982。

③ 请参见严端《刑事诉讼法教程》，中国政法大学出版社，1986。

④ 请参见王国枢主编《刑事诉讼法概论》，北京大学出版社，1981；王国枢主编《刑事诉讼法学》，北京大学出版社，1989。

态，以翻译苏联刑事诉讼法教材为主，同时中国刑事诉讼法学专家也在从事另一种方式的教材建设，即编写相关的对苏联教科书的介绍资料或者在编写教科书时模仿、学习苏联模式，但很少有自己独立出版的教科书。在苏联刑事诉讼法教材中，切里佐夫的《苏维埃刑事诉讼法》成就最高。以此作为标准，在这30年间中国刑事诉讼法教材并没有完成当时的历史任务——教科书采用苏联模式①。

以此对照1979～1989年中国本土刑事诉讼法学教科书的情况，我们还可以做如下申述。

首先，就切里佐夫所著的《苏维埃刑事诉讼》而言，该书是这一时期中国大陆成就最高的教科书。该书首先旗帜鲜明地阐述苏维埃刑事诉讼法、社会主义、马克思主义、列宁主义、斯大林主义、阶级斗争的密切关系，并且将该理念、思维方式贯穿于每一种具体的刑事诉讼制度。作者同时详实地阐释了刑事诉讼制度的基本原理、基本知识、法律技能，进而在整部著作中达到了理念、制度、规则与技术的高度融合，是一部非常成功的刑事诉讼法教材②。

其次，以此为对照，认为1979～1989年中国大陆境内刑事诉讼法教材有如下特点。

（1）1949～1979年编写的刑事诉讼法学的内部讲义、宣传手册、普及读物中的意识形态也非常浓厚，刑事诉讼知识、制度、规则则非常欠缺。在1979～1989年的刑事诉讼法教材中，教科书发生很大变化，一方面虽然意识形态相关的内容仍然是重要组成部分，但其比重有所降低（并随着时间的推移进一步降低），另一方面相关的刑事诉讼制度、规则之内容逐渐丰富起来，刑事诉讼制度、程序的基本框架得到初步确立。不过，究其实质而言，即使有一些变化，都是量的变化，并没有脱离前一时期确立的基本框

① 对此，请参见蒋志如《中国刑事诉讼法学教科书的“苏联模式”：1949～1979》，待刊稿。

② 〔苏〕切里佐夫：《苏维埃刑事诉讼》，中国人民大学刑法教研室译，法律出版社，1955；对此有更多评论的文献，请参见蒋志如《中国刑事诉讼法学教科书的“苏联模式”：1949～1979》，待刊稿。

架，产生质的变化。

（2）这一时期刑事诉讼法教材的另一个变化是主编（及其他撰稿者）撰写的教科书不再致力于对苏联刑事诉讼法（学）做深度引介与编译，更确切地说，这10年间中国刑事诉讼法教科书基本上不涉及苏联的刑事诉讼法（包括其法学），而是致力于以中国1979年颁布的《中华人民共和国刑事诉讼法》为中心，确立编写刑事诉讼法学教科书的框架，并阐释、解释中国刑事诉讼法、刑事诉讼法学及其基本的内容结构。以王国枢主编的《刑事诉讼法概论》为例，该书的基本结构即以1979年《中华人民共和国刑事诉讼法》确定的框架为基本线索，二者均为总则，立案、侦查和提起公诉，审判，执行。

如果从这一时期教科书的整体观察，这一变化很难被捕捉到。这一变化到底是一种什么样的变化呢？在笔者看来，如果从内在结构看，其与切里佐夫的《苏维埃刑事诉讼》在本质上一致（特别是王国枢《刑事诉讼法概论》与切里佐夫《苏维埃刑事诉讼法》更是相似，别无二致），即在理念、制度与知识的相互关系上它们完全一致。进而言之，这一变化是苏维埃刑事诉讼法教材在中国的彻底本土化，虽然在形式上苏联苏维埃刑事诉讼法教材（包括其理论、制度及其指导思想）消失了。

总而言之，从表面上看，中国刑事诉讼法教科书与苏联刑事诉讼法教科书已没有多少关系，或者说这一时期的刑事诉讼法教科书与过去30年的刑事诉讼法教科书已迥异。但就其本质而言，苏联刑事诉讼法教科书确定的基本框架、基本内容在中国刑事诉讼法教科书中并没有改变。虽然中国刑事诉讼法教科书以中国1979年颁布的《刑事诉讼法》为内容，但绝对是对苏联刑事诉讼法教科书的深层次模仿和重复，可谓刑事诉讼法教科书继续采用苏联模式①。

---

① 还有一个情况值得我们关注，如果从教科书质量看，中国这一时期刑事诉讼法教科书的质量与切里佐夫《苏维埃刑事诉讼》还相去甚远，即无论是对刑事诉讼思想、制度与规则之间内在勾连的叙述，还是作为一个整体的制度、学说均如此。中国刑事诉讼诉讼法教科书在整体上呈现出一种材料汇编的状态，章节之间、内容之间缺少联系。

（二）与同时代的苏联比较——以蒂里切夫《苏维埃刑事诉讼》为例

通过比较1949～1979年中国刑事诉讼法教科书情况（在本质上是1949～1979年苏联刑事诉讼法教科书在中国的反映和体现[①]，因而也算是对照、比较这一时期苏联刑事诉讼法教科书的基本情况），1979～1989年中国刑事诉讼法教科书虽然有很大进步，但其实质并无改变，其基本框架、基本思想和制度的叙述仍然与1949～1979年的苏联刑事诉讼法教科书保持一致，在发展阶段上是苏联模式的继续和深入，虽然在内容上基本上只与中国有关。

如果对照同一时期翻译到中国的另一本苏联刑事诉讼法教科书（蒂里切夫编《苏维埃刑事诉讼》）的话[②]，中国刑事诉讼法教科书继续苏联模式的现象将有更多呈现。

首先，该书的基本情况[③]。蒂里切夫编著的《苏维埃刑事诉讼》于1984年由法律出版社出版，由张仲麟等人翻译。根据“译者的说明”，该书是苏联高等院校法律专业教科书，在苏联也于1980年出版，如果考虑到翻译和出版的时间问题，该书属于当时苏联刑事诉讼法教科书在中国的“最新”著作。该教科书也不是一部独著，由蒂里切夫编著，除了他之外，还有12名作者参与，相当于中国的主编类教材，亦即该部教科书也是集体创作的产物。

其次，该书的基本内容。

> 第一章：苏维埃刑事诉讼法的本质和任务；第二章：苏维埃刑事诉讼法律；第三章：苏维埃刑事诉讼原则；第四章：法院、检察长、侦查

① 从翻译者的角度看，他们必会选择优秀的著作、教科书进行翻译，而不会翻译该国普通的作品甚至不优秀的作品。在1949～1979年，中国学者翻译、引介30余种苏联刑事诉讼法教科书和专著，基本上可以反映苏联刑事诉讼法学、刑事诉讼法教科书的最高成就。

② 根据笔者的收集，这一时期（10年）翻译到中国的苏联刑事诉讼法教科书只有这一部，因而只能以其为例进行分析。

③ 对此，请参见〔苏〕H. B. 蒂里切夫编著《苏维埃刑事诉讼》，张仲麟等译，法律出版社，1984，封面、“译者的话”。

员、调查机关；第五章：诉讼参加人及权利和义务；第六章：刑事诉讼中的证据；第七章：强制处分；第八章：提起刑事诉讼；第九章：预审；第十章：审判管辖；第十一章：交付审判；第十二章：法庭审理；第十三章：上诉审的诉讼程序；第十四章：判决的执行；第十五章：已经发生法律效力的刑事判决、裁定和决定的复核；第十六章：因新发现的情况而恢复诉讼；第十七章：未成年人案件的诉讼程序；第十八章：采用医疗性强制方法的诉讼程序；第十九章：流氓案件和轻微盗窃国家财产或公共财产案件的诉讼程序；第二十章：终止刑事诉讼与追究行政责任的程序；第二十一章：东欧社会主义国家的刑事诉讼；第二十二章：帝国主义国家刑事诉讼的主要特征。

这二十二章可以分为三部分：总论（第一章到第七章）、分论［分为两部分，普通程序（从第八章到十六章）与特别程序（第十七章到第二十章）］、其他（第二十一、二十二章，概论世界其他国家刑事诉讼）。同时，该书虽然也强调意识形态在刑事诉讼中的支配地位，但篇幅不大，而且刑事诉讼制度和技术性知识大大也增加。该书保持了苏联刑事诉讼法教科书的基本特色，即概述其他社会主义国家和资本主义国家的刑事诉讼。

最后，对照中、苏刑事诉讼法教科书并初步评价。①如果将蒂里切夫的《苏维埃刑事诉讼》与切里佐夫的《苏维埃刑事诉讼》相比，两者已有较大差异。一方面，意识形态相关的内容大大减少；另一方面，刑事诉讼制度、规则大大丰富，还增加了特别程序方面的内容。②如果将中国刑事诉讼法教科书在1979～1989年发生的变化与《苏维埃刑事诉讼》相比较的话，它们有更多的相似性，与切里佐夫的《苏维埃刑事诉讼》差异性更大。③如果比较《苏维埃刑事诉讼》和中国刑事诉讼法教科书两者之内容，我们能发现，中国刑事诉讼法教科书在刑事诉讼制度和理论的内容上与前者仍然有相当之差距，虽然都是诸多学者参与的产物①。

① 与中国1996年至今的刑事诉讼法教科书有更多相同之处。

（三）小结

当我们将1979～1989年刑事诉讼法教科书的情况做纵向（1949～1979年）和横向（只与苏联比较）比较时，对其的审视和观察可以更深入，根据前面的分析和梳理，总结如下。

首先，就中国刑事诉讼法教科书的发展情况而言。①从整体上看，这10年的确取得巨大成就，相对于1949～1979年的成就（基本为零）而言更是判若云泥。②就其内容而言，所有的刑事诉讼法教科书均以1979年颁布的《刑事诉讼法》为中心进行布局、解释和阐释，在本质上是中国刑事诉讼程序、诉讼制度采用苏联模式，即注重刑事诉讼法教科书中的意识形态，并将之与刑事诉讼制度、刑事诉讼程序紧密结合[①]。这一变化，是一种在内容上的彻底本土化，与1949～1979年中国出版的主要意于引介、介绍苏联刑事诉讼法的教科书（包括内部讲义）风格迥异。

其次，1949～1979年，中国刑事诉讼法教科书向苏联（刑事诉讼法学、刑事诉讼法教科书）学习，而且这是一种全面的包括教科书撰写风格和基本内容的学习，虽然这一学习的层次和水平不高，仅仅是一种低水平的模仿。在1979～1989年10年间，这一全面模仿苏联模式在表面上消失，但刑事诉讼法教科书的基本框架、内在思维方式保留苏联模式。

五　结语

根据前述，我们可以做出如下一个基本判断：中国刑事诉讼法教科书在1979～1989年虽然有很大发展，但在总体上仍然呈现继续使用苏联模式的

① 还有一点值得注意：虽然中国刑事诉讼法教科书在基本框架和思维方式上继续向苏联学习，但在质量上仍然不能与切里佐夫《苏维埃刑事诉讼》和蒂里切夫《苏维埃刑事诉讼》相提并论，后两者具有教科书之基本品格（刑事诉讼理论与知识）和学术素养（理念、制度与规在苏联刑事诉讼法教科书中得到紧密结合，有很强的学术性），前者更多只是知识、理论的简单罗列、缺少对教科书本身应当具有的知识与学术的追求。

特点。为什么会这样？在笔者看来，有如下深层次原因值得注意。

一方面，当时的世界仍然处于“美苏争霸”的世界格局之下：世界上最强大的两个国家是美国和苏联，它们各自拥有比较独立且迥异的政治、经济和社会传统（及其意识形态），简单地说，即资本主义与社会主义的对立、对抗。而中国是社会主义国家，在学习、借鉴时，必然将眼光投向苏联，虽然从改革开放之日起，中国开始向欧美学习但局限于经济领域。另一方面，中国与苏联之关系不再像20世纪50年代那样密切关系，不再是对苏联的全面学习，而是在学习的基础上探索自己的道路。进而言之，虽然都是社会主义兄弟国家，但中国在探索中国特色社会主义，进而在学习苏联时，是将中国本土刑事诉讼法之内容放置到苏联开启的社会主义法学框架下进行解释、阐释和发展的。

但是，1979～1989年，中国刑事诉讼法教科书学习的对象增多。在1949～1979年，中国交流、学习的主要对象是社会主义国家，资本主义国家则是我们批判、反对的对象。在1979～1989年的10年里，中国在和中国香港、中国台湾、欧洲、美国的经济交往中必将接触这些地区和国家的法律、司法制度、（刑事）诉讼程序，进而产生学习的可能。进而言之，1979～1989年是中国改革开放的最初10年，虽然刑事诉讼法教材还不成熟，学习速度也非常慢，但学习的对象范围和视野的确有所扩大，包括了欧洲、美国、日本和中国台湾等国家和地区。

但这仅仅是量的增加而已，还没有进入真正的学习阶段或者说还处于初级学习阶段、零星学习阶段，不可能反映到体现刑事诉讼制度、刑事诉讼法学的刑事诉讼法教材之中。苏联已不是我们全面学习的对象，新的因素（欧美、日本等）还没有成为我们自觉学习的对象，加上意识形态立场的考量，这一阶段必将是继续学习苏联，因而刑事诉讼法教科书的学习、借鉴也必将是一种继续学习苏联模式的状态，而且是在思维方式、基本框架下继续苏联模式。

从这一时期刑事诉讼法教科书之主编和参与者情况看，也必将是继续采用苏联模式。

（1）这一时期刑事诉讼法教科书之主编，年龄最大者是张子培教授，他于1922年出生，其他一般在1930年前后出生（如王国枢生于1936年，严端出生于1934年），他们接受的法学教育（通常在1949年左右接受当时的大学法学教育）即是苏联之法学教育或者采用苏联教科书。当他们于20世纪80年代在刑事诉讼法学界占据主导地位时，他们的经历、知识积累、立场必将影响他们编写教材的基本态度、立场和思维方式，即继续学习苏联模式。

（2）1949～1979年中国法学教育虽然有所起步和发展，但在历次政治运动特别是“文化大革命”的影响下，基本上处于重新起步的阶段。经过10年的培养，新的法学毕业生还没有真正地成长为独立的学者和有影响力的教师（他们愿意接受新的事物，愿意改善旧有的知识格局和理论体系），没有机会和能力对刑事诉讼法教科书的编撰产生影响。

总而言之，在上述因素的影响下，中国刑事诉讼法教科书在改革开放最初10年呈现出继续采用苏联模式的特征是一种自然而然的现象。要改变这一现象或者进入更有意义的发展阶段，需要新要素的刺激。只有当新要素成为社会的重要组成部分时，中国刑事诉讼法教科书的苏联模式现象方可能有所转变。

第七章　中国刑事诉讼法教材的再次转型（1990～1996年）

一　提出问题

1990年左右，世界局势发生巨变——东欧剧变、苏联解体、美苏对峙结束——美国成为世界上唯一的超级大国，中国作为社会主义国家深受影响。经过几年的努力，中国坚定改革开放的基本方略并决定建设中国特色社会主义市场经济。随着中国市场经济的逐步发展，中国持续制定或修订相关法律以适应之，1996年修改的《中华人民共和国刑事诉讼法》、1997年修订的《中华人民共和国刑法》即为其间出台的最重要法律。前述背景也影响和改变着这一时期的刑事诉讼法教科书。如果做一个“武断”的划分的话，这一时间段为从1990年（1月1日）始，截至1996年（12月31日）[①]。我们将在这里讨论如下问题：中国刑事诉讼法教科书在这一时期的基本情况，相较于前一个时期是否有变化，如果有变化，是一种什么样的变化，这一变化对中国刑事诉讼法学界带来了什么样的影响。

当然在论述之前，先对收集的资料做一个说明。

（1）我们首先使用了陈光中教授在《刑事诉讼法学五十年》一书中罗

① 时间的准确划分是为了统计的便利，也因为虽然1996年3月颁布新《刑事诉讼法》，其后的刑事诉讼法教科书根据该新法做出修改，却没有实质性变化，至少在这一年内并无实质性的变化。

列的资料。在该书中，作者收集47种国内资料、11种译著，与中国刑事诉讼法教材有关的资料有29种、国外教科书译著的数量为零。

（2）为了弥补上述资料的缺陷，我们利用“全国图书馆参考咨询联盟”网提供的数据库，搜索关键词“刑事诉讼”①，排除非教科书类书籍，整理后新增13种。当然，这一搜索也有缺陷，有些著作不一定能显示出来，如在搜索过程中严端、李宝岳、梁根林编著的《刑事诉讼法教程（续编）》（中央广播电视大学出版社，1996）就没有在“刑事诉讼”关键词搜索结果中显示出来，而是以作者为关键词搜索出来的。由于严端等教授于1979～1989年在刑事诉讼法教科书中取得很大成就，我们很容易想到直接以其名字搜索其主编的教科书，但是对于当时不知名的学者、地方高校编写的教科书则必有遗珠之事。

因此，在这里展示的资料，虽然是尽力收集，仍不免挂一漏万，只能展示这一时期的主要、主流刑事诉讼法教科书。在这里我们也只以收集到的42种教科书为范围展开分析和讨论。

二　中国刑事诉讼法教材的基本现状（1990～1996年）

（一）基本情况：根据既有文献的整理

首先，1990～1996年，刑事诉讼法教科书凡计29种（但不含其间再版、再印的著作，如张子培主编的由群众出版社于1982年出版的《刑事诉讼法学》②，王国枢主编的由北京大学出版社于1981年出版的《刑事诉讼法

① 在笔者看来，凡是刑事诉讼法教科书无疑均会在书名上至少有“刑事诉讼”这一关键词，这是刑事诉讼法学领域最基本的词汇，如果不冠名（如果有副标题的话，至少两者中有一处应当提及）很难说是一本刑事诉讼法教科书，或者说这样的刑事诉讼法教科书非常稀少，在研究时也可以忽略不计。因此，笔者只以“刑事诉讼”为关键词进行搜索。

② 该书初版于1982年，即《刑事诉讼法教程》（由群众出版社出版），后来持续再印，1987年再版，到1994年时印数达70多万册。

概论》)，具体书目如下：

（1）祝铭山主编《中国刑事诉讼法教程》，人民法院出版社，1990；

（2）王以真主编《外国刑事诉讼法学》，北京大学出版社，1990；

（3）朱平山主编《实用诉讼法教程》，江苏人民出版社，1990；

（4）程味秋主编《刑事审判监督教程》，中国检察出版社，1990；

（5）陈光中主编《刑事诉讼法学》，北京大学出版社，1990；

（6）廖俊常主编《刑事诉讼法》，四川人民出版社，1991；

（7）李学宽、宋世杰主编《刑事诉讼法学》，青岛海洋大学出版社，1992；

（8）陶髦主编《刑事诉讼法学》，高等教育出版社，1993；

（9）胡锡庆主编《刑事诉讼法教程》，中国政法大学出版社，1993；

（10）程荣斌主编《中国刑事诉讼法教程》，中国人民大学出版社，1993；

（11）崔敏主编《刑事诉讼法纲要》，中国人民公安大学出版社，1994；

（12）徐静村、樊崇义主编《刑事诉讼法学》，中国政法大学出版社，1994；

（13）于绍元主编《中国诉讼法学》，中国法制出版社，1994；

（14）沈福俊、叶青编著《中国诉讼法学》，华东理工大学出版社，1994；

（15）程味秋主编《外国刑事诉讼法概论》，中国政法大学出版社，1994；

（16）杨连峰主编《中国刑事诉讼法学》，武汉大学出版社，1994；

（17）樊崇义主编《刑事诉讼法学》，中国政法大学出版社，1995；

（18）陈卫东、严军兴主编《新刑事诉讼法通论》，法律出版社，1996；

（19）赵汝坤主编《新刑事诉讼法通论》，警官教育出版社，1996；

（20）崔敏主编《新编刑事诉讼法教程》，中国人民公安大学出版社，1996；

（21）王铮主编《中国刑事诉讼法新论》，中国人民公安大学出版社，1996；

（22）刘金友主编《新编刑事诉讼法教程》，法律出版社，1996；

（23）胡锡庆主编《新编刑事诉讼法学》，华东理工大学，1996；

（24）武延平主编《刑事诉讼法教程》，法律出版社，1996；

（25）李卫平主编《新编刑事诉讼法教程》，中国检察出版社，1996；

（26）陈光中主编《刑事诉讼法学（新编）》，中国政法大学出版社，1996；

（27）张国安主编《新编刑事诉讼法》，中国人民公安大学出版社，1996；

（28）宋世杰主编《新刑事诉讼法》，中南工业大学出版社，1996；

（29）王生今、杨旺年主编《刑事诉讼法新论》，法律出版社，1996。

其次，根据“全国图书馆参考咨询联盟”网可以查询的数据，除了前述教科书外，还有如下书目应当补充①：

（30）樊崇义主编《中国刑事诉讼法》，中国政法大学出版社，1991；

（31）樊崇义主编（周士敏、刘根菊副主编）：《刑事诉讼法简明教程》，中国广播电视出版社，1991；

（32）陈一云主编《刑事诉讼法学》，中国人民大学出版社，1992；

（33）曹子丹、尹伟民、房爱军主编《中国刑事诉讼实务》，吉林人民出版社，1993；

（34）陈光中主编（徐益初副主编）：《中国刑事诉讼程序研究》，法律出版社，1993；

（35）郭志豪：《刑事诉讼法学概论》，鹭江出版社，1994；

（36）王国枢主编《刑事诉讼法学（第二版）》，北京大学出版社，1995；

（37）赵秉志、王新清、甄贞：《现代刑事诉讼法学》，湖南师范大学出

① 虽然不能收集这一时期所有刑事诉讼法教科书（或许也无法收集所有），但至少可以收集这一时期主要的刑事诉讼法教科书，对本文的研究来说足矣。

版社，1995；

（38）张旭编著《新刑事诉讼法学原理》，重庆大学出版社，1996；

（39）郑禄、姜小川编著《新编刑事诉讼法简明教程》，中国人事出版社，1996；

（40）冯殿美主编《新刑事诉讼法学》，山东大学出版社，1996；

（41）严端、李宝岳、梁根林编著《刑事诉讼法教程（续编）》，中央广播电视大学出版社，1996；

（42）樊崇义主编（卞建林副主编）《中国刑事诉讼法》，中国政法大学出版社，1996。

最后，前述数据可以通过一个表格进行整理，如表7－1所示。

表7－1　1990～1996年刑事诉讼法教科书出版年份情况

单位：种

	1990年	1991年	1992年	1993年	1994年	1995年	1996年	总计
数量	5	3	2	5	7	3	17	42

根据表1与前述两点，我们可以做出如下判断。①1990～1996年的7年时间，刑事诉讼法教科书从数量上看共计（至少）达42种，超过1979～1989年11年的总和，亦超过1949～1949年30年的总和，到1996年达到顶峰，这一年即达到17种。②翻译到中国的刑事诉讼法教材很少，数量为零。与前述两个时期形成鲜明对比，在1979～1989年有4种，1949～1949年国外译著、教材达到18种[①]。

（二）初步评价

根据前述对这一时期对刑事诉讼法教科书的描绘，我们可以做出如下初步评价。

首先，从形式上、数量上看，虽然在1990～1996年7年时间里，中国

① 请参见本编前两章。

政治、经济和社会发生几个重大事件，影响了这一时期中国刑事诉讼法教材的建设和出版情况，但在数量上仍然超过前两个时期。如果与1949～1979年比较则是迥异之景象，如果与1979～1989年这一时期比较则是一种继续发展。另外，值得注意的是，这一时期基本上没有任何翻译到中国的刑事诉讼法教科书，苏联之刑事诉讼法教科书已完全消失。中国刑事诉讼法教材彻底本土化，其非常明显地接受其他国家的影响，特别是像在1949～1979年受到苏联那般影响的情况彻底结束。

其次，从教科书的著述形式看，采用主编方式撰写教材仍然为其大宗。在收集的42种教材中，有37种为主编式教材，占据总数的88%。这类教科书的基本模式仍然为一人主编（或有1～2名副主编）①，其他参编（一般为三人以上），而且主编不仅仅负责其撰写的章节，更要对整部教材之文稿、风格负责。与此同时，另一种景象出现，即三人及三人以下的合著、编著的现象，这一时期7年时间已有5种②，其中两部为独著，即郭志豪著、鹭江出版社于1994年出版的《刑事诉讼法学概论》③和张旭编著的《新刑事诉讼法学原理》（重庆大学出版社，1996）。

最后，主编刑事诉讼法教材的人物变化很大。与1979～1989年的教材比较，一方面，在20世纪80年代居于主导地位的张子培等人在这一时期并没有在刑事诉讼法教科书领域继续耕耘。另一方面，一批主编教材的新秀开始占据这一领域的中心，如中国政法大学的陈光中教授（主编2部）、樊崇义教授（至少主编4部），西南政法大学的徐静村教授（刑事诉讼领域1部、律师学1部）。大部分刑事诉讼法教材，特别是地方高校主编的教材基本上是昙花一现，很难有修订和再版的机会。

总而言之，如果从形式上观察，这一时期中国刑事诉讼法教材是1979～

---

① 有一本教材有两名主编，即徐静村、樊崇义两位教授主编的《刑事诉讼法学》。

② 其实，1979～1989年即已出现几人合著、编著现象，人数最多的有5人，即徐友军等编著《刑事诉讼法通论》（1985年由光明日报出版社出版），其他四部中有一部为3人合著，三部为2人合著。

③ 该部教科书第一版在1987年出版，1994年为修订版，此后该书无再版。

1989 年的继续，主编教材的学者、教授已有相当变化，最大的区别是这一时期并无教科书方面的国外译著，同时有部分独著式教科书。如果要进一步观察这一时期刑事诉讼法教科书情况，需要进入一个微观层面。

三　刑事诉讼法教材的基本内容（1990～1996年）

欲对这一时期刑事诉讼法教科书做微观考察，我们得深入这些教材内部以观察其体例和基本内容。收集的 42 种刑事诉讼法教科书不可能一一展示，只能摘其要者，亦即以典型教材（经典教材或很有影响力的教材）为例进行分析。在这里，笔者选择了如下教材：①陈光中教授主编（樊崇义、周士敏副主编）的《刑事诉讼法学》（中国政法大学出版社，1990）[①]，②陶髦主编的《刑事诉讼法学》（高等教育出版社，1993）和徐静村、樊崇义教授主编的《刑事诉讼法学》（中国政法大学出版社，1994），③樊崇义主编的《刑事诉讼法学》（中国政法大学出版社，1996），④张旭编著的教材《新刑事诉讼法学原理》（兼论郭志豪之独著《刑事诉讼法学概论》）。

（一）陈光中教授主编的《刑事诉讼法学》

首先，陈光中教授主编《刑事诉讼法学》的基本情况。该书初版于 1990 年，凡计 35.8 万字，是中国政法大学为了适应本校需要而编写的、公开发行的教材。该教材的参与者均为中国政法大学教师，有 10 人：主编陈光中（1930）、副主编樊崇义（1940）、周士敏（1936），其他 7 名参与者分别为李宝岳（1940）、郑禄（1941）、刘金友（1943）、刘根菊（1943）、卞建林（1953）、肖胜喜（1957）、洪道德（1959）。在这 10 名撰写者中，20 世纪 30 年代出生的教师有 2 名，20 世纪 40 年代出生的有 5 名，20 世纪 50 年代出生的有 3 名。

① 兼论程荣斌教授主编的《中国刑事诉讼法教程》，中国人民大学出版社，1993。

其次，陈光中教授主编《刑事诉讼法学》一书的基本内容和基本体系如下①。

> 第一章：绪论；第二章：中国刑事诉讼法的历史发展；第三章：我国刑事诉讼法的指导思想和任务；第四章：刑事诉讼中的专门机关和诉讼参与人；第五章：我国刑事诉讼原则；第六章：管辖；第七章：回避；第八章：强制措施；第九章：辩护；第十章：刑事证据的一般理论；第十一章：刑事证据的种类和分类；第十二章：证据的收集、审查和运用；第十三章：期间、送达、诉讼文书；第十四章：立案；第十五章：侦查；第十六章：起诉；第十七章：第一审程序；第十八章：第二审程序；第十九章：死刑复核程序；第二十章：类推判决的核准程序；第二十一章：审判监督程序；第二十二章：执行；第二十三章：刑事诉讼的中止、终止与延期审理；第二十四章：附带民事诉讼；第二十五章：未成年人案件的诉讼程序；第二十六章：涉外刑事诉讼程序；第二十七章：台湾、香港地区刑事诉讼程序概述；第二十八章：西方国家刑事诉讼程序概述；第二十九章：苏联刑事诉讼概述②。

最后，对该教材的初步评价。

(1) 该教科书虽然没有分编，却可以归为两个部分，即中国大陆刑事诉讼法学和中国其他地区、其他国家的刑事诉讼法学。相当于以中国刑事诉讼法学为基础，兼论其他国家、地区的刑事诉讼法学，对全世界范围的刑事

---

① 对此，请参见陈光中主编《刑事诉讼法学》，中国政法大学出版社，1990。

② 在此期间另一部值得观察的教材是程荣斌教授主编的《中国刑事诉讼法教程》（中国人民大学出版社，1993）。该教科书由中国人民大学教授程荣斌教授（1930）主编，其他参与者均为中国人民大学教师，分别为张风桐、陈卫东（1960）、王新清（1962）。该书基本体系与本书虽然在篇章结构上有些不同，即涉外刑事诉讼程序、西方国家刑事诉讼程序概述、苏联刑事诉讼概述几章外，其他基本一致。陈光中教授主编的教材与翻译到中国的苏联刑事诉讼法教科书在体例上更雷同，程荣斌教授主编的教材与苏联教材则有更多差异。如果考虑到 1989～1991 年的特殊历史、政治背景（东欧剧变、苏联解体前后），这一变化自然而然。

诉讼法做了一个概述，表明作者具有世界眼光。该书与 1955 年翻译到中国的苏联刑事诉讼法教科书，即切里佐夫的《苏维埃刑事诉讼法》在体例上基本一致，说明该书的编撰理念和思维方式仍然在学习苏联。

（2）该书对刑事诉讼法的基本知识、基本原理和诉讼程序分析非常详细。说明从教科书的基本格局和基本内容看，意识形态内容、阶级斗争内容大幅缩减，只有在描绘刑事诉讼法发展历史和指导思想时才有分析和论述，但总篇幅并不大。

总而言之，这至少已经是一部刑事诉讼法的教科书、一部具有程序和技术内容的教科书。

（二）陶髦教授主编的《刑事诉讼法学》、徐静村和樊崇义主编的《刑事诉讼法学》

1. 陶髦教授主编的《刑事诉讼法学》

首先，陶髦教授主编的《刑事诉讼法学》的基本情况。该书初版于 1993 年，共计 33 万字，主编由时任中国政法大学常务副校长的陶髦教授（1935）担任，中国人民大学教授程荣斌（1930）担任副主编，其他撰稿人有 6 人，分别为西南政法大学的徐静村教授（1940）、吉林大学的任振铎教授（1933）、中国人民公安大学的崔敏教授（1938）、中国政法大学的樊崇义教授（1940）、安徽大学的李学宽教授（1937）、司法部的邹德慈（1932），共计 8 人组成教材编写组。在这 8 人中，除了两名教师出生于 1940 年以外，其他均为 20 世纪 30 年代出生，与《刑事诉讼法学》的人员在年龄组成上迥异。

其次，陶髦教授主编的《刑事诉讼法学》一书的基本体系和基本内容如下。

绪论

第一篇：原理。第一章：我国刑事诉讼法的指导思想和任务；第二章：刑事诉讼主体；第三章：刑事诉讼法律关系；第四章：刑事诉讼职能；第五章：刑事诉讼结构与阶段。

第二篇：通则。第六章：我国刑事诉讼的基本原则；第七章：管辖；第八章：回避；第九章：辩护与代理；第十章：强制措施；第十一章：附带民事诉讼；第十二章：期间、送达。

第三篇：证据。第十三章：刑事证据的一般原理；第十四章：刑事证据的法定种类；第十五章：刑事证据的分类；第十六章：证据的收集与审查判断；第十七章：证明。

第四篇：程序。第十八章：立案；第十九章：侦查；第二十章：起诉；第二十一章：审判组织；第二十二章：第一审程序；第二十三章：第二审程序；第二十四章：死刑复核程序；第二十五章：类推判决的核准程序；第二十六章：审判监督程序；第二十七章：未成年人刑事案件的诉讼程序；第二十八章：涉外刑事诉讼程序；第二十九章：执行。

2. 徐静村、樊崇义教授主编的《刑事诉讼法学》

首先，徐静村、樊崇义教授主编的《刑事诉讼法学》的基本情况。该教材是司法部教材管理委员会确定的全国统编系列教材之一，凡计33.5万字，由中国政法大学出版社于1994年初版。本书编写由当时的五大政法学院教师参与，由西南政法学院的徐静村教授（1940）和中国政法大学的樊崇义教授（1940）担任主编；参与人有3名，分别为华东政法学院的胡锡庆教授（1945）、西北政法大学的王振河教授、中南政法学院的孙孝福副教授（1949），均为1940年后出生的学者。

其次，徐静村、樊崇义教授主编的《刑事诉讼法学》的基本体系和基本内容如下。

总论。第一章：刑事诉讼法学概述；第二章：刑事诉讼基本原理；第三章：我国刑事诉讼的指导思想和任务；第四章：我国刑事诉讼法的诉讼原则和主要制度；第五章：刑事案件的管辖；第六章：刑事诉讼证据；第七章：强制措施；第八章：期间、送达。

分论。第九章：立案程序；第十章：侦查程序；第十一章：起诉程序；第十二章：审判制度和审判组织；第十三章：第一审程序；第十四章：第二审程序；第十五章：死刑复核程序；第十六章：未成年人刑事案件诉讼程序；第十七章：涉外刑事诉讼程序；第十八章：类推判决的核准程序；第十九章：审判监督程序；第二十章：执行程序。

3. 初步评论如果与这一时期陈光中教授主编的《刑事诉讼法学》比较，两者已有差异。①后者注重刑事诉讼基本原理、基本范畴的分析和描绘，如对刑事诉讼的结构、刑事诉讼阶段、刑事诉讼法律关系、刑事诉讼职能的详细分析。但是，无论是基本结构分为四篇，还是分为总论与分论，我们可以发现两本教科书在内容上没有本质差别。②该两部教科书的另一个特点是呈现出的浓厚的意识形态内容、阶级斗争方面内容比前者更少，只有在分析刑事诉讼法的发展历史时偶有提及。③两部教科书都不再涉及苏联刑事诉讼法的内容，也没有涉及其他资本主义发达国家的刑事诉讼法，即使有涉外，也是以中国为中心的涉外因素，不是对国外刑事诉讼法的介绍和对照。

总而言之，这两本教科书相当注重对刑事诉讼的基本原理和诉讼程序的深度耕耘。这是这一时期教科书的新因素①。

（三）樊崇义主编的《刑事诉讼法学》

首先，樊崇义教授主编的《刑事诉讼法学》的基本情况。该教科书也是司法部教材管理委员会规划系列教材之一，凡计39.7万字，由中国政法大学出版社于1996年6月出版。该教材编写组有5名成员，分别为中国政法大学的樊崇义教授（1940）、中国政法大学的卞建林副研究员（1957），其他3名参与者分别为最高人民检察院法律政策研究室、法律应用研究处处长王洪祥（1963）、四川大学法学院教授左卫民（1964）和北京大学博士后研究员陈瑞华（1967）。除

① 这一点，在陈光中教授主编的《刑事诉讼法学》中即有萌芽。在该书的第一章第四节作者描绘了一些以前教科书没有出现的新概念，如刑事诉讼职能、刑事诉讼形式、刑事诉讼阶段和刑事诉讼法律关系等（陈光中主编《刑事诉讼法学》，中国政法大学出版社，1990，第9～14页）。

却樊崇义教授为1940年出生外，其他均为1960年以后出生的刑事诉讼法学界新锐，年龄最小的是北京大学博士后研究员陈瑞华，时年方29岁。

其次，樊崇义教授主编的《刑事诉讼法学》的基本体系与基本内容如下。

> 第一编：导论。第一章：刑事诉讼法的概念；第二章：刑事诉讼法的沿革；第三章：刑事诉讼的若干原理；第四章：刑事诉讼的效力范围。
>
> 第二编：总论。第五章：刑事诉讼法的目的和任务；第六章：刑事诉讼中的专门机关；第七章：诉讼参与人；第八章：刑事诉讼原则；第九章：辩护与代理；第十章：管辖；第十一章：回避；第十二章：强制措施；第十三章：刑事证据的一般理论；第十四章：刑事诉讼证明；第十五章：期间、送达和诉讼文书。
>
> 第三编：分论。第十六章立案；第十七章：侦查；第十八章：公诉；第十九章：刑事审判的一般理论；第二十章：公诉案件的第一审程序；第二十一章：自诉案件的第一审程序；第二十二章：第二审程序；第二十三章：死刑复核程序；第二十四章：刑事诉讼的中止、终止；第二十五章：审判监督程序；第二十六章：执行；第二十七章：附带民事诉讼；第二十八章：未成年人刑事诉讼程序；第二十九章：涉外刑事诉讼程序；第三十章：刑事赔偿程序。

最后，初步评价。从体系上看，该教科书与陈光中教授主编的《刑事诉讼法学》迥异，该书非常注重对刑事诉讼原理、刑事诉讼基本范畴的阐释，并单独成编，与陶髦教授主编的《刑事诉讼法学》有更多的相似性，主要有原理、通则与程序，唯一有差异的是陶髦教授主编的教材将证据单独成编。从教科书编写参与者来说，除了主编年龄较大外，其他都是刚刚成长起来的青年才俊，如左卫民教授（32岁）、陈瑞华博士后（29岁）。他们撰写了大量的学术论文，并出版学术性专著（而非以前的宣传手册、教材辅助资料等）。成员结构（包括学术底蕴）的巨大变化提升了该教科书的质量。从形式上看，较既有的中国大陆境内刑事诉讼法教材有更多的注释、参考文献，其教科书的学术性得到体现。

（四）张旭编著的《新刑事诉讼法学原理》①

首先，该独著性教材的基本情况。该书作者张旭，生于 1952 年，获得西南政法学院学士学位，教授（1994 年从西南政法大学调任浙江政法管理干部学院，2000 年调任浙江工业大学法学院院长），先后撰写专著《新刑事诉讼法学原理》（1996）、《刑事诉讼疑难问题析解》（1991），参编教材（如《刑事诉讼法学》，厦门大学出版社，2008）、教学参考书、工具书十余种。张旭编著的教材《新刑事诉讼法学原理》初版于 1996 年，由重庆大学出版社出版，凡计 39 万字，以 1996 年修订的《中华人民共和国刑事诉讼法》为主要研究对象。

其次，该独著性教材的基本体系和基本内容如下。

> 第一章：概论；第二章：刑事诉讼的任务与原则；第三章：审判制度；第四章：管辖；第五章：回避制度；第六章：辩护与代理；第七章：证据；第八章：强制措施；第九章：附带民事诉讼；第十章：期间、送达；第十一章：立案；第十二章：侦查程序；第十三章：提起公诉；第十四章：第一审程序；第十五章：第二审程序；第十六章：死刑复核程序；第十七章：审判监督程序；第十八章：类推判决的核准程序；第十九章：执行。

---

① 另一部独著性教材，即郭志豪《刑事诉讼法学概论》。该书是一本更薄、篇幅更少的教科书，根据该书后记，该教材在写作过程中参考了法学教材编辑部的《刑事诉讼法教程》、北京大学《刑事诉讼法概论》、华东政法学院《刑事诉讼法讲义》等著作（请参见郭志豪《刑事诉讼法学概论》，鹭江出版社，1994），凡计200余页，不到20万字（仅为张旭编著的《新刑事诉讼法学原理》的一半篇幅而已）。如果仔细审视该教科书的目录、内容，虽然为一部独著性教科书，但其与20世纪90年代之前的教科书更类似，而非相异。

最后，初步评价。从 1949 ~ 1996 年，中国刑事诉讼法教科书主要为主编制，合著都屈指可数。如果以 1990 ~ 1996 年为例，根据前述收集的资料，仅有 3 部合著[①]；就独著或者一人编著的刑事诉讼法教科书而言，仅有 2 部，即张旭编著的教材《新刑事诉讼法学原理》和郭志豪独著性教材《刑事诉讼法学概论》。但是，这也标志着中国学者开始独自探索、思考刑事诉讼法（包括刑事诉讼理论和知识）、刑事诉讼法教材的表现方式。这些专著就其内容而言，独著性教科书更注重对刑事诉讼的基本概念的阐释，对基本理论、诉讼程序和证据制度的深度分析，空洞的意识形态、政治口号完全消失。在本质上，虽然有学者开始独自探索中国刑事诉讼法教材的撰写和审视中国刑事诉讼法、刑事诉讼程序，但基本框架、基本格局并未超越这一时期的主编制教材，特别是樊崇义主编的《刑事诉讼法学》（卞建林、王洪祥、左卫民、陈瑞华四位学者参与）。

（五）小结

根据前述宏观的描绘和微观的考察，我们可以对这一时期刑事诉讼法教科书的基本情况做如下总结。

首先，就这一时期教科书的整体而言，前后相继的教科书虽然在体例上没有差异，至少没有本质上的差异，但从对刑事诉讼程序的基本理论、原理和知识的处理上仍然可以看到一条明显的线索，即后来者对既有教材取得成就的继承与发展。因而，我们可以说在这一时期，樊崇义教授主编的《刑事诉讼法学》成就较高（甚至可以说最高），其学术性品格开始有所呈现，编者开始关注刑事诉讼法教科书的学术性品格。

其次，就教材的表现形式看，到这一时期末，刑事诉讼法教科书的撰写

---

① 分别为华东政法学院沈福俊、叶青编著的《中国诉讼法学》（华东理工大学出版社，1994），赵秉志、王新清、甄贞三人合著的《现代刑事诉讼法学》（湖南师范大学出版社，1995），郑禄、姜小川编著的《新编刑事诉讼法学简明教程》（中国人事出版社，1996）。

方式不再是主编制一统天下，与 1979 年之前的景象迥异[①]。1979 年之前，所有刑事诉讼法教科书，包括翻译到中国的苏联刑事诉讼法教科书均是集体的产物，而且以集体之名义出现，个体得不到体现。随着时间的推移、改革开放的持续深入，合著式（比较常见的是 3～5 人的合著）教科书在 20 世纪 80 年代出现，虽然数量不多。再到后来，独著式教科书开始出现，到 1996 年已有 2 部，同时合著式教科书亦稳步增加，虽然总体增长量不如主编制教材。简言之，到 1996 年，中国大陆刑事诉讼法教科书虽然仍是主编制教材居（绝对）主导地位，但合著式教科书逐渐始兴起，独著型教科书亦开始萌芽。

最后，三种类型教材的内容在本质上并无差别，而且无论是独著性教材，还是合著性教材，在质量上、水平上也没有超越主编制教科书的最高水平。

（1）合著式教材虽然在内容上有较少的意识形态、政治性口号，但其基本内容仍然没有多少变化，与当时主流的主编制教材基本类似，新内容很少。以赵秉志、王新清、甄贞三人合著的 1995 年出版的《现代刑事诉讼法学》与樊崇义主编的 1996 年出版的《刑事诉讼法学》为例：两书在体例上有些差异，即前一本分为刑事诉讼总论、刑事普通程序论、刑事特殊程序论和刑事执行程序论[②]，后者则分为导论、总论与分论三编。但这些差异不是本质上的，即使主编制教科书，内部也有体例之差异。

（2）这一时期的两部独著性教科书在基本框架、基本内容上并没有展示出新特点（当然其在处理意识形态、政治性口号方面的努力值得肯定），更多只是将众人或多人撰写的教材改为一人独著，而且当时的主流刑事诉讼法学者（法学家）并没有参加到撰写独著性教材的队伍

① 对此的详细分析，请参见蒋志如《中国刑事诉讼法学教科书的“苏联模式”：1949～1979》，待刊稿；蒋志如《中国刑事诉讼法学教科书的继续“苏联模式”：1979～1989》，待刊稿。

② 对此，请参见赵秉志、王新清、甄贞《现代刑事诉讼法学》，湖南师范大学出版社，1995。

中来。

(3) 如果就三种类型教科书的内容而言，一方面，樊崇义主编的《刑事诉讼法学》对该学科的基本概念、范畴、理论、知识的叙述和展示达到了这一时期的最高水平，而合著的教科书和独著的教科书则没有对这些内容做更多分析和描绘。另一方面，合著性教材、独著性教材的确开始有了独立的思考，对某些程序问题、某些程序细节的处理更技术化、个人化，表明中国刑事诉讼法学学者揭开了独自审视中国刑事诉讼法教科书的序幕，开始追求教科书本身的学术性。张旭编著的《新刑事诉讼法学原理》在书名上即表达了作者对此的想法和更高追求。

总而言之，刑事诉讼法教材在这一时期的最重要特征，即教科书开始注重对刑事诉讼理论与原理的叙述，并开始探求教科书的学术性品格。当然，更需要注意的是，这仅仅是一个起步而已。

四　对1990~1996年刑事诉讼法教材的再审视：放弃苏联模式或者说尝试“欧美模式”

根据前述，我们知晓中国刑事诉讼法教材在这一时期得到较大发展并有质的提升。但这一分析仅仅是“就事论事”，我们还应当将这一成就或变化放置到更宏观的司法改革背景、世界政治背景中做进一步考察。从1990年到1996年，凡计7年，时间很短，但国内外发生的重大事件贯穿了整个时期。这些事件深刻地影响了这一时期刑事诉讼法教科书的风格和基本品格。

首先，1990年前后对于中国而言是一个重要时间段。1990年前后，东欧剧变、苏联解体、世界结束美苏争霸的两极格局，美国成为世界唯一的超级大国，无论是体现硬实力的政治、经济，还是体现软实力的文化、司法体制均处于支配地位。在这些事件发生之前，作为世界超级大国之一的苏联，无论是政治、经济领域，还是司法体制领域均是中国学习的对象，在1949~1979年我们对其的学习和模仿达到顶峰。到改革开放，在经济上学习欧美，但在政治体制上，特别是在司法体制上、刑事诉讼程序的改革与建设等问题上，苏联仍然是中国学习的基本对象，中国刑事诉讼法教材之建设与编撰也是如此①。但是，当苏联解体后，学习目标消失，一方面，中国得独立探索中国特色社会主义司法体制、刑事诉讼程序和制度；另一方面，中国还应向世界其他国家学习，以完善中国既有的刑事诉讼程序和制度。换句话来说，中国刑事诉讼法、刑事诉讼程序的改革和发展，需要在立基于中国本土资源的同时向其他法域借鉴与学习，更确切地说，是向欧、美、日（甚至中国台湾）学习。

当然，这一学习不是从1990年之后才开始的，而是从改革开放之日起即渐次展开的，只不过在1990年之后得到迅速扩展。这一学习与借鉴首先体现在中国的法学者、法学学生，特别是1979年高考后逐渐成长起来的法学学生学习、阅读西方国家的法学书籍（法理学、刑事诉讼法学）上。当这些学生成长起来，他们参与到法学教材编撰的专家学者队伍中。在刑事诉讼法学领域，陈卫东、陈瑞华、左卫民、王新清等学者开始崭露头角，他们在程荣斌主编的《中国刑事诉讼法教程》、樊崇义主编的《刑事诉讼法学》等新一代教材中开始展示他们对刑事诉讼程序、刑事诉讼制度的理解和思考，最终改变了20世纪80年代刑事诉讼法教材的基本格局。这一过程，简而言之，即放弃苏联模式之过程，同时也是初步向欧美学习的开始。

其次，中国刑事诉讼法教科书放弃苏联模式的表现。放弃苏联模式意味着弱化或者去除刑事诉讼法教科书中的苏联因素或者说苏联刑事诉讼法学的影响因素。这是一个长期的过程，主要表现为意识形态、刑事诉讼理念与诉讼程序融为一体的状态逐渐解体，大致可以分为三个阶段。

第一阶段当属20世纪70年代末80年代初，不再以翻译、引介苏联刑事诉讼法为中心，而是将中国本身的意识形态、政治口号等作为指导思想解释、描绘中国刑事诉讼法（包括刑事诉讼程序、刑事诉讼制度和证据）。北

---

① 对此的详细分析，请参见蒋志如《中国刑事诉讼法学教科书的“苏联模式”：1949～1979》，待刊稿。

京政法学院诉讼教研室编写的《中华人民共和国刑事诉讼法讲话》（群众出版社，1979）为其代表。

第二阶段当属20世纪80年代，在前述基础上减少了意识形态的内容，也减少了在诸如证据、程序等技术内容中的意识形态、政治口号。以张子培主编的《刑事诉讼法教程》（分为1982和1987两个版本，1987年书名改为《刑事诉讼法学》）为其代表。

第三阶段当属1990～1996年，在这一阶段意识形态、政治口号的内容基本消失，新的刑事诉讼理念、概念、基本原则与刑事诉讼程序、刑事诉讼制度在教科书中得到体现。这一阶段，放弃苏联模式得到集中体现，不仅有“放弃”，更有“建设”（向欧美学习与借鉴）。以樊崇义主编的1996年在中国政法大学出版社出版的《刑事诉讼法学》为其代表。

最后，中国刑事诉讼法教科书向欧美学习。前述所描绘的放弃苏联模式的另一面即中国刑事诉讼法教科书向欧美学习渐次展开。但这一点在形式上体现得非常不明显（至少在这一时期还不是特别明显），因为这一时期很少有相关或者严肃的刑事诉讼法教科书翻译到中国大陆①，对德、日、法、美等国家刑事诉讼法领域教科书的大规模翻译是2000年以后才出现的景象②。因此，中国刑事诉讼法学对欧、美、日（甚至包括中国台湾）的学习和借鉴可以通过如下情况间接反映。

（1）这一时期有一系列的国外法学专著、刑事诉讼法学领域专著、相关刑事诉讼法法典翻译到中国，如琼·雅各比所著的《美国检察官研究》、皮埃尔·尚邦所著的《法国诉讼制度的理论与实践》、李昌珂翻译的《德国刑事诉讼法典》、黄风翻译的《意大利刑事诉讼法典》等十余部③。

（2）一方面，自改革开放以来，中国大陆不仅加强了与其他国家和地

① 请参见陈光中主编《刑事诉讼法学五十年》，警官教育出版社，1999，第741～742页。

② 翻译比较早的是《法国刑事诉讼讲》（〔法〕卡斯东·斯特法尼等著，罗结珍翻译），该书于1999年翻译到中国；《德国刑事诉讼法》最早到大陆是由中国台湾学者吴丽琪翻译的；法律出版社2003年出版《刑事诉讼法》；日本翻译到中国最早的教科书是田口守一的《刑事诉讼法》（2000年）。

③ 请参见陈光中主编《刑事诉讼法学五十年》，警官教育出版社，1999，第741～742页。

区的交往，与港澳台地区也加强了联系和交往，这些地区的刑事诉讼法专著、教科书直接进入大陆，对大陆刑事诉讼法教科书产生了影响；另一方面，民国时期的刑事诉讼法教科书在改革开放之后也产生了影响，而这些专著、教科书基本上继承了欧陆国家的刑事诉讼制度。

（3）新一代刑事诉讼法学者已经初步长成，开始在学界展示影响力，最重要的场域即参与刑事诉讼法教科书的编撰，如 20 世纪 50 年代出生的卞建林、宋英辉，60 年代出生的左卫民、陈瑞华、陈卫东等。他们作为改革开放后才进入大学学习的一代学者，在 20 世纪 80 年代、90 年代前半期的成长过程中努力学习与吸收中国台湾以及日本、德国、法国、英国、美国等西方国家翻译到中国的经典法学名著和刑事诉讼领域专著的法学理念和法律知识、法律制度。这一状态影响了中国学界对刑事诉讼程序、刑事诉讼制度的理解，进而影响了中国刑事诉讼法教科书的编撰。

总而言之，随着与欧美国家经济交往的密切以及中国政治、经济、文化向纵深发展，刑事诉讼程序的各个领域都体现出向欧美学习的迹象，虽然在教科书编撰中并没有像 20 世纪 50 年代向苏联学习那样进行全面的模仿和借鉴。

五　结语

中国 1949 年以来的刑事诉讼法教科书在 1990～1996 年开始有了新迹象，它开始再次转型，即向欧美国家学习，借鉴它们刑事诉讼法学的基本知识、基本原理，以补充、改变、完善中国刑事诉讼法教材的基本格局和基础内容，改变了当时中国社会对刑事诉讼程序、制度、证据的理解和思考。经过改革开放 20 余年量的积累，如果将 1996 年樊崇义主编的《刑事诉讼法学》与 1979 年的刑事诉讼教科书（如《中华人民共和国刑事诉讼法讲话》）做比较的话，的确已有质的改变，可以简单总结如下。

首先，刑事诉讼的基本原理、基本范畴、诉讼程序、诉讼制度在刑事诉讼法教科书中得到充实和发展。这些内容从 1990 年陈光中教授主编《刑事诉讼法学》后开始逐渐加快，到 1996 年樊崇义主编《刑事诉讼法学》时达到最高峰。

其次，政治性口号、意识形态的内容逐渐减少，甚至消失。或者说以现代刑事诉讼理念、基本原则取代了这些口号、意识形态内容。所有这些努力，在 1996 年出台的《中华人民共和国刑事诉讼法》中得到了集中体现，因而这部法律是对过去向欧美学习、借鉴和放弃苏联模式过程的总结，更是面向未来，是继续前进的起点。

最后，还需要注意的一点是，这一时期的刑事诉讼法教科书在质量上虽然取得实质性的提升，但并未脱离 20 世纪 80 年代刑事诉讼法教科书确定的基本框架。它们之间的相似性、继承性远远大于它们之间的差异性，而这一时期的教科书与民国时期的教科书相比还有本质上的差距。更准确地说，这一时期还没有出现对既有刑事诉讼法教科书做整体和全面审视的教科书，无论是主编制、合著式，还是独著教材均如此。这是中国刑事诉讼法学者在下一个阶段需要认真对待的事情。

第三编
法学院里的读书（会）

题记：法学院的读书（会）有三层含义。其一，笔者自己的读书片段。受苏力《批评与自恋》和《波斯纳及其他》的影响，读书（及读书后撰写书评文章）成为生活的组成部分。关于法学教育领域的书籍也是笔者日常生活的组成部分，也因而有了《美国大学、法学院与中国大学法学院——读冯建妹之〈耶鲁精神——感受耶鲁大学及其法学院〉》和《叙说法学院的"风景"——解读苏力的〈走不出的风景〉》两篇文章。其二，自从教以来，除了自己读书外，笔者一直组织法学院部分学生读书。经过几年的试验和总结，形成了一篇关于读书活动的报告，即《调研报告：西南科技大学法学院法律学徒社读书会情况》。在调研报告中，笔者不厌其烦地描绘组织过程、学生阅读质量和四年的成长历程以揭示中国法学院学生从高中生到大学生的蜕变或转型不易的现实。其三，现代社会、工业社会的公民取得成功与读书密不可分，或者说通过读书可以达致若干境界。但是，在中国语境中，读书与专业和成功的因果关系还没有得到充分或者有效揭示，而且我们也没有认识到两者间的密切关系。在这里，笔者不打算做专业分析（实在乏味），而是根据自己的偏好，以金庸武侠人物传记为材料，考察读书可以达致的四个层次或者阶段，即《法学学生、法律人学习的阶段或层次——以金庸武侠人物为例》。但由于表现形式、文字的叙述风格（在于细节描绘，不在于理论分析）因素，特以之为别谈。

第八章　美国大学、法学院与中国大学法学院

——读冯建姝之《耶鲁精神——感受耶鲁大学及其法学院》

独立法学院（在中国则被称为政法大学）或者综合性大学中的法学院是培养法律人的主要场所。在该场域，任何国家的法学教育都涉及三方主体，即学校、法学院与法学学生。各主体在这个场景中的参与情况反映出不同的法律人培养模式，而且效果也可能迥异。在中国，社会对法学学生培养状况持一种普遍不满的情绪与观点[①]。如何改变这种现状已经成为我们迫切需要解决的问题。不过，在笔者看来，教育部、高等院校和法学院作为主管部门首先需要完成的事项不是立即改变现状或者解决问题，而应当是对一所大学及其法学院运行的基本宗旨进行探讨，因为这个问题不得到解决的话，任何改革都可能不是在解决问题，而是加剧已有问题的复杂化，还可能出现改革的负面效应，即越改革对改革涉及的利害关系中的“弱势群体”伤害越大——在我看来，在中国法学教育中的弱势群体，大致就是法学学生与法

① 实际上，国人对中国法学教育的批评还停留在表面，比如说简简单单地谈论中国法学教育向美国法学教育或者其他国家法学教育借鉴。但是，在笔者看来，我们没有分析中国法学教育中的制度因素，比如说中国法学教育中考试制度的虚置（请参见蒋志如《中国法学教育何处去》，《安徽大学法律评论》2012 年第 2 期），以及在这个制度中，法学老教师与学生表面共赢下的法学教育的双输局面（请参见蒋志如《中国法学教育的双输?!》，《厦门大学法律评论》2010 年第 1 期）。

学教师。

冯建妹女士的著作《耶鲁精神——感受耶鲁大学及其法学院》(以下简称《耶》)[①] 是一部描写其在耶鲁大学法学院学习经历、感悟的随笔著作。笔者看来，该书虽然只是介绍美国耶鲁大学法学教育的基本情况、个人感悟，但本书涉及了高等学校（大学)、法学院与法学学生之间的深层次互动关系。以《耶》一书为切入点，审视和思考前述问题有助于探讨中国大学法学院运行的基本宗旨。不过，笔者的分析并不局限于此，还想对该书有些值得注意的现象与观点做出进一步的分析和判断，以期能够以一种更为理性、客观的视角思考一些基本问题。

一　高等院校的基本宗旨

其实，在人的一生中，我们会面临很多选择，有些选择是无关紧要的，如涂尔干所言“社会还始终存在着一些毫无用处的倾向……[②]”这些倾向导致了很多选择无关紧要，有些却是人生的关键点或者分叉点。可惜，由于信息不对称等原因，我们不知道下一步是否紧要，而且即使感觉到重要，我们也不一定能选择，也不一定能够做出正确的选择。还有，何谓正确，对什么人来说正确，这些问题一起且持续地削弱着我们的选择。还有一个很重要的，却是我们经常忽略的问题，即年龄问题。随着年龄的增加，情感更加重视稳定，通常不愿意尝试一种新的生活方式，或者说在改变之前，通常会进行各种各样的计算与分析，经过审慎思考才会做出抉择（这时不能再用“选择”，这是一种体会到艰难后的选择，是一种抉择)。

在《耶》一书第一章一开始，对于该书的作者、当时作为南京大学副教授的冯建妹女士来说，即面临着上述抉择的问题，即到底是做耶鲁法学院学生，还是继续在南京大学法学院当副教授？这个问题在诸多方面出

① 冯建妹：《耶鲁精神——感受耶鲁大学及其法学院》，法律出版社，2007。

② 〔法〕涂尔干：《社会分工论》，渠东译，生活·读书·新知三联书店，2000，第69页。

现，即有初为人母的选择，有在耶鲁法学院读书会遇到的种种难题，比如说语言问题、饮食问题。而且不仅仅是作者自己对自身行为的抉择，还有来自朋友的赞同与反对，更有社会的关注等外在的“限制”（而且这些限制通常来自好意）。如果说人生当中的重大抉择在抉择的那一刻就能解决所有问题，或许我们会有更多的优秀人才或者英雄。然而在现实生活中，抉择往往才是第一步，接下来的路更难。冯女士在到达学校学习时，深刻感受到了这一点，该章的最后一节《汪洋大海任飘摇——痛苦的“课程购买”》展示了接下来的“痛苦”，因为在这里的抉择都是优中选优的选择，不是优劣之中的选择，进而对于真正做选择的人来说，更加艰难。根据冯女士的经历与感受，我们可以体会到如下抉择[①]。首先是一种“限制”，在耶鲁大学法学院，一学期可以选择的课程有80门，而一位法学学生在时间、精力的制约下只能选择三四门课[②]，虽然在理论上有充分的自主选择权，但是在80门课中选出三四门课有一种在“汪洋大海中飘摇”（冯建妹语）的感觉，需要疯狂地听课，做出对自己来说属于有效的判断并确定将要学习的课程。在开学不断听课即是一种必须经历的“痛苦”，对来自异国他乡的中国学生来说更是如此。其次，在经历上述“痛苦”之后，在这一阶段的“痛苦”达到极致，即每一门课都有优秀的老师、优秀的课程内容等着学生，学习任何一门课程都不亚于一次丰富的人生旅行，收获的不仅仅是课程内容，还有心灵、精神的愉悦[③]，要在优秀课程中放弃很多（绝不是一些），只留下三四门课程，就绝对属于一次痛苦的抉择。正如作者所说，“到了学期中期，有的人还在犹豫，因为你还有机会放弃已经选过的课程重新选别的课程。有个同学整个9月都在选宪法还是比较法，一副茫然”。

---

① 冯建妹：《耶鲁精神——感受耶鲁大学及其法学院》，法律出版社，2007，第28～29页。

② 关于这一点，另外一个在美留学的学者也有类似的叙述，具体叙述请参阅苏力《法治及其本土资源》，中国政法大学出版社，2004，第346页。

③ 对于这一点，则要参看该书另外一章的部分内容，即“耶鲁法学院的思想品德教育”一节见冯建妹《耶鲁精神——感受耶鲁大学及其法学院》，法律出版社，2007，第92～97页。

如果说只有上述抉择的话，这可能只是耶鲁大学精神的“表面”功夫，或者说它更像一个培训结构，而不是培养综合性高素质人才的地方。当然，耶鲁大学不是培训机构，而是一所世界名校，属于全球学子都翘首仰望的高等学府之一，因而也就有了其他的具体的各种“痛苦”与艰难抉择。在学校，我们不仅仅有学习，还有生活，还有社会交往，它们与学习相互竞争。不能说后者就没有学习重要，因为有意义的生活、参加学校的社会交往属于一种真正的参与，而不是浪费时间与精力。根据冯女士的经历，在该书第三章与第五章中，我们可以看到其他抉择。

首先，在吃的方面。吃，对于任何人来说都很重要，对于还没有独立的学生来说更重要。在耶鲁大学，根据《耶》一书的描绘，校方非常重视吃的问题。先是有充足的食物，而且是各种各样的食物，还有很多免费食物。虽然这些食物主要根据美国学生的需要而设置，留学生有些不习惯，但是从营养的视角看，绝对属于上乘。除了学校安排的，还有一些教授私下安排的聚餐。这些基本上渗透每一天的生活，首先给人一种温饱感，不用担心吃的数量与质量。

其次，参加学校活动方面。冯女士通过一位室友的语言与行为描绘了学校活动的魅力，即学校组织非常有参加意义，几乎舍不得放弃各种非常丰富的活动。她宣布要做一个新女人——把时间都放在读书上的新女人。这展现了一名学生分配学校活动与学习时间的艰难。因为耶鲁大学学校活动的丰富性，作者到校仅仅 3 个月就有 10 来项活动值得参加（不参加即觉得错过很多精彩和值得回忆的事情）。而且对她自己来说，这些根本就属于不容错过的活动，正如作者所说，“只在耶鲁一年，什么经历都要的，都不可以错过。所以虽然我是一个非常用功的学生，但是因为耶鲁有这么多的事情诱惑我，分散我本来就有限的时间……”

最后，耶鲁法学院的“幸福时光”，即生活中的玩。根据冯女士的描绘，在耶鲁大学虽然学习非常辛苦，但是学生们从来没有忘记玩，还不是简简单单地玩，是非常有特色有质量地玩。比如说，法学院餐厅向全体师生发放免费饮料、食品，整个法学院变成一个热热闹闹、人声鼎沸、任你逍遥的休闲场所，在这里的学生与老师或者一起或者三三两两地聊天、谈论、讨论问题。

通过以上三个层面的介绍和描绘，以耶鲁大学为代表的美国大学的基本宗旨和精神得到呈现，可以总结为两点。

其一，学生在美国大学生享有的充分选择权并导致学生艰难抉择的机制，无论从哪个角度看，都可以体现出美国的大学教育以学生为中心。一所大学的行政管理、整体教学安排（这里不是指具体老师对自己教学的计划）、后勤服务与各种学校社团活动等，一切的一切都是以学生为中心的，旨在为学生学习提供良好的氛围、环境条件。即使提供的这些条件未必能使所有的学生成为国家栋梁，但绝对是培养优秀人才的必要土壤。或许，这就是一所大学在整体上应该确立的存在宗旨。

其二，充分的选择意味着充分的自由，艰难的抉择才会让学生愿意而且真心参与学校的教学提升、整体文化的积淀。经历抉择的学生必然愿意坚持下去，而且即使外界条件很宽松，其也能够严格要求自己。在校园文化的构建中，这些行为与理念时时刻刻发挥了宣扬平等精神的作用，这一平等精神不仅仅表现为学生之间的平等，更表现为学生与老师交往中的平等、与学校管理人员的平等。还有，这些行为和理念还让学生们形成一种为公共服务的精神因子。

二　美国大学法学院

耶鲁大学法学院是耶鲁人的骄傲，或许也是美国人的骄傲。这是《耶》一书在字里行间流出来的基本情绪和情感。为什么会这样？让我们深入《耶》一书解读。

作为一所大学的法学院，如何展示自己的特色，如何表达与兄弟院校法学院不同的特色，让每一位在这里就读的学生一想起它，就如数家珍样谈论其特点或者说优点？能做到这一点，就是好的、优秀的法学院。换句话来说，法学院除了与整个学校的共性外，更多在于个性，即专业性。这种个性或者特点的建立需要坚实的基础，这个基础即前面我们提及的学生的充分选择权、在拥有充分选择权后的抉择。有了这个基础，即进入具体教学环节、学习环节，对于法学院学生来说，即具体的法学院教学运行阶段。在前一阶段，学生是主角，老师是配角；在这时，是否选某门课、是否选某门课的某老师由学生决定，是否学习、学习多少也由学生自己决定，而不是由教师安排。在法学院教学运行阶段，学生则转变为配角，亦即学生的选择权用尽，老师转变为这个场域的主角，换而言之，学生应当围绕着授课教师，以老师的教学内容为中心进行学习。这不是说学生的学习由老师强制或者代替，而是说老师以专业的眼光、经验在专业教学时教授学生法律人的思维方式，不仅是知识方面的积累，更有思维方式方面的训练。

在冯建妹女士《耶》一书的第四章与第八章，我们看到了耶鲁法学院在法律课程教学专业性方面的积极努力。首先，在开学典礼上，法学院院长 Kronman 的演讲①就引出了法学学生的若干思考。这些思考不是作为真理被传授的，而是以传递一些信息为目的。在笔者的理解中，主要有法律的专业知识与运用法律专业知识时发生的四个矛盾，即法律与道德等生活的矛盾、作为职业忠诚与作为公民忠诚的矛盾、法律与过去之间的矛盾、法律人作为律师的身份与普通公民身份的矛盾。

其次，在法学院的具体授课时，由于课程的原因，冯女士主要谈到了三位法学教授的教学情况。第一位是 Calabresi 教授，是侵权法领域的专家。根据《耶》，我们发现老师的教学并没有局限于知识的传授，而是扩展到对一些案例的再思考，不设前提、不以当时的法官判决为正确答案，并对案例发生的背景、历史、案例的发展等一系列问题做出详细讲解和阐释。这一教学方式，在笔者看来，传递着这样一个信息，即：法律具有不确定的特点，只有在具体的语境中才有确定性，但不一定有正确性，而这时的确定性却是由法官根据习惯、法条以及政策等因素决定的。如果根据冯建妹女士的理

① 耶鲁大学法学院院长 Kronman 的演讲译文载于该书的第一章，具体内容，请参阅冯建妹《耶鲁精神——感受耶鲁大学及其法学院》，法律出版社，2007，第 13 ~ 27 页。

解，还应该做更进一步解读，即“现实世界是一个充满着矛盾和冲突的世界，没有十全十美的法律，也没有绝对好或者绝对坏的法律。面对事故、悲剧和灾难，每一个人都会有自己的解决方案。选出最佳的方案是立法者的任务。困惑人类几千年的侵权法如同爱情一样神秘、迷离、痛苦、彷徨，她需要抉择，她没有一个单纯的答案，也没有绝对的合理与不合理。这就是侵权法亘古不变的魅力①”。

第二位教授是耶鲁法学院院长 Kronman。冯建妹女士选修了他教授的合同法。根据作者自己的理解，“如果说上侵权法我们更多地是被训练成像哲人一样地思考人类面临的灾难，上合同法我们却是在和圆滑的世俗生活打交道，和很多商人头脑的人或者商人打交道，有时还和无赖打交道，没有太多的悲剧和灾难，更多的是在金钱上的讨价还价②”。而在 Kronman 的教学中，其侧重点在于将合同法与侵权法交融，而不是就事论事，在笔者看来，在于学科之间的相互影响，换一个视角看问题可以找到更佳的解决途径，或者说更好的诠释方法。

第三位教授是 Robert Harrison。冯建妹女士选修了他的法律研究与写作课，通过展示该教授在教学方法上的变化进而让学生们感受到该门课程是一门有趣的、有意义的课程，值得选修，教学效果达到了“化腐朽为神奇”的境界（作者语）。

最后，关于考试。这一内容集中于第八章。作者对耶鲁大学法学院的考试做如下形容，即“从天堂到地狱”，虽然作者在该书中还表达了耶鲁法学院几乎没有不及格情况出现。在这一章，作者为我们梳理了这样一个事实，即考试方式是灵活的，但是无论怎么考，学生都非常重视，认真刻苦复习，不以成绩为目的。这属于一种“外松内紧”的考试模式，与中国“外紧内松”的考试模式迥异。

在该书中，笔者仍然体会到耶鲁法学院与美国其他法学院的不同之处。

---

① 冯建妹：《耶鲁精神——感受耶鲁大学及其法学院》，法律出版社，2007，第 78 页。

② 冯建妹：《耶鲁精神——感受耶鲁大学及其法学院》，法律出版社，2007，第 79 ~ 81 页。

当然，关于这一点，冯女士并没有详细分析与叙述，只是间接提及。比如该书第三章，以一首歌 *There are two kinds of law* 展示了耶鲁大学法学院的特色在于理论者，而非职业律师的培养；该书第四章提到供选的 80 门课时，作者认为“课程涉及面很广……有很多跨学科的交叉学科，像法律与经济、法律与文学、女性主义和经济公正、性别和法律、法律与医学，等等”①。也就是说，耶鲁法学院的特色除了表现为教授研究的方向特色，也将这种特色贯穿于学生的课程选择过程中，更体现在每一门课程的教学之中。

总而言之，通过上面的分析，我们看到了一所大学与其法学院的相同与不同，这种不同由两方面的制度设计进行保障。首先，作为整体的学校主要提供一种公共服务，让学生有充分自由的选择权，无论是教学的行政管理，还是包括饮食方面的后勤服务，甚至丰富的校园社会活动均由学校负责。学生处在一种无形的限制之内进行选择，而非天马行空地选择（通过教学、考试而限制一学期一名学生最多能够胜任三四门课）。在选择的课程都很精彩、有趣并能获得丰富知识的情况下，学生面临选择难题，其导致了在理性计算下的抉择。其次，在进行了充分的选课之后，即在实现最终的确定性（比如说课程、教师）之后，即进入实施阶段。在这一阶段，法学教师成为主导角色，监督学生实现前述抉择，使得法学院学生不仅具有专业的思维方式，更有在专业侧重点上的训练，进而形成该法学院与其他法学院的不同之处。

进而言之，在笔者看来，冯建妹女士的《耶》一书，阐释了一所大学应当具备的基本宗旨，即：提供一种服务是大学的基本宗旨，更确切地说为学生服务也为老师服务，最终为学生服务就是大学的宗旨。这恰好是中国大学非常缺乏的精神。法学院的不同在于提供专业知识和专业知识下的思维方式，而不仅仅是提供服务。

---

① 冯建妹：《耶鲁精神——感受耶鲁大学及其法学院》，法律出版社，2007，第 87 页。

三　中国大学（法学院）

具体到中国语境下的大学、大学法学院或者独立的政法大学，我们总是能够发现其中的若干缺陷，而不仅是需要修正的瑕疵和缺点。根据笔者的理解与思考，无论西方大学及其法学院的运行有什么样的缺点或缺陷，作为一种教育制度，其在整体上的运行基本达到了设置的教学目标与任务，而我们的大学、各个学院至少在运行时没有那么顺畅，也没有那么成熟。如果与《耶》一书描绘的情况进行对照的话，我们会发现中国的大学的确很少赋予学生选择权，更不要说充分的选择权，即使是在课程设置上有了专业基础课、专业必修课与选修课，但各种课之间的区别甚少，而且学生能够选择的范围也非常有限，可以通过以下几个方面说明①。

首先，从学生的录取上看。这一点前面的叙述没有谈到，我们可以从冯建妹女士的经历中看到，她收到 9 所大学的录取函②。在中国语境，取得攻读本科学位资格通过全国统一的高考方式实现（到今天，虽然已出现了自主命题的省市，但是考试时间与录取大致同步），以高考成绩为唯一凭据。虽然学生可以选择若干学校，而且是选择不同层次的学校，但只能获得一份高考录取通知书。这实际上没有给学生真正选择学校的权利，不管是否喜欢，当其获得一份高考录取通知书时，要么选择就读，要么选择放弃，没有其他选择。如果一位学生能够同时获得几份录取通知书的话，高校则有生源的危机感，就会有动力主动提高自己的服务与教学质量以吸引学生，而不是以“守株待兔”的方式让学生上门。当然，改革开放以来，已经有很多学生有了更多的选择，而且是真真切切的选择，他们可以获取一份或者多份外

---

① 在这里，笔者不想引用一些高校的文件或者教学大纲，抑或其他什么。笔者仅仅根据自己的经历与周围的情况、学生与老师的语言与行为进行叙述，不想做一个实证的调查与分析，这样做远远超越笔者写这篇文章的初衷，也有违感慨浙江大学法学院事件的初衷（仅仅针对法学院与大学之间的关系，根据一本介绍耶鲁大学的著作提出一些简单想法）。因此，在这里，笔者的分析很多就是平铺直叙。

② 冯建妹：《耶鲁精神——感受耶鲁大学及其法学院》，法律出版社，2007，第 241 页。

国大学的录取通知书，我们的优秀学生因此有所流失，而且随着港澳高校在内地招生，这一情况还有所加剧。不过，拥有这一选择权的学生在整体中国学生中所占比重不大，还无法刺激大陆的大学对此做重大改革。

其次，在入学时。在开学初期，根本不需要学生去思考如何选课。上什么课、上谁的课学生没有自主权，只有被动适应学校的安排。虽然除了正式的必修课程外，学生还可以在全校范围内选课，但是学生基本对课程内容与老师都不熟悉，导致的后果即为选课而选课，而非为了学习与兴趣而选课。简单地说，只有选课之名，没有选课之实。

最后，学生活动或者参加学校社团活动。学校或学院组织的活动对学生很少产生真正的吸引力，哪怕学校活动与社团越来越多。笔者对此不再赘述，只需要明白，我们一所大学所提供的各种服务几乎不能吸引学生真正地参与，学生需求与学校提供的很多项目都处于“两张皮”的状态。

总而言之，中国学生进入大学时，一切的一切都被安排了，至少可以说大学的主要事项都是被安排好了的，学生能够选择的范围非常有限。而且这种被安排的情况不仅仅发生在学生身上，也发生在教学的另外一方老师身上。一旦一位老师被安排上一门或者几门课，对其的教学计划、课件或者教案都有严格的要求，而且还有专门的人员对其进行检查、督导。

在学生与老师大致都被安排的情况下，中国法学院与美国法学院（比如说本文提及的耶鲁法学院）的教学效果有什么不同？法学院的考试情况怎么样？根据笔者的经验以及对一些学生的访谈，至少可以做出两方面的判断以回答上面的问题。

首先，对于教学而言。学生没有充分的选择权，只有接受权。上什么课、上谁的课学生不能决定，也不关心。有好老师上课固然欣喜，没有也不会黯然神伤，更不会将老师赶下讲台。笔者作为一名教师，曾经以为只要有优秀老师上课，学生一定会欣喜，会认真听讲，努力学习，后来却发现，即使是优秀老师上课，学生未必对上课感兴趣，其原因比较复杂。其一，很多学生认为找工作的机会和能力与专业知识、专业技能的掌握没有密切关系。在目前中国的就业格局下，法学院学生更重视一种涉及关系与交际的能力，专业知识、技能在根本上没有了吸引力，即使在优秀教师的努力下也无法改变现状。其二，当下的大学考试制度无法将学生的学习能力及其差别表现出来，特别是文科。

对于老师来说，虽然也受到安排。但是一位老师在进行具体教学的过程中，只要满足学校的基本要求，比如说教案的规范、教学大纲或者课件的完备等，他如何组织教学、教学的效果、与学生互动的情况都有些随意。虽然学校有各种各样的规章制度规范老师的教学情况，但对老师没有实质性监督。简而言之，在教学活动中，学生的学与老师的教完全脱节，使得学生与老师两者相互不关心，更多的时候是学生不学也无人问津。与本章前面叙述的耶鲁大学法学院实际教学中老师占据主导作用的情况对照，我们可以发现，中国法学院学生很少有人围绕老师的指挥棒学习。

其次，就考试制度而言。根据前述，我们知晓耶鲁法学院的考试非常轻松，准备考试的过程却异常艰难。在中国是另外一番景象：如果从组织考试、考试规则以及考场的视角看，中国大学（法学院）的考试非常严格；如果从考试的效果看，则是效果不彰。在笔者看来，产生这一结果的原因如下。其一，中国大学的考试容易对付。仅就法学院的情况看，如果在最后时间老师划考试范围或者做些其他的“帮助”学生复习的事情情况下，每一门课只需要复习一天，甚至几小时即可以及格，反之如果没有老师的“帮助”最多也只需要一个星期的复习即可以应付考试。这种短期的、突击的学习方式学不到真正的专业知识，更不会学到专业的思维方式。其二，很多法学院有内部规定，即学生的不及格率必须控制在一定的范围内，比如说8% ~15%[①]，这使得学生的及格系数大为增加。其三，现在高校里有一个教师评价系统。我们并不清楚该评价系统到底对一位老师起到什么样的正面

① 8% ~15%这个数据是笔者在与一所学校的很多老师交流时得到的一个确切数据，如果超过了一定的比例，或者不及格的学生太多，要对老师问责，即这位老师的教学能力受到质疑，或许会在一定程度上影响这位老师的奖金。法学院规定这个数据或者其他数据的考虑除了上述原因外，还有就是就业率的压力。如果考试制度严格执行，必然有一部分学生不能毕业，也就不可能找到工作，降低了就业率。

效应，但是其负面作用倒先呈现出来了，大致可以做如是概括：学生对老师的评价非常简单，也很容易情绪化，使得教师评价系统成为学生制约老师的一个“武器”，使得学生及格更为容易。或许这种影响是间接的，只是如法官在处置疑难案件时的心理下意识影响①，但正因为这个因素，老师在课堂中、考试中不知不觉要“讨好”学生。

总而言之，即使学校的制度、法学院的规则制定得非常详细与完善，学生的很多项目已被纳入安排，优秀法律人也总是千呼万唤不出来，仅仅培养出取得学位的法学毕业生而已。他们通常不具备法律思维方式，还缺乏法学常识，更缺乏生活常识，甚至不能独自评价。同时，我们也可以发现，中国大学法学院兄弟院校之间在培养学生规格上也是千篇一律，没有自己的特色。如果说这一论断对博士研究生来说不适用，那么对于本科生，甚至硕士研究生来说应当是中肯的。而且在笔者看来，即使某所法学院有特色，也只能说是老师研究领域的特色，而他们的学生很少能打上特色之烙印。

四　结语

根据前述我们可以做如下结语。

首先，大学的宗旨在于服务，在于为学生提供若干可以选择的机会或者权利，而且是提供平等的选择机会。在这里，它不是体现权力的地方，学生、老师两者都不应该被安排。

其次，法学院不仅应在培养学生专业技能方面、专业知识方面表现出与学校层面不同的特色，还要拥有与其他法学院在培养学生规格方面的不同特色。只有具有这种特色，法学院法学教育的魅力和力量才得以体现。

① 关于法官在处置一些案件时，其心理的下意识会发生间接作用的分析请参见〔美〕卡多佐《司法过程的性质》，苏力译，商务印书馆，2003，第105~112页。

第九章　叙说法学院的“风景”

——解读苏力的《走不出的风景》

一　提出问题：如何解读中国法学院？

法学院是法学教育的重要场域①。但是，中国法学者对法学教育的研究却很少将目光投到法学院这一对象，他们要么进入教学、课程设置等细节问题②，要么进入一个宏观视野（即研究法学教育背后运行的教育体制），要么进入法律职业的思考③，要么进入实证研究，要么对美国等国外法学教育制度做介绍和思考④。

即使在那些对法学院进行研究的文献中，研究民国时期的法学院（如

① 在今日中国，法学教育一般都在法学院进行，要么是在综合性大学的法学院，要么就是在政法大学（如果是政法大学，则可能又有单独的法学院与其他学院，如民商法学院、刑事法学院等，也即这些学校虽然名为政法大学，却已经成为综合性大学，至少是文科性的综合性大学），或者在法律系与其他系（如中文系或者政治系等）一起组成的法政学院或者人文学院。

② 这个问题现在好像不是一个问题了，我不是说中国现行课程、教学计划完美无缺，或者说中国学者已经达成共识了，而是说现在大家不讨论这个问题了。这个问题在20世纪90年代中期讨论比较多，孙晓楼的《法学教育》、贺卫方主编的《中国法律教育之路》等著作对此有所体现。

③ 这两者其实是一体的，中国法学界比较重要的法学文献都是由它们组成的，如方流芳、朱苏力等学者的深刻思考。

④ 如陈绪刚对美国案例教学法的介绍，对此的详细分析请参见陈绪刚《“朗道尔革命”——美国法律教育的转型》，载《北大法律评论》2009年第10卷第1辑。

东吴大学法学院）为其大宗[①]，而对当代法学院进行研究的论文和专著非常少，即使有也往往关注法学院的历史，常常在法学院或者政法大学某某周年时整理和出版，不是对法学院本身做深入思考和研究。

随着中国与西方社会的交往越来越多，中国的法学学生到其他国家法学院学习的机会也越来越多。有的法学学生将自己在这些法学院读书的经历以随笔的方式表达出来，如冯建妹的《耶鲁精神——感受耶鲁大学及其法学院》、爱岑的《美国常春藤上的中国蜗牛——美国法学院求学记》[②]。在笔者看来，此类著作与其说是对法学院的一种研究，倒不如说是相关文献，为我们观察美国法学教育体制提供了一些有用的资料（甚至可能属于非常重要的资料），为我们思考法学教育提供了一些体悟和若干洞见[③]。

简而言之，作为法学教育的重要场合的法学院，很少受到法学教育研究的重视，而且即使有一些研究涉及，也往往没有一个全方面的描绘和思考，更没有以学术性视角对法学院的法学教育问题做系统考察和研究（更多以感性认识的方式表达）。进而言之，从法学院视角观察中国法学教育的文献、研究非常缺乏，从该视角展开研究可以丰富法学教育研究（其实，我们更需要全面的观察视角以更深入思考中国法学教育）。

2011 年 4 月，苏力新著《走不出的风景——大学里的致辞以及修辞》[④]（以下简称《走》）一书为我们观察法学院提供了一个新的视角，虽然本书是作者以法学院院长身份在各种场合致辞的集合（大致包括法学院的新生

---

① 如康雅信《培养中国的近代法律家：东吴大学法学院》，载贺卫方主编《中国法律教育之路》，中国政法大学出版社，1997；孙伟《近代中国最著名的法学院——东吴法学院之研究》，载《江西社会科学》2010 年第 11 期。

② 到目前为止，根据笔者掌握的资料，还没有多少关于外国法学院研究的论文，更没有这方面的专著，而且翻译为中文的专著也没有。笔者收集到一位哈佛法学院学生理查德·卡伦伯格把自己的求学过程写成一本书，即《毁约：哈佛法学院亲历记》（胡正勇译，世界知识出版社，2003），不过这也不是对法学院本身研究的专著。

③ 对此的详细分析，可以参见蒋志如《美国大学、法学院与中国大学法学院——读〈耶鲁精神——感受耶鲁大学及其法学院〉》，载《中山大学法律评论》第八卷第 1 辑，法律出版社，2010，第 388 ~ 403 页。

④ 苏力：《走不出的风景——大学里的致辞以及修辞》，北京大学出版社，2011。

入学、学生毕业致辞，在其他法学院的致辞，在其他场合以法学院院长身份的致辞)。根据笔者收集的资料，截至2011年，以法学院院长这个身份从事的各种活动并以文字固定的专著非常少，这是第一本。而大多数的研究者没有机会担任该职务，也很难有充分机会收集到关于法学院的资料，或许这也是我们无法对法学院进行充分研究的原因之一。

本章拟以《走》一书提供的资料、视角为考察对象，初步分析中国法学院的情况，从而展示法学教育中的法学院角色问题，分为以下几个方面。首先，分析从法学院院长的视角可以看到哪些“风景”。作为法学院院长，他们与“风景”本身呈现复杂关系。其次，通过展示《走》一书的逻辑结构（当然，这可能是笔者自己构建的逻辑结构)，展示作为法学院“风景”之一的学术问题（特别是法学学术创新问题)。

当然，不可否认，这种展示是不充分的[①]，一是由于资料问题（作为外人一般无法洞悉法学院行政领导的角色)；二是由于本章内容之主旨在于解读该书给笔者带来的一些思考；三是由于《走》一书是第一本在这方面的思考，还无法充分展示中国法学院的整体“风景”；四是由于作者所处的法学院是北京大学法学院，属于中国顶级法学院之一，或许不能作为思考中国法学院整体运行情况的范本。

二　法学院“风景”之法学学生

在法学院，第一道风景，也是最亮丽的风景就是学生。这就是我们常常说的“以学生为主体，教师为主导”。在中国语境，却变成了这样一种景象：在学生层面，只有“体”，却少了“主”；在教师层面，尽有“主”，却缺乏“导[②]”。《走》

---

① 其实，对之进行充分展示也不是本章的主旨，而是想以苏力这本著作所表达的某些思考作为我们思考中国法学教育的新视野。或许，在资料、思考更为成熟时，笔者会对之做进一步研究。

② 对此的详细分析，请参见蒋志如《美国大学、法学院与中国大学法学院——读〈耶鲁精神——感受耶鲁大学及其法学院〉》，载《中山大学法律评论》第八卷第1辑，法律出版社，2010，第388～403页。

一书也体现了学生这道亮丽的风景，正如作者在“自序”中所言：“我将此书献给北大法学院的毕业生和同学们，因为你们，我有了责任、热情和坚持[①]。”在苏力眼里[②]，学生这道风景在法学院这个场域中应该是下文这种形象。

首先，对刚刚入学的法学学生的要求，也是他们在大学四年中应该完成的任务。

第一，要求他们“迎接挑战”，包括三个层面：学会接受失败、在竞争中把握和发展自己、法律职业者的责任和纪律。第二，在迎接挑战中“发现你的热爱”。但是，这一热爱不是凭空产生的，只有多学习常识、法律、其他专业知识，在社会中多经历方能发现自己所爱。第三，如果要刻苦的话，则必须让自己成为学习、思考的主角，从而最终将自己接受的法学教育真正转变为一种现代化的训练，因为大学就是一个现代化的组织机构。第四，在接受这一现代化训练时，更应该具备诚信这种职业伦理，学会合作、竞争、妥协、创造和分享，从而“……听见阳光的碰撞”。第五，最终成为一个具备现代精神的国家公民，甚至应该成为杰出公民。这不仅是权利，更是义务。

简而言之，新生必须接受挑战，而且要在挑战中发现自己的热爱。要实现这一目标则必须辛勤努力和付出，并在这个过程中学会团结、合作、妥协等现代社会的公民精神。因此，大学——借用苏力的话来说——“更是播种的季节”！

上述致辞虽然只是对北大法学院新生的致辞，但这些要求何尝不是对所有法学院学生的基本要求，毕竟法律职业是精英的职业，不是一般意义上的职业[③]。苏力面对的毕竟是中国顶级法学院的学生，对他们应当提出不一样的

---

① 苏力：《走不出的风景——大学里的致辞以及修辞》，北京大学出版社，2011，“自序”，第Ⅲ页。

② 在这里，作者不是以教师身份对学生进行观察，而是法学院院长身份思考学生形象。在这时，他面对的不是具体的学生，而是刚刚入学的大学新生和即将毕业的大学生，可以说是“徘徊于新生与毕业生之间”，刚刚送走了毕业生，马上就迎新。

③ 对此的详细分析，请参见蒋志如《法律的职业是一个精英的职业!?》，载北大法律信息网，http://article.chinalawinfo.com/Article_Detail.asp?ArticleID=49947&Type=mod，最后登录时间：2011年5月26日。

要求，具体描绘如下。

第一，“第一个梦想成真”。在当下中国，能够进入北京大学法学院学习无疑是一件值得高兴的事情，因为它是中国最好的法学院之一，是高三学生梦寐以求的理想。但是，对于梦想成真的法学学生而言，不仅应该学习理论知识、在课堂上学习，更要在社会中学习、在实践中学习，成为一个头脑冷静、富有想象力的法律人。第二，“这里是北大法学院”，它要求你必须有创造力、想象力，更要求你大气，超越法律，在尊重老师、尊重传统中，只有超越前辈方能推进中国学术创新。第三，北大学生必须要有高度的责任感。在当下社会，我们有机会进行选择，还可以进行多项选择。在这时，法学学生的选择就意味着一种责任的承担，因为你“选择北大”了。第四，即使达到这些要求，也未必保证一定成功。因为成功是一个概率性事件，北大毕业生只是成功的概率比较大而已，但不直接代表成功，除非自己努力。而且即使努力也不是一定能成功，还有就是成功也未必就一定能得到他人的认同！

简而言之，对北大法学学生而言，要求更多，要求他们大气、有想象力、有超越前人的信心和理想，但同时要求有平常心，因为在这里不一定都能成功。

其次，对毕业生而言，则只有祝福和谆谆告诫。虽然对于法学本科学生而言，他们需要四年学习、获得相关成绩和通过学位论文方能毕业，但对于法学院院长苏力而言，他的“迎新”和“毕业”则只有两个多月的时间。因此，从苏力对毕业生的致辞与对新生的致辞中肯定能找到某些关联的信息或者思考，如我们刚才分析到的即使北大学生也必须有一颗平常心，因为在北大学习四年不一定保证成功——这不仅仅是一种要求，更是一种告诫，作为毕业典礼上的致辞同样合适。

因此，我们对苏力以院长身份做的第一场毕业典礼致辞《你我都如流水》的理解，如果结合“迎新”情况则变得更有“逻辑”了，即从这里开始解读苏力对即将步入社会的毕业生形象的描绘。作为老师，学生毕业属于平常之事，对于学生而言则属于大事，既是一个结束，更是一个开始。在这时，作为院长（更作为一名老师）从自己的立场让学生体悟到即使是北大法律系学生也像流水般平凡，而且教员也是，留下的只有北大！

当学生理解和体悟到这一点时，就更能体悟到《走不出的风景》的寓意，或许可以这样详细描述：虽然现在是学生，最终都会逐步担任其他角色，如父母、老师或从事其他职业等。这些角色一起构成了人生的风景，如果这样的话，的确是走不出的风景，因为你的意义将由它们赋予。

当我们能够保持平常之心，努力理解风景（虽然走不出，其实也不需要走出），则相信这一点，即虽然我们还需要面对各种各样的挑战和困难，而且我们的理想需要成果证明，但距离成为有出息的孩子已经不远了。

简言之，上述描述大致可以归入对即将毕业的学生在社会中如何定位的思考，应该是毕业后应该知道的第一步。

但是，这还不够。他们还需要明白这么一个现象，即使你成为有出息的孩子，他人如何看待你也是一个问题，即无法期待他人对自己有充分理解，它需要自己长期努力以改变和提升自己的形象。正如作者原话所说“……暴露了我们曾有过非常不切实际的期待……[①]”

正因为如此，即在从平凡到成功的过程中，就有了第三步，即对毕业生在融入社会过程中的若干告诫[②]：在毕业后，作为一名社会人必须有爱、有爱心；更应当知道在社会中虽然我们没有公平的起点，但生活不是一场竞赛；不过，每一位还需要清楚，“社会不会等待你成长”，因为它与学校不一样，如果说学校是一种“贤人政治”，市场则是“平民政治”，强调现货交易；而且你也更可能在“走出校园”后必须接受刘德华主张的“残酷教育”，这是学校不可能有的教育。

经历这些之后，或许你会成功，会成为有出息的孩子；但是也还是要

① 苏力：《走不出的风景——大学里的致辞以及修辞》，北京大学出版社，2011，第68页。

② 其实，严格说来，在前面的对毕业生的这些要求同样是一种告诫。对于毕业生来说，已经完成大学的基本任务，不需要再提出大学时期的任务，而是需要以自己的经历、观察和思考为这些毕业生提供一些在将来日子里如何看待自己、如何看待他人对自己的评价的方法，以及一些特殊的注意事项。这些都应该属于告诫的范畴。

学会“悠着点”的精神：在今天充满诱惑但制约不够的世界，我们还得保持一种德性，有一种荣辱感，拒绝一种机会主义的行为方式；同时，还得有责任感，并且必须坚持“责任高于爱”。只有做到这两点方能在成功之时不会滥用自己的才华——其实，更可能拥有在机会中不滥用权力的德行。

综上所述，在新生与毕业生之间，特别是针对北大学生而言，苏力所描绘的法学学生的形象逐渐清晰。从输入角度看，在接受法学教育期间，需要努力、挑战、热爱、心胸开阔、大气，同时也需要有平常心。从输出角度看，在毕业后面对社会时，更要有平常心。如果成功，则需要有德行、有责任地不滥用自己的才华。简而言之，（北大法学院）法学学生不仅仅要有法律技能（作为最低要求），更要有德行、责任感（作为较高要求），方能以自己的行为推进中国的法治实践①。进而言之，作为未来的法律人、作为北大法学生，应该达到这么一种要求——法律来自生活（因为它是世俗的事业），但高于生活（律师以保守主义的姿态作为社会的守护者）。

三　法学院“风景”之学术

法学院院长的职务在法学院这个场域中处于最重要的位置，因此他不仅仅要面对学生的要求②，更需要面对教师的学术问题（这对正在向研究型大学进发的中国大学来说，无疑已成为不亚于本科生教学的问题）。除此之外，他还需要与其他法学院交往（至少法学院院长很难避免这类事务，而且这也应该是一种有益的事务，只有通过学习方能知道自己需要什么，

① 实际上这一点，还可以参考其他文献，如何美欢《论当代中国的普通法教育》，中国政法大学出版社，2005；蒋志如《评〈论当代中国的普通法教育〉》，载《清华法学》2010年第5期。

② 当然，如果从教育的目的看，学生无疑应该受到最重要的对待，但肯定不需要院长天天面对这些学生。在这个方面，最重要的事情可能就是为教师的教学、专业讲座、学生的学习提供最优质的行政性服务。

方能提高自己的能力和水平)，需要在与其他大学法学院的交往或者比较中明确本院在法学教育方面的定位（因为无论如何，中国法学院之间的竞争已经展开，并有些愈演愈烈的趋势)，最后才能在周年庆等喜庆日子述说法学院的另一道风景，即法学院的辉煌成就和对美好未来的展望。这是本章拟分析的三道风景，也是《走》一书“废弃的石头”卷的主要内容。

虽然中国法学学术状况相对于改革开放之前已取得巨大成就，但出现的问题也逐渐成为共识，即中国学术抄袭严重，学术论文重复更为严重。因此，中国法学学术需要走出这个困境[①]。

这个问题，对于既作为法学院的管理者，也作为一名学者的苏力来说是一种什么样的形象呢？或许以他在《走》一书中的几篇文章可以勾勒出一个大致的轮廓：第一个层面，法学学术必须创新，但要做到学术创新，则至少应做到第二个层面，即展开学术批评。

展开真正的学术批评，要尊重、传承学术前辈，更要超越学术前辈，以实现法学的发展。同时，在学术批评过程中，学者们不能将一些问题特别是学术性问题泛道德化、泛政治化，要爱惜自己的羽毛，珍爱自己的、大家的学术事业。而上述仅仅是一些“指导性”意见，还需要扎根中国法治实践，为中国当下的法治实践提供解释。因为法律是世俗的，也是地方性的，很难超出国家范围，法学在提供解释时不仅需要观察，还需要想象力、创造力，即使失败，也正如作者所说，“我情愿做一块被废弃的石头，以个人的失败为这个民族的成功奠基[②]”。在进入中国法治建设实践时，法学者们除了真正参与（如立法）之外，还应当参加法律援助，与律师事务所的律师们交流和互动无疑也是非常重要的形式。

---

① 其实，这一点，苏力用自己的行动至少在该书上就已经做到这一点，对此笔者还会在后面详细分析，即对该书第三编中对致辞与修辞之间的学术思考问题的评价。但是，在笔者看来，苏力的这种贡献（包括与其他贡献一起）的确非常重要，不过如果将其嵌在中国这个大背景下看则显得前景黯淡（对此的详细分析，请参见蒋志如《中国法学学术研究的“50岁现象”分析》，载《安徽大学法律评论》2010年第1辑）。

② 苏力：《走不出的风景——大学里的致辞以及修辞》，北京大学出版社，2011，第144页。

但是，仅仅局限于法学领域肯定无法创新，必须扩展法学的视野，将其他学科纳入思考。因此，在《走》中我们看到了最需要想象力的学科——艺术学科。当法学与艺术相结合，法学能够学习艺术的想象力时，法学也就变成了“多汁的人生”①。当然在《走》一书中，苏力还提及其他学科，如经济学学科，因为法学不仅需要想象力、创造力（这些可能还没有充分成熟），更需要成熟理论、经验事实支撑，而这一点经济学能够提供。虽然苏力在该书中并没有提及更多的学科，但扩展法学视野肯定不限于这两个视角，如社会学、心理学等学科对法学的滋润，苏力自己在思考法学问题时也不会仅用这两个学科的知识②。

只有通过这个层面，方能抵达第三个层面，即“凝聚法治共识”。我们更应当在关注热点时凝聚一种关于法治的共识。只有在这种共识的基础上才能更顺畅地推进、解释中国法治实践，进而形成关于中国法治共识的理论、知识，在与西方交流和对话的过程中，中西之间才可能产生知识互惠，而不是知识征服。因为依据福柯的观点，知识本来就是网络化权力的表现形式之一，能够达到控制和规训的目的③。

四　法学院“风景”之法学教育

在社会分工非常细致的今天，法学学术人几乎都经历了法学院教育，都曾经是法学学生。因此，法学教育的质量和效果在很大程度上决定了学生的

① 当然，苏力还提及了法学与艺术之间关系的另一面，法学、法律能否为艺术提供自己的贡献。当然最低层面的贡献就是为艺术提供知识产权的保护，不过苏力认为这很难（请参见苏力《走不出的风景——大学里的致辞以及修辞》，北京大学出版社，2011，第159~162页）。

② 如苏力运用尼采、福柯的知识从事的法学研究，如对社会契约的知识考古思考（具体分析请参见苏力《阅读秩序》，山东教育出版社，1999，第232~274页）；还有将法学与文学的结合形成的专著《法律与文学——以中国传统戏剧为材料》（生活·读书·新知三联书店，2006）。

③ 对此的详细分析，请参见高宣扬《后现代论》，中国人民大学出版社，2010，第316~322页。

出口，也就在很大程度上决定了法学学术的准入水平[①]。进而言之，法学院中的前述两道风景的情况最终要求我们关注法学教育。作为北大法学院院长的苏力，肯定不可能对此问题保持沉默[②]。

其一，法学教育本身。苏力描绘了中国法学教育的两个基本任务，一是培养合格的法律人，二是为中国法治建设提供学术知识上的正当性。这两个任务能否实现、在什么程度上实现，可以通过法学院提供的产品观察，即观察法学院培养的法律人、政治家和法律文化，用原文表达，即“为国家提供法律制度和思想，对国家和民族的未来发展起长久作用，并成为这个民族的文化财富的一部分[③]”。而且这些产品不能只是法学学历而已，还应该是这些（职业者）人具备的能力，具备的“学习、增长自己理解、分析和行动的能力[④]”。还有一个需要注意的问题，即法学教育与通识教育的关系，后者主要是以培养能力为中心的通识教育（即培养观察、分析和理解问题的能力），而非培养“小资”意义上的“博雅教育”。

其二，与法学教育相关的行政管理。法学教育从来就不只是一个教育问题，还涉及（法学）教育中的行政管理问题，即法学院的行政管理事项对教学的支撑功能，正如学者冯象引用一位老人的话“‘大学去行政化’的口号不对。教学、科研哪儿不要高效的行政服务?”[⑤]。苏力在《法学院的管

---

① 对此的详细分析，请参见蒋志如《试论中国法学学术的门槛》，待刊稿。在这里，笔者分析认为中国法学教育的现状和体制决定了中国学术的准入非常低，很多人都可以做学问，导致中国当下所谓的法学学术人过剩，也导致了当下的学术低水平重复和学术论文发表的不公平竞争。

② 其实，苏力对法学教育问题的思考不仅仅有这些致辞，更有其他关于法学教育的专业论文，如《法学本科教育的研究和思考》（《比较法研究》1996 年第 2 期）、《美国的法学教育和研究》（《南京大学法律评论》1996 年春季号）、《当代中国法学教育的挑战与机遇》（《法学》2006 年第 2 期）、《法官素质与法学院的教育》（《法商研究》2004 年第 3 期）、《中国法律技能教育的制度分析》（《法学家》2006 年第 2 期）等（对此，笔者也有专文分析，请参见蒋志如《浅析苏力法学教育思想》，待刊稿）。

③ 苏力：《走不出的风景——大学里的致辞以及修辞》，北京大学出版社，2011，第 202 页。

④ 苏力：《走不出的风景——大学里的致辞以及修辞》，北京大学出版社，2011，第 215 页。

⑤ 冯象：《Re：致辞与山寨——序〈走不出的风景〉》，载法学创新网，http：//www.lawinnovation.com/html/bwgs/4203868228.shtml，最后登录时间：2011 年 5 月 28 日。

理》一文中也对该问题做了分析，认为应当全面认识：一方面，必须将科研教学人员与行政人员专业化，不仅提高前者地位，还要提高行政人员的地位和尊严（因为他们是为大家服务的）；另一方面，行政管理改革（特别是其中的深层问题）总会遇到很多问题，这些问题会导致利益的摩擦，如果能够将摩擦限制在推动法学院发展的框架内就属于正常现象。

在法学院中，当学生、学术能够通过法学教育这个关键要素非常有力地串起来的时候，这三道风景共同呈现出来的必将是非常美、质量非常高的画面。这也就形成了在法学院的第四道风景，即法学院周年庆，而这道风景往往是法学院院长们（或者副院长）作为主角。他们在法学院周年庆上叙述、描绘或赞美着法学院的辉煌和光明的未来，如果没有前述的风景作为基础，即使有周年庆的活动但也可能太寒碜。但是，无论如何，这几所法学院所不会出现这一窘境，以北大法学院、中国社科院法学所、清华大学法学院为例。

第一，北大法学院已经有 100 多年的历史，它本身的历史就是中国法学教育的一个缩影，在 2004 年建院 100 周年之际，其百年历史无论如何都值得北大法学院甚至中国教育部门梳理和反思。由于它在中国大学中的地位，赞美与期待的日子即是历史，或者周庆年本身就是历史，同时还应该时刻铭记北大法学院的承诺！第二，中国社会科学院法学研究所的辉煌，主要表现为参与人治与法治等讨论、参与国家立法（或许还应该提及它培养的人才）。这不仅是历史，更是法学教育思想史的流淌，不能否认、不能假设。第三，清华大学法学院。看似“年轻”的法学院却有悠久的历史（1929 年成立），而且很快就成为有竞争力的法学院，无论如何都会对中国法学教育、法学院竞争产生影响，更是对中国法学教育发展史中的一种现象（即清华大学与北京大学如何“血脉相溶”，更为确切地说就是 1950 年代教育改革）的另类说明。

如果要对法学院的风景进行总结，那就是最后一道风景不仅有法学院教师参加，更有其他法学院甚至其他学院的院长、杰出校友们参加，从而见证前面三道风景的结晶。但是，只是在这个场合、在今天中国语境，它们还有些不太协调，更为确切地说可能会出现最后一道风景掩盖前面三道风景的现象，而不是对前三道风景的见证。

五 苏力与“风景”：《走不出的风景》的学术创新

前文旨在呈现、分析和描绘法学院的风景，并以苏力《走不出的风景》一书为例叙述法学院的四道风景，并对法学院四道风景的内在关系做出初步梳理。但是，苏力作为北京大学法学院院长，作为中国当前非常重要的学者，更作为一名教师，这种“三位一体”的身份与法学院的风景本身有什么关系，有什么值得思考和反思的地方？

这就是本章以下部分拟分析的内容，在这一部分，笔者主要思考苏力与法学院中学术风景之间的关系，在下一部分则分析苏力与法学院行政管理、教育方面的风景之间的关系。让我们从《走》一书的第三编“致辞与修辞”说起。这一部分有两篇文章，都属于学术性的长篇论文，但与《走》一书前两编有密切关系。正因为前两编的“所作所为”，即在各种各样的场合下的致辞才有第三编的结果，即对致辞的学术性思考和反思。在《大学里的致辞——修辞学的或反思社会学的视角》[①] 一文中，苏力就结合自己的致辞经历（即担任北京大学法学院院长 10 年里在各种必要场合的致辞）以大学里的致辞为讨论对象，从修辞学和社会学的角度对致辞过程中的各种参与因素，如受众、致辞者、话题、（关于交流的经验）具体与超越、聆听和阅读、现场表达等做了全景式剖析。这一分析和思考，让我们看到了致辞这一具体场景下的参与者和（同时也可能是）思考者，他们在致辞的文本和话语的复杂互动中形成了既具有封闭性，又具开放性的致辞景象。这一景象至少在法学界很少看到，或许还可以说也很少有人注意到这个问题，虽然中国的法学院院长很多。

---

① 苏力：《走不出的风景——大学里的致辞以及修辞》，北京大学出版社，2011，第 225 ~ 265 页。

第九章
叙说法学院的“风景”

在第二篇文章《修辞学的政法家门》[①] 中，作者讨论的话题就没有停留在“致辞与修辞”这个场景本身，而是延伸到了修辞的法理学问题。前文对修辞的分析，不仅适合大学生群体，也适合社会领域，特别是政治领域和法律、司法领域，修辞从而成为一种实践理性。从政治层面来说，政治家在修辞上会花很多功夫以更好地说服听众，从而推动自己的政策、法案有效铺开。如果从法律、司法层面来说，也有修辞的出现，虽然存在的空间范围不大。但在修辞的作用下，政治、司法虽然在保守主义的氛围下仍然可能推动社会变革和发展[②]。

从上面的描绘中，我们可以看到致辞（空间）、修辞、法律和法理（政治与法律）存在密切联系，并对其进行持续思考。笔者将从两个方面分析。

首先，从法学学术领域看。如果将这本书归属到随笔范畴（其实不完全是，它是致辞），这方面的著作也非常多[③]。这类著作，主要用于展示自己在做学问过程中产生的感悟和思考，主要关注自己的专业领域。但是，苏力的这本《走》相反，从他自己的行为实践、致辞的体验，再到学术思考这些行为本身（当然主要是自己的行为）入手，不仅要在修辞学（社会学）领域思考，更要到“职是之故”的法律专业领域深化——很符合英国经验主义的思考方式。从这一点看（即从第一编、第二编与第三编的逻辑关系看），苏力的这本著作很有创新性[④]。

其次，《走》一书更是一部以职务为基础的作品，是苏力担任北京大学

---

① 苏力：《走不出的风景——大学里的致辞以及修辞》，北京大学出版社，2011，第 266～294 页。

② 比如，玛莎·努斯鲍姆认为美国联邦第七巡回区上诉法官波斯纳在玛丽·卡尔诉通用汽车公司艾莉森燃气轮机分公司一案时，就用文学的修辞方法描绘该案例的发生过程，对该案的性骚扰的认定担任了很重要的角色（具体分析，请参见〔美〕玛莎·努斯鲍姆《诗性正义——文学想象与公共生活》，丁晓东译，北京大学出版社，2010，第 149～158 页）。

③ 比如说中国法制出版社曾出版一套丛书《法窗夜话系列》，如龙宗智的《上帝怎样审判》、郝铁川的《法治随想录》、徐国栋的《西口闲笔》、刘星的《古律寻义——中国法律文化漫谈》，等等。

④ 读者诸君请注意，笔者在这里不是想比较苏力的思考和分析在思想和理论上与其他人有高下之分，而是表达苏力在处理自己与风景的关系时与其他人有不一样的地方，这是一种创新，而且肯定是一种创新。

法学院院长10年的产物。在中国当下“学而优则仕”的语境下（其实也是中国社会的传统），法学院院长在很大程度上又可以归属于学者的范围。作为法学者则主要思考专业领域里的学术问题，而行政管理与专业学术还是有很大区别的，而且在中国现有框架下，行政人员很少有意愿把行政管理的体悟和感受表达出来，并以学术形式展示。但是正如对中国社科院法学研究所的评价一样“必须懂得，思考允许假设，历史却不容许假设；说到底，这是在他们手中完成的”[①]，在这里，苏力是国内第一个（从现有资料看）能够将学术、行政职务紧密结合的学者。从这个角度看，该书也非常有创新性。

当我们可以判断《走》一书展示出非常高的创新性时[②]，还应该关注这样一个问题，即这种创新性的源泉在哪里？在我看来，创新的源泉在于如何处置人与风景的关系，下文结合该书再具体言之。

首先，通识教育。在这里笔者非常赞成苏力对其的界定，即通识教育不是“小资”意义上的“博雅教育”，而是能力教育下的通识教育。只有具备这些知识，方能真正对社会拥有一种常识性的把握和理解，更确切地说，即苏力在第一编常常提及的法学之外的各门学科（如经济学、社会学、哲学、心理学等）。有了这些常识性知识，在遇到问题时，就能激活接受通识教育期间积累的该方面知识。如果苏力如果没有对文学知识的热爱、没有关于修辞的一些常识，他可能没有动力甚至可能觉得没有必要去思考修辞与致辞的深层次问题，特别是这些问题背后的学术问题，或许《走》一书的第三编内容就不可能产生。

其次，专业知识。在中国语境下，这好像不成问题，不过仅仅是好像而已，在现实生活中恰好相反：由于中国法学教育侧重于专业理论知识（这其实只是专业知识之一而已），缺乏案例教学、社会生活阅历（如果与英国、美国的案例教学法比较则更缺乏），法学学生非常缺乏专业知识、实践

① 苏力：《走不出的风景——大学里的致辞以及修辞》，北京大学出版社，2011，第107页。

② 其实，上述两点也展示笔者对学术创新的一点思考，具体分析请参见蒋志如《从业余到专业的追求》，待刊稿。

经验①。缺乏这些知识就表明他们没有机会进入该领域的前沿，甚至连常识都不清楚，进而不可能将通识教育下的知识与法学专业知识很好地结合起来，常常出现“两张皮”现象。

最后，实践和思考。没有机会实践，只看教科书上的知识，可能会出现的现象、结果是所有的“真理”都已写好，已毋庸置疑，但是一旦进入法治、司法实践，就会发现问题而且可能是诸多深层次问题，这些问题会质疑、反驳理论，更会质疑教材中叙述的真理。质疑就是一种思考，只有思考、再思考方能系统性地、全面地反思既有“真理”。但是，一旦这样，人与风景就会真正相互渗透、相互影响，从而可能“走不出风景”，但更可能实现（学术）创新。根据苏力的求学经历②，再根据笔者在前面的分析，可以看到苏力的确具备创新的条件和能力。此时此刻，正如苏力自己在“自序”中所言，“即使说话，长期努力，也会超越‘解释世界’，异化为‘改造世界’”③。当然，在很大程度上，苏力也将自己融入法学院的风景，也把风景成为自己的一部分，人与风景不再分。因此，此时又何必走出风景呢?!

有人认为，从政就不能做学问，从政的话，学问必将受到影响，因为这是两套相互冲突的逻辑。如果从上述分析看，或许应该这么说，谁说从政就不能做学问？苏力的行为和著作已经做了答复。

六　结语：苏力所描绘的风景中的缺憾

通过考察苏力《走》一书，笔者发现该书也存在一些缺点，即苏力所

① 在我看来，中国当下很多法学学生既不知道具体法律条文，更不知道案例，更没有能力分析案例，特别是依据一定的方法分析案例。虽然专业知识不仅仅表现为这些方面，还有理论知识。如果我们将中国的法学教育与普通法教育相比就可以知道我们的学生对专业知识掌握不足，即使是大陆法系的德法两国也有专门的实习时间（1 年或者更多），从而使学生具备充分的专业知识，中国的法律实习却有名无实（对此的详细分析，请参见蒋志如《何去何从的中国诊所法律教育》，载《安徽大学法律评论》2011 年第 1 期）。

② 对此的整理和思考，可以参见蒋志如《试论苏力的法治本土资源论的形成》，待刊稿。

③ 苏力：《走不出的风景——大学里的致辞以及修辞》，北京大学出版社，2011，“自序”，第Ⅱ页。

描绘的关于法学院的风景中缺少一道风景，即从事教学的老师。虽然在《走》所叙述的风景中有从事学术的老师（在分工如此细密的今天，如果具体到中国语境，学者几乎都在体制内，大部分都承担教学任务）。

作为法学院院长，他们接触法学院的老师是一种常规事务，也必将以院长角色针对从事教学的教师发表各种讲话或致辞（由于是常规事务，与一年一度的开学典礼、毕业典礼，还有偶尔出席的其他场合相比显得更多，特别是对担任多年院长职务的苏力来说更应如是）。但是，我们在该书阅读不到这部分内容，是作者无意展示，还是这方面内容实际不存在，不得而知。

但是，无论是基于何种原因的忽略，这都表明教学老师这一角色在法学院整个风景中不重要。如果这可以成立的话，苏力在致辞中所表达的对学生的要求和期望又如何实现？因为无论如何，苏力对于大多数学生而言就只能见到两次（迎新与毕业），而老师则天天接触学生，如果没有非常有力的贯彻（当然不排除教师在教学中的创新），所有的理想与德行都只是镜中花水中月而已。否则，“致辞和修辞”也只对苏力有意义，中国法学教育未必能够推进，没有后来者，前者的一切努力也必定会被风沙湮没！

第十章　调研报告：西南科技大学法学院法律学徒社读书会情况[①]

一　缘起与问题

2011 年 6 月，笔者从四川大学法学院博士毕业，博士学位论文与法学教育有关[②]，对培养法学学生的方式有一些感悟和思考。到西南科技大学法学院报到后，笔者从事刑事诉讼法学、证据法学教学，兼任本科生导师。担任导师伊始仅带五名大一法学院学生[③]，随着时间的推移，渐次将一些研究法学教育的感性想法和思考付诸辅导学生读书活动，由此，开启了本来是偶尔私下带领学生读书的活动，经过几年发展形成了制度性的读书活动，并于 2014 年成立法律学徒社[④]。到笔者写作此章时，法律学徒社运作已两年有余，可以

---

① 本文系西南科技大学教改项目《卓越法律人才培养模式改革与创新研究——以法律学徒社为例》(项目编号:17xn0009)阶段性成果。

② 笔者博士毕业论文为《法律职业与法学教育之张力问题研究》，已由法律出版社于 2012 年出版，该书获得第三届“中国法学教育研究成果奖”三等奖。

③ 这是西南科技大学运行得非常好的一种指导学生的制度。任何学院的学生，首先有辅导员（一般一名辅导员带领一个年级的学生），同时配备本科导师，由学院老师每人负责 3～5 名学生，4 年则有 12～20 名学生（笔者 2011 年带 5 名学生，2012 年带 3 名学生，2013 年带 4 名学生，2014 年带 3 名学生，2015 年带 12 名学生，2016 年带 5 名学生，共有 32 名，在校有 24 名学生，同时还包括自愿跟从的学生十余名）。另外，当时作为副导师，笔者还带了三名法硕研究生，此后每年带 3 名硕士研究生（包括每年 1 名学术性硕士）。

④ 2015 年笔者也申请了西南科技大学教学教改的重点课题《法学学生法律技能的培养——以读书、案例、研讨为中心的考察》（项目编号：15XNZD10），拟对笔者带领的读书活动进行分析和总结，以升华笔者对其的思考和认识。

简单描绘和总结如下。

2011 年，法学院分配 5 名法学学生到笔者名下，包括 4 名女生、1 名男生。到 2015 年 6 月毕业之际，5 名学生的基本情况如下：一名学生因回家复读而退学，另一名转专业到经管学院（学习国际贸易专业），还有一名延期毕业（一名男生），剩下两名学生考研。考研的两名学生中，一名报考南京大学法学院的刑法专业，失败了；另一名报考四川大学法学院宪法与行政法专业。在此期间，笔者为大学二年级学生（即 2010 级法学本科学生）讲授刑事诉讼法学课程，有 3 名学生自愿加入读书团队，到 2014 年毕业时，三名学生均考上研究生，分别是西南政法大学、四川大学和西南民族大学。同样的指导，为什么会出现如此巨大的反差呢？换一种方式追问：一名法学学生，在大学四年应当学习哪些课程？应当如何学习，方能达致培养的规格？进而言之，法学学生能达致对专业知识既有扎实的基础知识，又对某些课程有深入的思考和审视，而不仅仅是对教材之记忆，甚至连教材知识都没有掌握；更确切地说，如果一名学生掌握教材 80% 之知识方能合格，其却只掌握 1% 的知识，再外加熟悉（而非掌握、精熟）若干法律概念是否可以达到毕业水平？是否适合攻读法学硕士研究生①？

2015 年 6 月之后，笔者开始审视和反思这一系列问题。必须说明的是，笔者的这一审视和反思不仅是对这两级所带领学生的反思，还因为从 2011 ~ 2015 年，在带领其他学生时遇到了更多实际需要我思考和处理的情况。因为当第一届学生（包括自愿跟从读书的学生）毕业时（即到 2015 年 6 月），笔者带领学生的人数已达 13 名（名义上应当是 15 名，一名转学、一名退学），还有 10 名自愿跟从的学生，总计达 23 名。而到了 2016 年 12 月，读书团队成员有（不包括已毕业学生）30 名（有 6 名学生自愿跟从）②，并形

① 根据笔者的调研，有的学生大学毕业之时，虽然可以领到本科毕业证、学位证，但其法学基础知识非常差，一些常识、概念都不能掌握，法学毕业论文更是不忍卒读！然而，他们都毕业了，有的同学还一不小心考上了研究生。

② 从 2014 年起，笔者的研究生开始进入团队，参与、引导团队读书，增添了一股新鲜的力量。

成了每两周一次的读书活动，每双周周日 14 点 ~ 18 点在法学院东七 508 会议室举行。与 30 余名学生的近距离接触，在为他们带来机会的同时，也为笔者审视和反思中国法学教育提供了机会，笔者以此为契机进一步思考和反思法学院学生在教学、学生活动、休闲时间关系中的矛盾与冲突。

接下来，笔者将展开对读书活动的详细描绘，在这一描绘的基础上，分析这一读书活动的优点和缺陷，进而思考提升本读书活动、本读书团队之质量的一些因素和要点，并为团队下一步运作总结一些初步的规则。最后，将具体规则形成文本并请学生阅读，再斟酌其中部分规则，最终以此作为本读书团队的行为规则。然而，在做分析之前，我们首先得梳理读书团队对课程的选择问题，亦即根据现有的教学大纲、法学院课程的安排，团队可以选择哪些课程。请看下文的具体分析。

二　法律学徒社辅导课程之选择

中国当下的法学教育发轫于高考恢复（1978 年），第一届法学学生（1978 ~ 1982 年）只是几所学校即西南政法学院、中南政法学院、北京大学等学校招录的学生，数量极少。这一届及其后来的几届学生，早已成为中国法治建设的中坚力量。

但是，他们在当时接受的法学教育、学习的课程却是最初步的法学教育（与当下对照的话），因为当时法学院（法律系）开设的课程并不多，主要有法理、法史、宪法、刑法、刑诉、民法、民诉、婚姻、国际法和国际私法。到了 20 世纪 90 年代中期，增加了民商法、经济法、行政法、行政诉讼法等基础课程，法学的课程体系初步确立①。到了 21 世纪初，法学院的课程体系得到进一步的发展和完善，一名法学学生在本科四年应当修习 50 余门课程，包括近 40 门专业课程。2007 年教育部确定了法学的 16 门课程：法理学、中国法制史、宪法、行政法与行政诉讼法、刑法、刑事诉讼法、民

① 请参见苏力《法学本科教育的研究和思考》，载《比较法研究》1996 年第 2 期。

法、知识产权法、商法、经济法、民事诉讼法、环境法与资源保护法、劳动法与社会保障法、国际法、国际私法、国际经济法。

上述课程是辅导学生的前提条件，但是这没有成为笔者一开始就需要考虑的问题，因为笔者在刚刚作为本科生导师时并无辅导学生课程的想法，也无系统辅导的计划。当辅导学生之事项陆续展开，笔者对学习的课程有了新认识，渐次有了辅导法律学徒社学习的基本课程，具体描绘如下。

（1）新生第一学期，法学院通常只开设一门专业课——法理学。因而辅导学生，主要以法理学为中心，除了教材《法理学》外，逐渐增加博登海默的《法理学》、魏德士的《法理学》等法理学著作和教材，后来增加法学入门的相关读物，如《近距离看美国》（四卷本）。如果从课程安排上看，只有一门专业课法理学。

（2）大一第二学期，法学院开设四门专业课，分别是宪法学、民法学（通常是民法总论）、刑法学（通常是刑法总论）和中国法制史。在每两周一次的辅导（2011 级是每月一次）中，没有时间、精力辅导所有课程，因而在第二学期（最初 3 年），笔者只辅导宪法学。由于民法、刑法是基础课程，在法律学徒社成立后，则以宪法学为主导，辅以民法学或者刑法学和法理学，因而三门课程得到兼顾，中国法制史从来没有进入辅导范围。

（3）大二第一学期（亦为新大一第一学期）。法学院为大二开设的专业课通常有民法学分论、刑法学分论、模拟审判、法律逻辑学、法社会学、刑事诉讼法学、犯罪学、外国法制史、中国法律思想史 9 门专业课。笔者主要辅导刑事诉讼法，这是第一门程序法课程。由于笔者负责刑事诉讼法的讲课，学生可以在课堂上听，兼有新生。第三学期辅导的课程又回到法理学（引导新生学习《法理学》），并辅以民法学、刑法学两门课。简而言之，在第三学期增加一门新课——刑事诉讼法学。

（4）大二第二学期（亦为新大一第二学期）。法学院为大二开设的课程通常有民事诉讼法学、商法学、合同法学、婚姻家庭继承法学、劳动与社会保障法学、法学专业实践、模拟审判 7 门专业课。在这一学期则以宪法学为中心，辅以法理学、民事诉讼法学等课程。因此，大二第二学期增加一门新课——民事诉讼法学。

（5）大三（又来一级大一）。法学院为大三开设的课程通常有行政法与行政诉讼法、担保法学、法律文书写作、会计学原理与会计法、国际法学、经济法学、法医学、公证与律师实务、知识产权法学、国际私法学、国际经济法、法学专业英语12门课程。当学生学习行政法与行政诉讼法时，笔者最初打算辅导，因为在笔者看来，大学生学习应当对7门课（即法理学、宪法、行政法与行政诉讼法、刑法、刑事诉讼法、民法、民事诉讼法）有相当之理解，方可说掌握法学基础课程①。笔者刚着手安排时，根据几年的辅导经验，即发现团队的辅导已不可能顾及这门课，更不要说（法学院安排的）大三其他课程。因而，笔者再次将辅导重心转回到大一的法理学、宪法学学习，并辅之以民法学、刑法学、民事诉讼法学、刑事诉讼法学四门课程。

（6）大四是学生准备考研期间，他们一般不参与读书会。

综上所述，经过几年的实践，法律学徒社学习的基础课程有六门，即法理学、宪法学、民法学、民事诉讼法学、刑法学和刑事诉讼法学。

三　法律学徒社之萌芽、形成

（一）2011年之辅导

1. 基本要求

2011年，笔者开始担任法学院刑事诉讼法学、证据法学等课程的专任教师，同时接受学院指派，带领5名法学本科生（4名女生、1名男性）。他们分别来自四川（2名）、贵州（1名）、安徽（1名）、海南（1名）。另外，2011年为学生讲授刑事诉讼法学，在教学过程中偶然提及辅导本科生之事，即有3名学生（均为四川籍学生，2名女生、1名男生）课后表示欲

---

① 国民党时期，除了法理学外，其他七门课多被制定为法典，俗称《六法全书》，可见其重要性，其他课程均是这些课程的直接或间接延伸。

参加本人辅导的课程，因而在2011年第一学期有8名学生参与辅导，第二学期由于一名学生转专业到其他学院、一名学生退学，最终有6名学生参与辅导。

基本要求：

（1）阅读四大名著，特别是《水浒传》，要求叙述其中与刑事案件有关的案例；

（2）观看中央电视台（CCTV1）之王牌法治节目《今日说法》，一周3~5次；

（3）阅读诸如刘星的《西窗法语》、梁治平的《新波斯人信札》等普通法律读物；

（4）每个月，笔者主讲一次，主要围绕《水浒传》中的法律故事展开。

2. 执行情况

首先，总体情况。对学生提出的要求并未强制执行，仅仅是笔者根据自己对法律、法理、法学之理解而提出的一些学习法律的基本方法和基本要求，希望学生据此展开其法学学习之旅。因为大学生已为成年人，学习应当可以自主，不需要也不应强制。最初，在我看来，学生应当完成上述1~3项要求，但根据笔者后来的抽查和交流，8名学生（后来是6名学生）基本上没有进行该三项活动。就第四项而言，笔者每个月以《水浒传》为范本，为学生讲授案例、法理，但由于每个月只讲授一次，间隔太长，每学期时间有限（一学期4次，一学年8次），无法讲授整部《水浒传》法律故事，只能就一些经典案例，如武松杀嫂、武松杀张都监一家、鲁达杀郑关西等案件展开详细分析。

其次，具体学生学习情况。2011级学生从整体上看，学习效果未达预期，但有些同学比较努力，学习效果超过预期。

（1）2010级学生，一名男生（四川三台人），在笔者讲授刑事诉讼法学时自愿跟随。在前述事项中，阅读四大名著、观看《今日说法》完成了近50%，法律课外读物基本完成（一年大约有10本，除了前述几本外，还有林达的《近距离看美国》书系4本），每次在讲授《水浒传》法律故事时，均能到场，并积极发言。除此之外，根据他欲攻读研究生的学业规划（报考西南政法大学的研究生）和职业规划，笔者建议其集中阅读行政法与行政诉讼法学领域的专著，并阅读每门基础课程各一本专著（如宪法让其精读张千帆教授的《宪法学导论》，法理学阅读博登海默的《法理学》），每两周向笔者汇报其读书情况（笔者根据其读书进度，进一步建议应当继续阅读的书目），经过 3 年努力，其在行政法领域阅读了 20 余本专著和教材，涉及西南政法大学研究生考试（宪法与行政法方向）的基础课程均精读一本。相较于其同班同学，他的专业知识水平、法律思维能力有非常大的提升。在 2014 年考研中，他以高分考取西南政法大学硕士研究生（宪法与行政法方向）。

（2）2010 级学生，一名女生（四川邻水人），自愿跟随读书。在前述四项要求中，除了每月听笔者讲授一次《水浒传》法律故事外，其他三项均没有启动。不过，她每周均利用笔者上课课前或者课后时间，主动谈及专业学习情况，笔者根据其学习法律的偏好，建议阅读王泽鉴之著作（但限于《民法总则》《债法原理》《民法物权》《民法概要》四本），其他课程著作（如博登海默《法理学》、张千帆《宪法学导论》）一本，以精读方式完成。通过三年努力，虽然该学生专业知识并不深厚，相对于法学教育之培养规格而言更是不足，却也在民法、商法方面积累了不少知识，与同级其他同学比较的话，其仍然超出许多。在 2014 年考研中，考取了西南民族大学（民商法方向）研究生①。

（3）2010 级学生，另一名女生（四川雅安人），与第二位学生类似，基本上没有启动前三项活动。第四项活动，即笔者之授课（每月一次讲解《水浒传》法律故事）也缺席不少。该学生之学习可以大致描绘如下：教材之外的专著并无涉猎，指定书目（如魏德士的《法理学》、张千帆的《西方宪政体系》、王泽鉴的《民法总则》）也浅尝辄止，亦即这些书均已购买，

---

① 2014 年该学生报考中山大学民商法方向，以 369 分的成绩通过初试，但在复试中落榜，进而转到西南民族大学法学院攻读民商法硕士研究生。

且阅读了几十页，却没有读完一本，更无一本精读，但对教材之阅读很感兴趣，阅读了考研涉及的课程教材[①]，对笔者指定的一门课一本教材（如张千帆的《宪法学导论》、易延友的《刑事诉讼法》）进行精读。进而言之，该生学习专业之范围限于教材框架，而且主要以考研为中心，其掌握的基础知识扎实，但限于6~7门基础课程。在2014年考研中，以高分考取四川大学法学院（宪法与行政法方向）。

（4）2011级学生，一名女生（四川眉山人）。对笔者提出的三项要求没有展开任何活动，不过笔者的授课，其经常参加。她大一时热衷于校园社团活动，大二时对社团活动热情稍减，却也只停留在阅读教材层次，笔者指定阅读书目一本都没有阅读。在大三下学期决定考研时，集中阅读考研教材（共6门课程）。2015年考研时，以低分飘过考上四川大学法学院研究生（民商法方向）。因此，就其读书情况而言，数量不多（主要指涉专著），教材也只是略熟而已。

3. 一点总结

通过了解2011级和2010级几位学生的辅导和学习情况，可以做出一些总结。总的来说，虽然他们学习效果一般，但也有个别突出之处。

（1）当下学生学习的自觉性差，学习积极性不高。西南科技大学法学专业通常在一本招生，这些大学生的高中基础知识、学习习惯均不错，学习自觉性也高，但到了大学（法学院）学习法学后，他们对专业学习的积极性不高，学习自觉性也差，学习法学的兴趣也弱，基本上不主动联系老师，对法学专业、法律职业也缺乏兴趣[②]，学生安于教师、辅导员对他们的安排。而现实的法学教育中很少有专业教师为他们提供专业咨询和指导，这对于大学生的专业学习而言是致命的伤害。

（2）2011年笔者刚刚博士毕业，对辅导本科生没有经验，对学生的学习

① 笔者在授课（包括辅导自己本科生）之时，常常将中国大学各法学院之情况作为一种知识顺便提及，以有利于打算考研的学生获取信息，并根据自己的情况（英语水平和专业学习情况）做出判断和选择。当然，笔者搜集这些信息也有利于笔者从事法学教育研究。

② 对其中的问题及其解决方案，笔者拟以专文讨论，在此不叙。

状态、四年历程和职业规划缺少关注，对学生之学习自觉性过于自信，进而导致对学生关注不够、引导和强制不够。通过辅导2011级学生（包括2010级学生），笔者形成一个判断：大学生，特别是大一学生需要一名教师对其做出强有力的引导，增强他们对专业的兴趣，渐次形成对专业学习的规划。

（3）在学院分配的学生中主动学习、主动联系老师的较少。而自愿跟随笔者学习的学生，其主动学习、主动联系老师的表现则与分配的学生截然不同，经常主动向笔者报告其学习情况、学习进度，请求指导。通过这一（无意识）对照，笔者认为有如下几点值得观察。

其一，主动学习之学生，辅导，特别是高强度的辅导，对其学习专业知识的效果和专业思维方式的训练有非常好的帮助；没有主动性学习的学生，往往局限于教材，甚至连教材都不熟悉，法学知识非常匮乏。

其二，虽然在考研（初试）问题上，两者的区别并不明显，但两者在打算考研、考研复习、考研复试等问题上的区别非常明显，后者的优势得到充分体现。根据学生的反馈①，接受了辅导且考上研究生的西南科技大学法学院本科生在法学专业知识、专业素养方面表现非常优秀，常常得到复试老师的认同。

其三，辅导学生学习，应当将真正的专业学习、专业素养的培养等事项（即将其作为法律人培养）与考研究生（在中国，这关系到学生的未来前途）这一事项做仔细权衡，以让学生可以更好地安排学习时间、上课时间和闲暇时间。只有对此有很好安排的学生，才可以既深入学习专业、热爱专业，又没有深度学习、娱乐间冲突之困惑。

（二）2012年之辅导

1. 基本要求

2012年，笔者接受学院指派，带法学本科生3名，包括2名女生、1名男

① 笔者带的本科学生，已经有三个年经学生在其他高校攻读研究生，他们在研一时，经常向笔者汇报其攻读研究生的学生学习、专业等情况，对于理解和审视辅导学生读书与研究生学习的关系提供了良好的素材。

性。他们分别来自四川（2名）、贵州（1名）。另外，笔者2012年为2011级学生讲授刑事诉讼法学，有4名学生（1名云南籍学生、1名广西籍学生、1名浙江籍学生、1名四川籍学生）课后欲参加本人辅导的课程，还有1名非法学专业的学生（四川籍）想转专业到法学专业，托人请笔者辅导。因此，2012年第一学期有8名学生参与辅导，持续到本科毕业（2016年6月）。

鉴于积累的辅导经验[①]，笔者修改了基本要求。①重视教材。要求学生阅读教材，阅读学院、学校通用的教材，以更好地掌握法学基础知识，第一学期是张文显教授的《法理学》，同时阅读博登海默的《法理学》[②]。②阅读四大名著，特别是《水浒传》，要求叙述其中与刑事案件有关的案例；阅读刘星《西窗法语》、梁治平《新波斯人信札》等普通法律读物。③观看中央电视台（CCTV1）之王牌法治节目《今日说法》，一周3~5次。④笔者每两周为学生授课一次，不再讲授《水浒传》法律案例（故事），而是以教材为中心对《法理学》做延伸解读，同时要求学生参与具体课程法理学的讲读。

2. 执行情况

首先，总的情况。其一，学生都能完成教材的阅读，与2011级学生相比较，他们的法律知识水平、法律思维方式有大幅提升。其二，观看《今日说法》、阅读四大名著、阅读法律入门读物（如《制度是如何形成的》《法治及其本土资源》）等三项事务，虽然不能高质量完成，但均有涉猎，而且有学生完成较好，《今日说法》可以每周看3次，四大名著可以读完，法律入门读物可以达到十来本。其三，每两周的辅导课（隔周周日14点~18点）已制度化。在辅导课上，我除了讲授一些课程外，还检查、监督学生的读书情况，经常让学生讲读法理学等法律基础课程。简言之，通过更具体的指导、更多的强制，学

① 2011年辅导6名学生，同时也在带大四学生的毕业论文（2008级学生，共5名），也让笔者对大四学生及其大学生活有了更深入的了解和把握，进而改变了笔者一些看法和做法，下面的总结会有所体现。

② 第二学期则有民法总论、宪法学、刑法总论、中国法制史等课程，同样指定阅读的教材，同时指定一本经典教材如张千帆《宪法学导论》、林来梵《宪法学讲义》，但并未针对所有课程，而仅仅要求宪法、民法和刑法。第三学期为刑事诉讼法学、第四学期为民事诉讼法学，已经形成以6门课为主体的法律学徒社的读书框架（后面有详述）。

生在大学二、三年级也有更多的努力，学习状态与2011级比较有很大改善。

其次，具体学生学习情况。

（1）2012级学生，男生（四川籍）。该生在高中为理科生，进入西南科技大学后没有录取为法学院学生，基于对法律的兴趣自愿跟随。基于此，笔者要求其阅读博登海默《法理学》，同时阅读《近距离看美国》（四卷本），每两周（周六下午14～17点）到办公室以博登海默《法理学》《宪法学讲义》等书向笔者汇报读书情况，同时笔者也就这些教材或者专著做详细解读，以使该学生对具体的法律知识、相关的法律思维、具体的法律案例有更深入的思考和把握。简言之，这是一次单独辅导，也是一次试验，笔者采取了相互讲读的方式以探求提升学生法律专业知识水平和思维方式的方法。另外，笔者要求学生每天阅读一篇英文材料，必须是英文原文（即从英文报纸、杂志等资料上下载，到后来即要求阅读一种英文杂志《经济学人》）。

通过如是辅导，在3年的时间里（第四年准备考研），该生阅读了如下著作。法理学领域有博登海默《法理学》、魏德士《法理学》、波斯纳《法理学问题》；宪法学领域阅读了林来梵《宪法学讲义》、张千帆《宪法学导论》；民法领域有王泽鉴《民法总则》《民法物权》《债法原理》《民法概要》等著作；刑法领域有张明楷《刑法学（第四版）》、林山田《刑法通论》《刑法各论》；民事诉讼法领域有张卫平《民事诉讼法》；刑事诉讼法领域有田口守一《刑事诉讼法》、易延友《刑事诉讼法》。该生以民商法为中心阅读各种专著，到大四时接近20本。

总之，该生通过阅读、笔者的讲解、四年的坚持，在提出问题、分析问题、解决问题上已经具备相当的能力，到2014年开始参与、引导整个团队的读书活动，于2016年考取了四川大学硕士研究生（民商法方向）①。

① 前面已经提及，专业知识的精熟和法律人的思维方式与硕士研究生的考试只有间接关系，虽然笔者期望其考取更好的大学，其却选择川大（在笔者眼里，笔者辅导的本科生可以分为三类：第一类，英语好、专业精，应当考取中国第一流大学的研究生；第二类，英语可以、专业不错，可以考取川大一类的法学院；第三类，英语差，专业可能好、可能一般、也可能不好，应当考取包括其他学校的研究生）。

(2) 2011 级学生，女生（广西籍）。该生于大二第一学期加入读书团队，对《今日说法》、四大名著很感兴趣，也阅读了一定的课外读物，其法律知识基础扎实。根据其偏好，笔者建议阅读宪法、行政法方向的专著，并要求其对阅读的专著做详细的读书笔记，每两周向笔者汇报一次，并根据其汇报情况做进一步的（读书）建议。通过三年的努力，该生阅读了近 10 本宪法学著作和近 20 本行政法学著作，在 2015 年以高分（371）考上中南财经政法大学硕士研究生（宪法与行政法方向）。

(3) 2012 级学生，女生（云南籍）。该生也是在大二第一学期加入笔者的读书团队的。根据其偏好，笔者建议其阅读刑事诉讼法领域的专著，在大学三年里，除了基础课程外（每门一本经典著作，如张千帆《宪法学导论》)，其系统阅读了陈瑞华教授的系列专著（如《刑事诉讼前沿问题》《问题与主义：刑事诉讼基本问题研究》《看得见的正义》等)、张建伟教授的系列专著、易延友教授的系列专著。她对刑事诉讼法的掌握非常扎实，对专业也非常感兴趣。很遗憾，她并没有考研的打算①，在 2016 年毕业后，回到云南某政府单位工作。

(4) 2012 级学生，女生（浙江籍）。该生很少参加本团队读书活动，但能够阅读教材，也能在期末考试中获得优异成绩（被誉为班上“学霸”)，同时参加了很多学校、学院的社团活动，直到三年级第一学期开始参与本读书团队。通过一年时间，她阅读了与其考研有关的著作，如博登海默《法理学》、张千帆《宪法学导论》、王泽鉴《民法总则》等基础著作。在大四她选择保送研究生（最后被南京师范大学法学院录取)，因而笔者建议，可以和大一学生一起再学习法理学，要求她以《民事诉讼法》为中心阅读专

---

① 作为老师，笔者的心态是开放的，基本理念是大学一定要读书，考研是一种选择，需要根据自己的读书、阅历和打算做出理性决策，而非跟风（包括其他决策都应当是理性思考后的选择，而非仅仅凭直觉)。大学应当培养学生一种德行，并培养一种提出问题、分析问题和解决问题的能力、一种自治的能力。当然，从中国当下社会实际需要（包括对学历的虚高需求)、职业要求出发，笔者希望学生都能攻读研究生，只有拥有研究生学历，才有更好的职业平台和更宽阔的社会视野。因此，该生选择不考研，从理智上说，从职业发展角度看，笔者觉得非常遗憾，但从一名老师角度看，笔者觉得她不考研也是非常好的决定。

著，每周阅读3~5篇民事诉讼法学论文，每两周阅读一本民事诉讼、民法领域专著。在大四这一年，她的法学知识、法学理论水平急剧提升。

（5）2012级学生，女生（四川籍）。该生很少参加团队之读书活动，但根据其对法律专业的偏好、兴趣，为其提供建议，即阅读经典教材并做读书笔记。通过四年努力，其做了三个笔记本（每本有200页，32开纸）的读书笔记。由于基础知识已有，加上英语本来不差，在2016年她考取西南民族大学法学院（民商法方向）研究生。

3. 一点总结

根据前述，这一届学生的学习效果有很大提升，以考研计，2012级学生考研达到62.5%的成功率，而学院的考研率不足33.3%。同时，得益于个别同学的优异表现，以及与更多同学的接触（到2012年底，已接触16名学生），笔者对法学院学生学习、读书、教师辅导情况的深层问题有更直接、鲜活的把握和审视。基于此，这里的总结则不仅仅是对上述优秀之处的总结，更有其他（特别是作为辅导老师）的一些感悟，具体描绘如下。

（1）辅导方式没有改变，但辅导强度增加，对学生要求更具体。一方面，辅导由一个月一次转变为两个星期一次，师生见面频率增加，对学生学习、活动情况理解和审视增多。辅导之强度与2011级比较而言有质的不同，因为对2011级学生基本上没有任何强制。另一方面，要求学生阅读具体课程的教材与专著，如法理学要求阅读张文显教授《法理学》教材、博登海默《法理学》，而非像2011级学生，仅仅要求法学入门读物；同时要求学生围绕该学期专业课程制定学习计划，并时常监督学生学习计划的执行情况，还根据学习进步情况修正其学习计划（此后成为定例[①]）。

（2）不再停留在对法学的外围学习，而是以专业课为中心，并根据自

---

① 此后，笔者要求所有学生在每个学期开学制订这学期的学习计划，并在中期作自我检视，在期末做总结。当然，这也是笔者从工作以来一直坚持的一种学习和工作方式，并获得很好的效果。

己对某些课程的偏好（如宪法与行政法、民商法[①]），阅读一定数目的专业书。2012 级新生一开学即对他们提出前述要求，他们对此也“言听计从”。大部分学生能够认真阅读专业教材、经典教材，再加上笔者对专业课程的辅导，他们对法学、法律职业的兴趣大大增加，也不再有任何学生转专业。因而，学生对法学专业知识的理解、思考和运用，无论是在量上，还是在质上均有大幅提升，个别学生已经可以掌握一定量的、系统的法律专业知识，如刚才提及的第一位学生，他比较系统地掌握了民商法法律知识（阅读以王泽鉴著作为中心的 20 余本民商法专著），对法理、宪法、刑法总论至少阅读三本以上的经典教材、专著，基础知识非常扎实。

（3）从大一的强制学习转变为大二、大三的自主学习。经过两年的刑事诉讼法学、证据法学等课程的教学，笔者对大一到大四学生均有相当之接触，根据笔者的观察和调研[②]，学生主动学习、积极学习的比例不高。在笔者带领的学生读书团队中，大一学生也不学习积极，往往是笔者对其提出要求并强制其完成。当他们读书到一定程度，到大二、大三时学习主动性、积极性得到提升，并主动寻找相关专业书阅读。

（4）辅导本科生学习需要更多的强制，年级越低，强制应当越多。作为刚刚入门的大学生，他们在高中阶段非常努力，学习时间也多（通常从早上 7 点到晚上 10 点），休息、娱乐时间少，再经过 6 ~ 9 月（9 月一般是学校军训）的不学习经历，到 10 月开始正式上课时，大部分学生均无法进入学习状态。再加上学校、学院各种活动，如果没有对其的强制，学生的学习事项则处于边缘，只有当对其有强制时，学生才会慢慢进入学习状态。通过对专业的适度引导，特别是能引发其兴趣的入门书籍的辅导，学生们开始对学习产生兴趣。

① 当然，当学生选择这些课程后，其考研基本上就选择了方向，剩下的则是根据专业选方向，根据自己的英语水平选择高校。

② 根据笔者的调研，一个班（假设为 100 人），最多只有 10 人认真学习，而且大部分都是学习教材。法学学术专著到大四能够阅读超过 5 本的基本上没有，法学入门的书籍、其他与法律无关的书籍总共阅读量也不到 20 本。

不过需要注意，根据两年的实践，即使有了这些强制，分配的学生中也有差异，有的学生进入学习状态（很快进入大学的学习和生活模式），有的学生则彻底进入玩耍模式，有的学生则进入参加各种社团活动模式，因而应当在大一对其启动强制学习模式的基础上逐渐培养自主学习的生活、学习方式。

（5）个别的实验很重要。对2011级、2012级学生的辅导并不是大团队的辅导，而是每一级单独作为一个团队，年级与年级之间并无直接联系，特别是读书活动方面的联系，都是笔者与学生直接接触，甚至是要求学生到办公室单独接触，因而有机会对其提出单独要求或者说额外要求，比如说要求学生读《近距离看美国》、考夫曼《法律哲学》等，还可以要求学生做详细的读书笔记，要求学生单独讲述经典教材、专著之内容。通过一段时间的观察，当其效果较佳之时，则将其作为下一步指导学生的经验，如2012级四川安县籍学生，笔者要求其将博登海默《法理学》内容及对该书的理解向笔者单独讲；2012级四川双流籍学生，笔者要求其对张千帆《宪法学导论》等书做详细笔记。这些实践、实验丰富了笔者辅导学生的经验和对其的思考，更丰富了笔者对法律的理解，是一项非常良好的、可以带来创新的辅导。

总而言之，2012年的辅导，既让学生在专业知识、法律职业规划上有相当之进步，更有笔者作为辅导者对辅导经验、学生成长历程（规律）的深入认识，这一关系即为真正的教学相长、相互促进。

（三）2013年之辅导

1. 基本要求

2013年，学院分配给笔者4名学生（2名男生、2名女生），均为四川籍学生。另外，3名学生自愿跟从（其中2名四川籍学生、1名云南籍学生），因而共有7名学生参加笔者辅导的读书团队，到这时笔者辅导的学生总数达21名。基于前两年的辅导经验和对自己的审视，笔者对2013级学生提出了如下要求：完成张文显教授《法理学》和博登海默《法理学》的阅读，并做详细读书笔记，定期汇报读书进展（两周一次）；阅读林达《近距离看美国》、冯象《木腿正义》《政法笔记》等法学入门读物；每学期开学制订读书计划，笔者根据其计划检查其学习进度。每周阅读英语材料 3~5 篇（每篇至少 5~7 页 A4 纸的信息量），有能力的同学应当阅读一些英语著作。

笔者对自己提出的要求：每两周为学生授课一次，以教材为中心对《法理学》做延伸解读，学生亦应参与具体课程《法理学》的讲读；每周检查学生学习情况，并根据学生学习进度，提出建议或者做出鼓励。

2. 执行情况

首先，总的情况。由于笔者逐渐强调学习的两方面——专业与英语，因而 2013 级学生的执行包括两方面。

其一，对《法理学》（博登海默）、《宪法学》（张千帆）、《民法总则》（王泽鉴）、《刑法总论》（林山田）、《刑事诉讼法》（田口守一）、《民事诉讼法》（张卫平）六门基础课程的经典教材均能做详细笔记，而且每学期以其中一门课（如第一学期以博登海默《法理学》）向笔者汇报读书情况，法学入门读物（如冯象《政法笔记》等）可以达到十余本。

其二，每周坚持读 3~5 篇（通常都是 5 篇）英语材料，不仅仅要求其读完，还得将材料的信息向团队成员讲述，以让团队成员获得更多的信息量（笔者要求学生要以英文作为获得信息、知识的重要来源）。通过如此训练，7 名学生中有 3 名学生在专业上超额完成任务，2 名学生在英语阅读上有显著提升（其中 1 名学生阅读了两本著作，如 Plato 的 *The Republic*），其他成员大致可以完成规定任务，即阅读经典教材。

通过三年的努力，这一团队的学生无论是专业知识，还是英语水平，与 2012 级、2011 级比较均不可同日而语①。

① 2013 级学生的表现大大激励了笔者，让笔者对学生读书、自己辅导有了全新认识，进而开始理性思考该读书团队，也因而促成了 2014 年更大的读书团队的成立，即将不同年级学生汇总到一个团队。该团队之运行大致可以总结如下：一年级听，二年级讲，三年级评论（后面会有详细分析）。

其次，具体学生学习情况。

（1）2013 级学生，女生（四川自贡人）。该生年龄最小（16 岁进入大学），却是团队中最努力和认真的学生，表现在两方面。其一，英语方面。每天坚持阅读一篇英文材料，一学期后以某一主题、某一现象、某一社会问题（如美国大选等重大事件、非洲猎象现象、艾滋病问题）展开阅读；在二年级时，我建议其阅读柏拉图《理想国》（全英文版）、联邦党人文集（全英文版），持续到三年级下半学期才转入考研英语的学习；其二，从专业角度看，在《法理学》方面，阅读了博登海默《法理学》、魏德士《法理学》、考夫曼《法律哲学》等 5 本著作，法学入门读物如冯象《政法笔记》等著作阅毕。宪法学领域，则有张千帆《宪法学导论》、林来梵《宪法学讲义》、王希《原则与妥协——美国宪法精神与实践》和《我们人民（三卷本）》，包括英国宪法（2 本）、德国宪法（1 本）。民法领域则有王泽鉴《民法总则》《民法物权》《债法原理》《民法概要》。刑事诉讼法领域则有易延友《刑事诉讼法》、田口守一《刑事诉讼法》。民事诉讼法则有张卫平教授《民事诉讼法》。在《刑法》领域，则以张明楷教授的著作为中心，读完了其大部分著作，另外读完林山田《刑法通论（上、下册）》《刑法各论（上、下册）》，同时涉猎日本刑法、德国刑法。

该生通过三年努力，具备了扎实的基础知识、丰富的理论知识（以刑法为中心，对宪法、法理学等课程有深入学习），并通过对系列案例的讲读、在团队的系列授课，形成了良好的法律思维方式。同时，其能熟练地阅读英语文献，因而在整体上是一名优秀的法学本科生——相对于其同级同学而言更是如此。

（2）2013 级学生，男生（四川泸州人）。该生与刚才提及的女生情况差不多，但也有不同，其主要关注法理学领域的知识，因而阅读了不少哲学著作（如罗素《西方哲学史》）、法理学原著（如《政府论》《论法的精神》《纯粹法学》《法律的概念》等），同时阅读了前述的基础课程。在英语方面，积极阅读英语材料，英语水平有很大提升，虽然其阅读没有刚才提及的自贡女生那么系统，也没有阅读英语类著作。该生通过阅读、笔记和为团队其他同学的授课的方式（2014 年、2015 年）提升了对法学、法律、哲学的认识水平，而且他非常喜欢写作，共有 10 余万字的文章和读书笔记，在团队中也属于非常优秀的学生（基础知识扎实、理论知识系统）。

（3）2013 级学生，男生（四川眉山人）。该生在大一就自愿加入团队①，除了上述基础课程外（亦即其在基础课程上均达成规定任务，阅读、做笔记和参与活动），根据其对法理学、法制史、中国历史有热情，我建议其以法理学、法制史为中心展开阅读。一方面，该生阅读了大量的历史著作（包括外国人撰写的关于中国历史的专著，总阅读数量不下 30 本著作）；另一方面，他对中国法制史、法理学展开深入阅读（总阅读数量不少于 20 本），同时也写了不少文章（和未发表的小说）。但是，其有一个缺陷，即英语水平不高，刚刚达到四级水平，在考研时不能报考更好的大学。

（4）2013 级学生，女生（四川邻水人）。该生对法学、法律不感兴趣，加上家庭条件不好，因而常常缺席团队活动，但其对管理类知识感兴趣。据此，笔者建议其阅读管理类的相关书籍（但并非专业书籍），如《孙悟空是一个好员工》《领导力：如何在组织中成就卓越（第五版）》，但也要完成基础课程经典教材的阅读，同时也应当制订学习计划，并注重英语学习，每隔一段时间向笔者汇报一次读书、学习情况。该生通过一年的阅读，具备一定的管理学知识，在法学课程陆续展开的情况下，逐渐对民法、商法、经济法学产生兴趣，进而阅读了王泽鉴《民法总则》《民法物权》等著作，在法理学、宪法学等基础课程经典教材的基础上，其具备了相当的法律知识，高于 2011 级学生平均水平（与班上其他同学比较也是超出很多），哪怕其在法律知识、法学原理的系统上学习有很大不足。

（5）2013 级学生，男生（四川绵阳人）。该生在大一时读书并不积极，

---

① 到 2013 年，学生早已听说笔者带领的读书团队，在一个同学分配到笔者的团队后，他即表示也要加入笔者的团队，因而在大一时即参加团队所有活动。

但能跟上团队读书的脚步，大致可以读完博登海默《法理学》、张文显教授主编的《法理学》；到第二学期，他则被团队的书籍阅读量、英语学习情况吓住，没有继续参加团队活动。到二年级下学期，该生打算考研，表达了继续读书的想法，笔者建议其阅读经典教材［法理学阅读魏德士《法理学》，宪法阅读张千帆《宪法学导论》、民法学则阅读梁慧星《民法总论》、刑法读张明楷《刑法学（第四版）》］，同时认真准备考研英语。

（6）2013 级学生，女生（四川攀枝花人）。该生在大二时进入团队，但参加活动的频率不高，大三时全面融入团队，且准备考研①。之所以融入团队很慢，在笔者看来，在于她在法学院同级中一直保持前几名，属于学霸型学生，自我自学能力强，对辅导需求不高。当其逐渐融入团队之后，她发现其法学基础知识、法学原理等非常薄弱，在考研理想的指导下，她重新制订学习计划，以阅读经典教材为中心，辅以一定数量专著（不超过 3 本），在考研涉及课程的范围内，阅读了近 20 本著作，对法学、法律的理解和思考与其仅为学霸时不可同日而语，依其本人所述：她感受到了自己的不足（很大的不足），同时也激发了其阅读更多专著的激情（也因此阅读不少专著），更遗憾没有早点融入团队，没有早些进入读书状态（原来仅仅掌握知识、考试的知识而已，现在是以知识为基础把握原理、思考问题，进而思考社会法律问题、各类刑事案件）。

（7）2013 级学生，女生（云南人）。该生在高中时为理科生，在大二时进入读书团队，对法制史感兴趣。据此，建议其阅读法制史、法律思想史方面的著作，如张国华教授《中国法律思想史》、瞿同祖《中国法律与中国社会》、凯利《西方法律思想简史》等著作，到 2016 年 6 月，其阅读大约有 20 余本。根据笔者对（刑事诉讼）法制史的理解，希望其关注法制史某一方面，如司法制度、刑事诉讼方面的法制史，进而建议其阅读那思陆的系

① 该生报考北京大学法学院（诉讼法学方向），虽然难度很高，其表现出坚韧、拼搏的学习态度（根据笔者的了解，北京大学等高校的保送名额很多，大约占据 2/3，剩下 1/3 通过全国硕士研究生统一考试录取，一年大约 30 余名，如果具体到某一专业（如诉讼法学）、某一方向（如民事诉讼）则只有 1 ~ 3 名，因而一般高校学生要考取这类高校不容易。

列著作（如《明代中央司法审判制度》《清代中央司法审判制度》《中国审判制度史》），丰富了对法制史的理解和思考。

3. 一点总结

这不仅是对2013级学生的总结，也是对三年辅导的一种总结，具体描绘如下。

（1）辅导强度不断加大，学生被强制的强度也加大，学生学习的效果随之增强，三者成正比关系。前两年的辅导经验不断提醒我，学生的自觉性不是不够，而是很差，需要我们以（软）强制手段令其迅速进入法学专著的学习上来，令其了解和熟悉大学本科学生学习的历程，熟悉法律职业这个行业。在这些知识的基础下，引导其制订专业、英语的学习计划，尽可能让其少走弯路。经过2013级的实践发现，这一方式的效果显著，7名学生的基础知识、法学理论比前两级的确有较大进步。

（2）我们学生的素质很不错，但高校生活的既有习惯、传统不利于他们系统学习专业、学习英语，也无法令他们真正成为一名掌握有（法律）理论知识的职业人士，即使他们认真、努力也仅仅是一种肤浅的学习，而非对知识的深度学习，也无法胜任法律实务。因而，在大一时，我们应当引导学生进入一种新的学习习惯、思考习惯和展开对职业规划的学习（具体操作有要求其制订学习计划、系统学习理论，并用法学分析案例，进而言之，该辅导既有理论，也有练习，还有实践案例[①]），以真正接触法律职业，进而激发学生学习的内在动力。将可能成才的学生，通过一些辅导成就他们成才的目的，不能浪费他们的智商和在中学的努力。

（3）因材施教是一个好方法。通过对2013级学生具体、长期的接触，根据他们的性格、倾向，给出不同的学习建议，制订不同的学习计划。这些学生通过个别化建议形成了不同专业特点，有的同学对刑法有

① 对此，笔者有详细分析，请参见蒋志如《试论法学教育中应当教授的基本内容》，载《河北法学》2017年第2期。

深入认识，有的学生对民商法有系统学习，有的学生感受到了诉讼法的内在魅力。笔者对法学本科的具体课程、课程之相互关系有了新的认识：大学本科大约学习 50 门课程，但并不是每一门都很重要，国家规定了 16 门法学核心课程[①]，而且即使是这 16 门核心课程也无法均深入学习，只能学习其中七八门课，如法理学、宪法、行政法与行政诉讼法、刑法、刑事诉讼法、民法、民事诉讼法等。最后笔者还发现，即使只有这些课程也不可能全面深入学习，只能以其中一两门课为中心深入学习（每门课阅读 15～20 本以上），对其他课程只能进行基础学习［每门课阅读、学习（1 本）经典教材和 2～3 本专著］，正如上面所描绘的四川自贡籍学生的学习情况。

（4）审视该辅导方式的内在缺陷。其一，这种辅导方式极耗时间，需要教师花费很多时间去思考、审视学生和调整自己的行为方式，虽然该活动也为笔者带来诸多（思考和写作的）灵感。这一辅导方式也需要教师具备多门课的法学知识，还要求辅导老师熟悉、精通基础课程的经典教材和主要专著。其二，需要对学生极具耐心。学生主动学习态度差，对生活和未来没有任何规划，教师的努力与学生的回应不同步，需要更多耐心、更多强制。其三，读书团队还比较松散，主要是逐年级的辅导。在 2013 年时，笔者同时辅导三个年级，觉得有些吃不消，需要改变带团队的方式。学生团队之间的相互关联少，需要增进他们之间的互动，进而提升团队活动水平、减少笔者需要花费的时间。

一方面，笔者从辅导中感受到了辅导学生专业学习和英语学习带来的良好效果，也感受到诸多活力和动力。另一方面，笔者也花费很多时间、更多精力以辅导学生，审视学生和自己。

---

① 具体有：法理学、中国法制史、宪法、行政法与行政诉讼法、刑法、刑事诉讼法、民法、知识产权法、商法、经济法、民事诉讼法、环境法与资源保护法、劳动法与社会保障法、国际法、国际私法、国际经济法。

四　法律学徒社的初步运行

（一）2014年、2015年之辅导

1. 基本要求

2014 年学院分配 3 名学生到笔者名下，但其中 1 名（河北籍学生）请病假（第二学期才到校），还有 1 名学生擅长文艺，对法学不感兴趣，只有新生见面时交谈过，因而在 2014～2015 年度中，第一学期只有 1 名学生，第二学期只有 2 名学生。另外，有 4 名自愿跟随的学生（分别为四川人、河南人、山西人），因而这一级共有 6 名学生。2015 年学院分配 12 名学生到笔者名下[①]，还有一名研究生加入，凡计有 19 名学生参加团队活动，加上大三的学生则有 26 名（大四学生准备考研，并未参加团队活动）。因此，笔者修正辅导方案。

2014 年 10 月初步成立由大三（1 名）、大二（3 名）、大一（5 名）同学组成的跨年级读书团队，每两周见面（均在周日 14 点～18 点）。2015 年 10 月正式将读书团队（及其活动）以“法律学徒社”的名义展开，读书团队定名为“法律学徒社”，要求所有学生均参与团队辅导，而不再逐个年级辅导，每两周在法学院 508 办公室开展读书活动。由高年级学生主讲博登海默《法理学》，第二学期主讲张千帆《宪法学导论》以及刑法学总论民法学等课程，笔者做具体点评和最后点评，以促进他们对法律知识、法律职业、社会热点的理解和思考。每周（电话）检查学生学习情况，并根据学生学习进度，提出建议或者做出鼓励；每两周在读书活动见面时检查学生读书情况和英语学习情况，做总体的下一步规划。

基于此，笔者对学生提出如下要求。

① 学院鉴于笔者带学生的显著效果，在分配学生时，单独为笔者分配更多学生，因而有 12 名学生，从事后来看，人数多了点。

①以第一学期为例，应当完成张文显教授《法理学》和博登海默《法理学》[①] 两本著作的阅读，并做详细读书笔记，定期到法学院办公室汇报读书进展（两周一次）；②阅读林达《近距离看美国》法学入门读物[②]；③每学期开学即制订读书计划，笔者根据其计划检查其学习进度，均在读书会上汇报；④每周阅读英语材料 3 ~ 5 篇（每篇至少 5 ~ 7 页 A4 纸的信息量），有能力的同学应当阅读一些英语著作。

2. 执行情况

首先，团队运行。从读书团队角度看，每两周（从第一周开始）开展一次读书活动，每次读书活动有近 20 人参加。每一次的读书活动大致依下列顺序展开，简单描绘如下。

第一学期。①第一个环节，检查作业，询问读书进度，英语学习情况，邀请表现优秀的同学汇报其读书情况，以作为榜样（大约半小时）；②第二个环节，学生主讲，具体操作：大三或者大二学生以博登海默的《法理学》为中心讲读，以三章或者六章为阅读量引导大一学生理解、思考法理学（大约 1 小时）；随后，学生点评，非主讲的其他大二、大三同学谈自己对具体内容的理解和思考（大约半小时）；③第三个环节，自己点评，并对法理学中问题展开讲述（大约 1 小时）。

第二学期。①第一环节不变；②第二环节，高年级学生主讲《宪法学》以引导一年级学生学习宪法课，随后其他学生点评；③第三个环节学生自己点评，并对宪法学中问题展开讲述；④第四个环节，一名高年级学生再次主讲《法理学》、《刑法总论》或《民法学》，随后让其他同学点评，最后笔者再点评、总结。以此，引导一年级、二年级学生学习、思考更多部门法知识，进而形成完整的法律知识体系。简而言之，这一运行模式可以概括为：

---

① 第二学期以宪法学为中心，以张千帆《宪法学导论》、林来梵《宪法学讲义》为基础读物（对此感兴趣的同学第三学期阅读美国宪法、第四学期阅读英国宪法，之后不再要求）；第三学期以刑事诉讼法、刑法为中心；第四学期以民法、民诉为中心。

② 此为第一学期，第二学期则要求读刘瑜《民主的细节》，冯象《政法笔记》等入门读物，第三学期读苏力《法治及其本土资源》《制度是如何形成的》等著作，之后不再做要求。

三年级学生讲[①]，二年级学生点评[②]，一年级学生听。

其次，团队活动运行效果。通过如是制度化的运行，法律学徒社的读书活动在两年时间里，取得如下效果。

①法律学徒社保持了高人气，有众多学生参与，一直保持在20人左右，经常有其他学生旁听，随之成为团队成员，因为通过该活动，学生之间的读书交流增加了，团队中的读书成员对读书越来越有兴趣，阅读更多书籍，因而他们也找到更多的与法律相关的讨论话题。并且，在此过程中，学生之间产生了相互竞争之心，当一名成员读书很快，进步很大时，其他同学则有追赶之心，团队则成为重要的积聚读书人气的场所。

（2）通过第一学期对博登海默《法理学》的讲授和阅读，团队成员均对法理学有更深的理解和思考，不再像原来那样对法理学只有零碎的知识点，没有一以贯之的对法、权利、法治等的感悟和理解。申言之，通过阅读、讲读、点评同一门课程（如法理学）等形式，有如下效果：对于一年级学生而言，可以更好地学习博登海默《法理学》；二年级、三年级学生可以温故而知新；同理，第二学期对宪法、刑法总论等课程的学习也达到了同样的效果。

（3）所有同学均能在团队中扎牢基础课程（6门课，即法理学、宪法学、民法学、刑法学、刑事诉讼法学和民事诉讼法学）的法律知识、理论知识根基，并能对某一两门课程有深入的学习和思考，并逐渐形成提出问题，分析问题和解决问题的能力。如果根据何美欢教授提出的标准（阅读能力、表达能力和写作能力[③]），这些学生的阅读能力具备，表达能力得到一定锻炼，写作能力也有提高，他们在各方面均有很大进。后两种能力在前三年没有得到注意和重视，现在得到一定程度的重视，

---

① 但不限于三年级，二年级学生也常常参与主讲。

② 点评不限于二年级，二年级、三年级学生均可参与，其实也有一年级（一般在第二学期）参与点评。

③ 对此，请参见何美欢《论当代中国的普通法教育》，中国政法大学出版社，2005。对此的进一步分析，请参见蒋志如《评〈论当代中国的普通法教育〉》，载《清华法学》2010年第5期。

至少在笔者心目中占据越来越重要的地位——这一点，在将来的辅导中会增强。

简而言之，通过法律学徒社数年的读书活动，笔者辅导的读书活动正式走向规模化、制度化，效果也非常显著。具体而言，学生们阅读能力急剧提升，表达能力得到一定程度展示，写作能力有所提高（即笔者开始关注他们的写作能力）。

最后，具体学生学习情况。虽然团队辅导很有效果，但笔者并未放弃个别辅导方式，因而有些同学表现出优异之处。在这里，笔者仅就 2014 级、2015 级中的优秀学生展开叙述①，请看下面的具体描绘。

（1）2014 级学生，女生（山西人）。该生自愿跟从团队读书，英语基础好（英语四级达 600 多分，英语六级达 540 多分），同时在笔者的刑事诉讼法学课程表现良好。根据其交给笔者的读书报告，笔者建议其在两个方面努力：其一，阅读英语杂志《经济学人》，每天 1 篇，一周 5 ~ 6 篇，特别要关注《经济学人》对中国的报道；其二，在阅读基础课程的基础上（每门课程 1 ~ 2 本经典教材或专著），侧重于刑事诉讼法的学习。笔者要求其每周花半个小时（或者当面汇报，或者将其学习情况录音）单独向笔者汇报读书、学习的进度。

通过两年多的努力，首先在英语方面，该学生阅读了最近三年《经济学人》关于中国的报道和相关主题报道，同时阅读了柏拉图的《理想国》，并背诵其中精彩篇章（阅读量相当于 7 ~ 10 本 200 余页的著作）。通过两年的阅读，笔者认为其英语阅读能力——通过英语获得信息、分析问题的能力急剧提升。

在专业上，该生阅读了博登海默《法理学》、魏德士《法理学》、高其才《法理学》等经典教材和波斯纳的专著《法理学问题》，宪法方面阅读了张千帆《宪法学导论》、林来梵《宪法学讲义》，其他名著还有张明楷《刑

---

① 其实，其他学生（即 2015 年为三年级学生、在 2014 年为三年级学生的四年级学生）的优秀，在本章的前面部分已有叙述。

法学（第四版）》、王泽鉴《民法总则》《民法概要》[①]。第二学期该生还常常与另一名高年级学生合讲《宪法学导论》。就其爱好的专业课而言，其在刑事诉讼法领域阅读了田口守一《刑事诉讼法》、易延友《刑事诉讼法》，并且阅读了张建伟《刑事诉讼法》《证据法讲义》、王兆鹏《刑事诉讼法讲义》《美国刑事诉讼法》等著作，阅读刑事诉讼法、证据法专著已达 15 本以上，并且从 2015 年 9 月开始，每周阅读 3 ~ 5 篇刑事诉讼法论文。总之，该生是团队中学习非常优秀的学生，其阅读能力和表达能力得到充分展示，英语能力和专业能力也得到相当大的发展，唯一遗憾的是，她的写作能力没有得到训练[②]。

（2）2014 级学生，女生（河南人）。该生从 2014 年到校即自愿加入团队，其英语基础很好，根据其提交的读书报告，笔者也建议其在刑事诉讼法领域集中读书。笔者对其的要求与上位学生大致相同，由于她还喜欢写作，进而要求其每两周写些短文交给笔者。通过两年多的努力，其在以下方面取得相当进展。

其一，英语方面。按照要求能够每周阅读 3 ~ 5 篇英文原文材料（每篇 A4 纸 5 ~ 7 页的信息量）[③]，阅读英文版的《联邦党人文集》《古希腊神话》两部著作，到后来，其在笔者的建议下，背诵了相关经典英文资料（背诵量可以达到半本专著）。笔者希望其通过英语获得更多信息、更多资料，学会基本的收集信息、分析信息和解决问题的能力。虽然这很难达到，但该生通过努力不仅仅提升了英语水平，更增加了更多的获得知识、信息的途径。

其二，专业领域，分为两方面解读。一方面，专业基础课程，其与山西籍学生差不多，前述经典、教材均认真阅读（有的阅读很多次，如《宪法学导论》阅读 7 次），并对博登海默《法理学》之实证法学派、历史法学派

---

① 基础课程，笔者从 2014 年起不要求学生读书 3 本以上（一般要求 2 本，如宪法学则要求读张千帆《宪法学导论》、林来梵《宪法学讲义》），但要求其精读、反复读（以温故而知新），进而掌握该门课程的基础知识和理念、精髓。

② 这与笔者在 2015 年底才意识到该问题有很大关系。

③ 主要以 CNN、《纽约时报》、《华盛顿邮报》等英语新闻为阅读范围，有时间关注一些主题，比如中共十八大、司法改革等。

做主题发言。另一方面，就其偏好而言，该生阅读的经典教材有田口守一《刑事诉讼法》、易延友《刑事诉讼法（第四版）》、王兆鹏《刑事诉讼法讲义》，专著有王兆鹏《美国刑事诉讼法》、汪海燕《刑事诉讼模式的演进》、易延友《中国刑诉与中国社会》《沉默的自由》《证据法的体系与精神》、陈瑞华《刑事诉讼前沿问题研究》《刑事诉讼中的问题与主义》《量刑程序研究》、张建伟《司法竞技主义：美国诉讼传统与中国庭审方式》等。从2015 年 9 月起，每周阅读 3 ~ 5 篇刑事诉讼法领域的法学论文。另外，该生在两年时间里，撰写文章达 10 余万字（基本上每两周一篇，每篇 1000 余字，其中有两篇 10000 余字），虽然距离成篇的文章还有一定差距，却也锻炼了其思考、审视问题的能力。总而言之，该生在学习专业上非常努力，收获也很大，不仅具备阅读能力，更具备表达能力，还有不错的写作能力，在法律学徒社中属于佼佼者。

（3）2014 级学生，男生（云南人）。该生是学院分配的学生之一，虽然英语基础差，但在专业上很优秀，对法学有浓厚的兴趣。因而笔者对其提出一些建议：其一，每天应当花 2 ~ 3 小时学习英语，并强调“你的英语有多好，你的专业就能飞多高”；其二，重视专业课，期望其以刑事诉讼法为中心展开阅读。

通过两年的努力，该学生的阅读远远超出笔者的期望。首先，课外书。阅读林达《近距离看美国》等著作全套；其次，专业基础课，阅读博登海默《法理学》、魏德士《法理学》、考夫曼《法律哲学》、凯利《西方法律思想简史》等法理学著作，宪法方面阅读了张千帆《宪法学导论》、林来梵《宪法学讲义》、王希《原则与妥协——美国宪法的精神与实践》、阿克曼《我们人民》（三卷本）。其偏好的课程有两门，民法和刑事诉讼法，在一年里阅读了王泽鉴在大陆出版的主要著作（共计达十余本）、梁慧星《民法总论》等；刑事诉讼法领域阅读的著作有田口守一《刑事诉讼法》、易延友《刑事诉讼法（第四版）》、陈瑞华的所有著作（共计 20 余本）。

简言之，该生在两年半时间里阅读法学著作 50 余本，在团队学生中，其专业知识、法学理论成绩最好，虽然其表达能力和写作能力需要进一步发展，英语水平也需要提升。

（4）2015 级学生：由于 2015 级学生在团队还只有一年的时间（以本章写作时计算），其效应并没有充分表现，只能做总体上评价。总的来说，在英语方面，2015 级学生的英语水平都很高，在第一学期就有 80% 的学生通过四级，第二学期有 50% 的学生通过六级，在一年里，他们阅读了一些英文材料，但与 2014 级、2013 级学生相比，在整体上完成度并不高，当然在英文著作方面普遍阅读小说一部。在专业方面，这些学生均阅读了法学入门书籍《近距离看美国》，他们对法理学、宪法学、民法学、刑法学四门基础课程也均有认真阅读，而且开始形成一些自己的偏好，有些同学喜欢民商法，有的同学喜欢刑法，有的同学喜欢宪法，并以此为中心展开深层次阅读——可以说，这是一个良好的开始。

3. 一点总结

第二阶段两年的辅导方式发生很大变化，辅导内容也逐渐定型，法律学徒社读书活动逐渐制度化，形成了法学院学习的一道亮丽风景。在辅导过程中，笔者也产生一些新的体会、感悟，简单总结如下。

（1）制度化的辅导（或者辅导团队化）是提升读书团队水平的重要方法。客观地说，当下中国（法学院）学生缺少辅导，特别是缺少专业的、持续性的辅导，至少在笔者的见识范围内还没有一种制度化的辅导学生的方式。这种情况导致了学生在进入大学后无所适从，无法安排学习生活，也没有能力选择参加哪些学校的社团活动，更没有制定职业规划、计划的可能。因而，学生的学习有些“三天打鱼两天晒网”的样子，即使认真学习的“学霸”，也只是熟悉熟悉课本，但基础知识并不扎实，理论体系无法形成，更不要说分析问题和解决问题能力的养成。

通过前述第一阶段（2011～2013 年）、第二阶段（2014～2015 年）的实验，我们可以发现：一方面，作为个体的学生，通过努力所学到的法律知识、法律技能与其他同级同学比较的话，的确产生了天壤之别的效果，即使从考研的角度看，团队之内学生考研的成功率远远超过没有辅导的学生；另一方面，如果是一种制度化的辅导，团队的学习能力会有极大提高，其他人和团队无法比拟，因为该团队不仅教师与学生之间互动频繁、学生之间的互动也相当频繁，形成了良好的读书氛围，原来是一个人在读书，现在是一群志同道合的人在读书。

（2）个别辅导非常重要。法律学徒社读书团队源自对学生的个别辅导，而非一开始即是团队运作，因而个别辅导成为笔者辅导学生的基本方式。五年的辅导经验告诉我，每年均有 1～2 名学生非常优秀，值得单独辅导。当然，不可否认，单独辅导的学生经过四年的学习和努力也并非都如原来预期，但这并不重要。因为笔者仅仅希望通过单独辅导将自己的法学知识、法学理论、法律人的思维方式以学徒制的方式展示在学生面前，如果学生是可塑之材即能获得宽阔的视野、广博的知识，即使不是可塑之材，其也能按部就班，成为一名合格甚至不错的法律人。根据上述经验，我坚信，有五年的学生辅导经验积累（每年 1～2 名学生），读书团队的读书效果应当不错，如果再以此展望，或许未来可期：这些接受了单独辅导的学生，在将来会成为法律学徒社学习、实务和科研可靠的后备军。笔者将坚持这一辅导方式。

（3）通过辅导，笔者发现通过系统学习，学生的知识水平、理论水平和解决问题的能力得到急剧提升。根据现代职业化的基本要求，学生应当接受系统的、严格的训练，而非简单地记忆知识点、应付考试，获得法学学士学位，而当下中国法学教育流行后一种，老师也乐于配合，进而形成“双输”局面①。当学生在大一受到一定强制时，他们能够迅速进入专业学习状态，当其积累到一定量时，学习专业的兴趣会增加，再辅以更多的、持续的引导，强制状态消失，他们会自觉自愿地参加团队读书活动，进而具备阅读、表达和写作的能力。当然不可否认，当下学生的写作能力还没有得到充分挖掘，表现还不好。

（4）仍然有学生不愿意学习或者不适应这一学习方式。这一辅导模式

---

① 请参见蒋志如《中国法学教育的双输?!》，载《厦门大学法律评论》2010 年第 1 期。

对学生学习要求很高，虽然最终助益很大，却要求学生付出大量时间、诸多精力，在当前的社会氛围下，对学生来说是一个巨大的考验。因而，在法律学徒社读书活动中，即使是学院分配到笔者主持团队的学生，也有一些不积极学习，待到大三清醒时再参加读书团队，则只能接受最低程度的学习了（即只能根据考研意向阅读经典教材，而无法阅读系列法学专著），其错过了法学教育中美好的事物。

总而言之，通过对 2014 级、2015 级的辅导，笔者的辅导方式在升级，学生的学习情况也有相当的提升，但既有的个别化指导也是重要的辅导方式，不可偏废。不过该辅导方式也有严重缺陷，需要辅导老师付出大量的时间和精力，即使不再是三个年级单独辅导，却也要求教师思考团队读书的书目、讨论主题，留心团队成员的学习动向、团队存在的问题，因为这不仅仅是一个团队的读书问题，更是一个团队发展的问题。

五　辅导经验中的审视：法律学徒社中的权力关系

（一）权力关系的确立

中国大学教育（包括法学教育）中，教师与学生之间处于一种松散式的教与学关系。他们的联系主要在课堂，私下联系非常少，即使与教师私下联系的学生有，也非常稀少。他们与辅导员、学生管理办公室、教学办公室等行政部门联系更多，因而教师不认识、不了解学生的情况非常普遍①。因为大部分教师在四年的教学中，往往只教一门课，课时也不多，一周与学生在课堂上见面一次。教师无从知道、了解学生，学生在大学四年也往往只记得部分教师而已。

西南科技大学学校、学院做出制度性安排，本科生导师制度一定程度上改变了上述松散的师生关系：通过将新生分配到教师的方式，使学生与教师

① 当然，这不是一件坏事，虽然也不能说是一件好事。

均有一定“归属”，进而教师与学生有动力在课堂之外建立一些“私人”联系，以辅导、引导学生更好地学习专业（走向职业或者考研），进而影响学生的人生。因此，师生之间新的权力关系得以确立或者说师生的新关系得以确立，申言之：当一名学生到大学学习时，他一无所知，而学校、学院及教师是专业知识、法律职业信息的掌握者，学校、学院对学生的引导方式和程度决定着学生的努力方式和程度，也影响着学生未来的职业选择。根据福柯的理论（掌握知识、信息者即权力关系的支配者），在学校、师生这个场域，教师是师生关系的权力掌握者，学生是受支配者、被引导者。教师虽不能完全决定学生未来的人生和命运，却在相当程度上影响着学生的未来。

笔者从 2011 年起在五年多的辅导学生过程中也建立了一种权力关系，不再是一种松散式的课堂师生关系，也超越了刚才提及的师生权力关系，而是建立了一种密切的、有互动的权力关系，亦即从简单的读书活动，发展为以法律学徒社为平台的读书活动。

第一阶段：简单引导阶段。与大多数本科生导师一样，对学生的辅导起着最初步的辅助作用，主要有以下几项事项：①开出读书书单（专业书目），但并不关心或者说无法关心学生是否阅读；②根据既有经验，告诉学生在大学应当做哪些事，不能做哪些事，以免学生在大学中虚度光阴；③为学生的考研提供建议和一些具体的帮助。一方面，这一师生关系比课堂上的师生关系更密切，但这一关系往往是单方面的，教师是信息的掌握者，并根据情况向学生发布信息，但这些建议并非强制性的，因而当遭遇学生的“白板”状态时，学生并无能力体悟和感受到良好建议的有用性。另一方面，学生并无向教师提供有用信息的可能，进而导致师生关系在四年里趋向“衰落”。同时需要指出的是，这一师生权力关系，对于教师而言却是最省力的，只需要召集学生或者在遇到学生时，将自己的观点、思考和经验单方面灌输给学生即可，而是否有效及其有效的程度并不成为教师关注的内容。笔者的第一年辅导大致处于这一阶段。

第二阶段：强制阶段。众所周知，中国的中学教育不是素质教育，而是围绕高考运转的应试教育，学生通过题海战术获得好成绩，教师通过填鸭方式展开教学，学生通常被动学习。但是，到了大学，大部分学习的动力和中学以来的各种约束消失了，学生犹如被置于荒野之中，强制也应当成为大学学习的重要组成部分。在笔者的辅导中，从第一年开始到第五年，对学生的强制，从无到有、从少到多，因而与学生的联系也更多了，进而建立了更密切的辅导关系。申言之：①要求学生阅读指定书目；②监督指定书目的阅读情况；③介绍法律职业的当下现状以及从事法律职业需要具备的法律知识和法律技能；④介绍学生（欲）考研学校的情况，评估学生考研需要努力和准备的条件。一方面，这一密切的师生关系，虽然也是单方面的，却也要求教师付出更多时间关注专业、关注职业和审视学生的具体需求，进而要求教师花费时间了解、理解和琢磨法学专业、法律职业的基本需求，以为学生提供更优的辅导。另一方面，学生通过这一强制性的辅导，与教师的互动也更加频繁，其为教师审视学生学习问题、法学教育的深层问题提供了丰富的经验，虽然这一反馈是被动的，而非与学生交流和探讨的结果。

第三阶段，强制为主、互动为辅的阶段。通过辅导，学生的潜力值得进一步挖掘，但也需要修正辅导方式，建立更密切的师生关系，也即在加强对学生强制的同时，努力将学生学习的主动性、积极性发挥出来，以为教师思考、审视相关问题提供灵感。申言之：①学生阅读指定书目；②监督学生阅读指定书目之情况，此为强制学生之模式；③要求学生根据主题、章节内容做主题发言，其他同学点评，进而学生有互动、产生思想碰撞的火花，教师在辅导中也受益；④通过审视学生选择考研、准备考研的情况审视中国当下法学教育（在容许的空间内提升学生的受教育水平、选择能力等），师生、学生间互动模式得到确立。

这一密切的师生（权力）关系中，师生的互动频繁，不仅仅有学生之间的互动，更有教师与学生之间的互动，而且是积极的、主动的互动。师生均能从法律学徒社中获得收益，相互依存性也进一步提高。

总而言之，通过努力，法律学徒社已经发展成为一个团队所有成员均能通过读书活动受益的活动团体，也确立了一种互动频繁的师生（权力）关系，虽然其质量还需要进一步提升。

（二）权力关系的辐射范围

首先，辐射学生的范围。法律学徒社是一个读书团队，如果人数太少、学生互动太少，团队活力将会受损，也无法吸引更多学生。如果学生基础太差（特别是英语基础差），笔者的要求则无从实现，强制学生也只能是无的放矢。进而言之，本读书团队首先需要学生具备相当之基础，如英语基础和良好的学习、阅读习惯，在此基础上辅导就可事半功倍。据此，该团队的读书活动辐射学生的范围主要是积极学习的学生、英语基础好的学生。

以此，我们对法律学徒社中学生成员情况做再分析。法律学徒社中的学生有两方面的来源：①学院分配的学生；②自愿跟随的学生。对于前者，笔者只能被动接受。学习习惯好的学生，他们的专业学习能力显著提升，英语水平也大幅提高，但也有相当一部分学生无法进入学生状态，甚至拒绝进入团队读书，等到其想学时（一般是大二下期打算考研时），则只能达到粗浅的学习状态，距离法学教育的要求、法律职业的需求相当遥远。而自愿跟随的学生在学习积极性上、在专业和英语基础上均比较优秀，进而在辅导中能够迅速进入角色，并成为团队中的骨干，不仅提升自己，也影响他人。

简而言之，通过分析团队成员的组成，我们应当清楚如是一件事，即要真正掌握法律职业要求的法律知识和法律技能，应当对学生提出严格要求。但这一辅导、引导的有效辐射范围是积极学习的学生。虽然分配学生中不努力的学生在三年的辅导中也有进步，但相对于辅导之目的、法律职业之要求，却没有真正成为辐射对象。

其次，辐射效果之决定者。在师生权力关系中，法律学徒社辅导活动辐射的范围主要是有一定基础且能（或者说欲）积极学习的学生。但是，在这一权力关系中，即使有学生积极学习，其效果如何仍然取决于教师的能力和水平，取决于法学教师对法学教育要求和法律职业需求的思考和判断。

在大学法学教育的读书活动辅导中，一方面，学生为一张白纸，学校已有的组织和机构又没有提供相应的服务和咨询，师兄师姐的经验与总结也支离破碎，甚至完全错误；另一方面，辅导老师，根据当下高校对教师的基本要求（一般要求为法学博士）①，经历了法学本科教育、硕士教育和博士教育，清楚法学教育的基本规律，掌握了丰富的信息，如果稍做审视，即可做出比较正确的判断和建议，另外，他们丰富的教育经历和工作经历使他们对法律职业（及其发展前景）也有良好的判断②。

因此，辅导教师对专业知识、对法学教育基本规律、法律职业需求和未来发展方向有深刻的认识，是师生权力关系中（辅导学生事项中）的决定者、主导者，而非简单的引导者。因为学生在该关系中无凭可倚，甚至没有意识到有这一（权力）关系，即使学习努力者也很难意识到。

最后，师生权力关系的“扭曲”。在五年有余的辅导中，笔者认为主要有两方面的因素导致了这一权力关系的“扭曲”，具体描绘如下。

其一，学生的“懒惰”。最初笔者对学校、学院学生持积极态度，但几年教学下来，发现学生没有学习计划，也没有职业规划，无论是在学习上，还是在思想上，均表现出“懒”的状态。因此，笔者想通过自己的努力，以学院分配学生为基础，改变这一现状。经过五年的法律学徒社辅导，受辅导的学生改观不少，但在独立思考方面、在人生规划方面仍然呈现出“懒惰”的状态——这将是未来法律学徒社应予以重点注意的事项和需要解决的问题。

其二，监督严重缺失。在师生权力关系中，双方处于极不平等的地位，教师是给予者，学生是接受者，而且学生还无法对其监督，其他主体也没有机会，更没有动力去监督，因为这属于教学之外之事。因而，辅导者（教师）在没有内在动力（即在辅导中学生无法为其提供灵感）和没有其他因素激励的情况下，很容易成为一名怠于行使权力的辅导者。这一师生权力关系则容易滑向松散式师生权力关系。

---

① 请参见蒋志如《试论法学教育对法学教师的基本要求》，载《中国法学教育研究》2013年第4期。

② 当然，根据中国当下现状，（法学院）教师对法学教育缺少深刻审视，对法律职业缺少思考（很多教师“从学校到学校”，从来没有从事法律实务的经验），因而没有能力为学生提供比较专业的建议和辅导。在笔者看来，究其原因，主要在于很多教师不愿意审视，也没有动力去审视。

总而言之，（法律学徒社中的）辅导活动一方面表现出诸般优势，另一方面深层缺陷也不容小觑。对于其缺陷、不足，需要在将来的辅导中继续观察，并在其他条件的辅助下，逐渐克服有些缺陷，以提升读书活动的质量。

六　结语：展望未来

笔者辅导读书活动自2011年开始共有五年，其间取得很多意料之中的成绩（诸多学生考取研究生），也有很多意外之喜（学生的法律知识和法律技能得到丰富和提升）。笔者也从辅导中丰富了对法学教育的理解和思考，改变了教学方式和辅导方式。在辅导中，笔者发现了辅导活动的若干缺陷，也发现了学生的一些瑕疵，还感受到了其他辅助条件对辅导活动的重要支持作用。

因而，笔者认为，提升法律学徒社及其读书活动质量或者扩张其影响，并将其作为学院、学校教育改革的一个试验田或者说作为学校、学院教育的有益补充，需要注意以下事项。

首先，展开与其他教师的合作。在五年的辅导中，一名教师的辅导花费诸多时间和精力，随着学生数量的增加，必将产生顾此失彼的现象，如果有其他教师的参与，相信读书团队活动会更有效果，也更有活力。当有更多专业教师参与时，一方面，相关课程的引导和讨论可以更深入；另一方面，学生也可以获得更专业的辅导。如此，在法律学徒社中，不仅仅学生应当被组织起来，辅导教师也应当有组织地行动，让教师之信息（前述的可以用于指导学生的信息）得到优化组合，以提升辅导团队的整体实力。其实，笔者已启动这一工作，在2015年笔者经常邀请范晓梅老师（其为海归博士）参加，就英语学习、专业学习发表意见，2016年还请其管理和监督该团队之读书活动；还有邀请法院法官[①]参加本团队之活动，学生可以更早接触法律职业、司法实务，知晓法学学生应具备之法律知识和法律技能。

① 后来邀请张正印老师和绵阳市中级人民法院研究室、基层法院的法官到法律学徒社参加活动，指导学生读书，增加了读书活动的多样性。

其次，学院对分配学生的支持。在读书团队（法律学徒社）草创阶段、初步发展阶段，辅导之效果决定着其他同学、下一级学生的参与度，而辅导之效果不仅仅取决于教师的努力，更取决于学生本身的基础和素质（主要是英语和学习习惯方面的情况）。同时，团队学生只有保持一定规模方可能在每一届挖掘出 2～3 名优秀学生，令其示范、引导团队之读书风气，增强学生间的互动。因此，分配的学生应满足两个方面的条件：①英语基础较好，学习、生活习惯没有不良表现；②学生之人数应当为 6～10 名，但不能超过 10 名学生（学生太多，容易分身乏术），而且到大二，还有自愿跟随的学生。

再次，办公条件的支持。需要有一个相对独立的活动空间（即需要一间办公室），不仅可以在周末活动，还可以在平时活动。如果有独立空间，学生与教师的活动频率可以提高，更可以在周一到周五邀请实务部门（法院法官、检察院检察官）参加读书活动。有了法官、检察官的引导和指导，学生对法学理论、法律技能的兴趣会更浓厚。没有独立的活动空间，法律学徒社的活动时间大受限制，除了周末外，其他时间无法开展活动。另外，有了独立的空间，法律学徒社本身就可以积累一些有自己特色的书籍，进而方便学生获得想读的书籍，还可以形成浓浓的读书氛围。

最后，经费支持。经费是任何活动开展的基础性要素，没有经费的活动往往处于低水平运行状态，只有更多强制、更多精力的付出方可达致有经费情况下的部分效果。如果有经费的支持，学生可能付出的费用将降低①，也可能增加学生的读书兴趣，同时这些活动可以让读书多样化，比如说定期邀请其他老师和实务部门法官、检察官、律师等到场开讲座、讲课，可以让学生接触实务，培养学生的法律技能，巩固学生的法律知识，促发其对法律理论、法学实务的思考。

根据笔者的经验，如果每年有一笔费用、有独立的空间用于支持读书活

---

① 学生按照本读书团队的要求，需要购买很多书，每学期大约 200～400 元，四年下来也是一笔不小的费用，对于有的学生而言，也是需要斟酌之事。其实，我们完全可以通过团队购买，积累到一定数量，则可以让学生循环利用。

动，该读书团队的规模和质量可以达到更高的水平。

总而言之，经过五年的草创时期，法律学徒社的基本框架确立，而这一框架的确立基本上是笔者与学生在没有任何费用、物质空间的支持下实现的，取得了相当的成果，也有一些缺陷和瑕疵。要克服这些缺陷，除了师生共同努力外，还需要学院、学校，特别是学校提供一些机会（比如说成立一个更正规的组织）、一些活动场所和经费，以使该活动更加常规化、制度化，进而提升学生的素质、考研的比例（增加就业率）和激发更多其他学生参与读书活动，以提升法学院、学校的吸引力。

七　附录　法律学徒社活动案例

（一）法律学徒社守则

第一条：法律学徒社是以辅导读书为主、辅导考研为辅的读书团队。

第二条：法律学徒社的组织者为蒋志如；特邀老师为范晓梅、张正印，绵阳市中级人民法院研究室法官、刑一庭法官，安县法院刑庭法官，三台县法院刑庭法官。

第三条：学生组成：学院分配学生和自愿跟随的学生。

第四条：本读书团队是一个开放的团队，可以随时加入，亦可随时退出。

第五条：凡本团队成员应当遵守本团队之读书要求、计划和作业。

第六条：团队成员读书科目：法理学、宪法学、民法学、刑法学、刑事诉讼法学和民事诉讼法学。

第七条：读书成员应当制定读书范围：①经典教材、专著；②每科目经典教材 1～2 本、专著 2 部；③有兴趣的科目确定一门，阅读专著 15～20 本。

第八条：每两周组织一次读书活动。读书活动议程如下：①检查作业；②三年级学生主讲（第一学期主讲法理学，第二学期主讲宪法学），三年级其他学生或者二年级学生点评，一年级学生听讲、记笔记；③辅导者点评。该活动视时间多寡，循环上述环节。

第九条：英语阅读，每周3~5篇材料（A4纸5~7页，英美主流媒体新闻每周2~3篇，每篇材料增加3~5页）或者英语杂志《经济学人》2~3篇。

第十条：所有大二以上学生，每周应当阅读感兴趣学科学术论文3~5篇。

（二）教案（PPT）

另附

（三）照片

另附

别谈：法学学生、法律人学习的阶段或层次

——以金庸武侠人物为例

一　提出问题、材料与界定

众所周知，中国当下法学教育存在若干问题①，既有宏观的体制问题（职业教育还是普通教育的争论）②，也有微观的教师教学问题③，更有法学院和大学的整体氛围问题、学生的学习态度问题（如考试测试学生功能的虚置、实习的形式化、学生读书少等）④，还有中国当下社会浮躁、短视、功利等因素的影响和渗透。法学院教学中前述具体操作、流程的简单化、形式化、虚置化导致了中国法学院的学历、学位成为一种非常容易获得的能力认证。进而言之，获得各个层次法学学位的学生，其技能、法学素养、修养、能力远远低于国家、教育部的要求，该教育成为一种名不副实的职业训练、学术训练，因而在解决中国法治建设遇到的问题时，总是力不从心，更不能创造出新的法学理论、具有中国文化传统特色的现代法学体系。就其本质而言，不是学生之天资存在根本问题，更不是中国缺少学习、创新的资源

① 请参见蒋志如《法律职业与法学教育之张力问题研究——以美国为参照的思考》，法律出版社，2012。

② 请参见蒋志如《试论法学院的法律职业人才和法学学术人才的培养》，载《河北法学》2016 年第 7 期。

③ 请参见蒋志如《试论法学教育教师应当教授的基本内容》，载《河北法学》2017 年第2 期。

④ 请参见蒋志如《中国法学教育的双输?!》，载《厦门大学法律评论》2010 年第 1 期。

问题，而是学生积累的方式有问题，或者说我们培养学生的方式有问题。法学教育从整体上看，缺少一种培养能力，更缺少一种培养学生积累性成长能力的模式，学生也缺少学习法学专业的专业性指导。如何培养法学学生积累性成长的能力呢？

对这个问题的回答，见仁见智。在这里，我更愿意换一个研究、审视的角度，以类比的方式展开考察，以武林世界的武功、武学的学习和实践做对比，检讨前述中国法学学生、法律人学习实践的问题。武侠小说，特别是以金庸、古龙、梁羽生等写作的小说为代表已成为中国文化生活的重要组成部分，如金庸武侠中的郭靖、令狐冲、韦小宝、杨过等人已成为我们耳熟能详的人物，在日常生活中谈及某事、某人时，常常以他们为例，俨然取得与历史上的重要事件、人物类似的地位。因此，我们以武侠小说中的人物、事件、某些片段为例做专业讨论，以审视、思考自己所从事的法学专业。

在武侠小说中，最重要的是武学、武功，这是一名武林人士行走江湖、闯荡武林的基础。一名武林人士的武学基础、修为、能力决定着其江湖地位（虽然江湖地位，特别是武林盟主地位的取得并不完全取决于武功的高低）；在法律领域，法律技能、法律素养、法律修养则是法律职业的基础。法学专业是一种职业训练、专业学习，如果将对武功、武学的学习视为专业学习的话，我们可以通过讨论武林人士修习武学、武功的方式审视法学学生、法律人的学习模式、方式问题，以进一步促进法学学习。

在笔者看来，武侠小说中的人物，特别是重要人物（包括主人公、其他重要角色，如《笑傲江湖》主人公令狐冲，其他诸如林平之、岳不群、左冷禅属重要人物）的学习均为终生学习，不仅仅在年轻学徒阶段扎牢基础，在中老年时期也能继续学习，令其专业（武功）能够不断进步，并做持续性积累，进而有所成就或者能够在江湖上独树一帜。这也是笔者对前述问题的一个具体的或者说另类的回答。

在这里，笔者将以金庸武侠为例对该问题进行详细分析，但在分析之前，需要有一个界定：金庸武侠不全是虚构的世界，而是将虚构的人物、事件嫁接到具体的历史、事件中。如果从历史史实角度看，该书所涉及的历史人物、事件有一些不尽真实之处，但从宏观历史观察，则没有值得怀疑的。或者更确切地说，虽然有这一嫁接，但其是可能发生的。因此，在这里，笔者并不在意其间的问题、矛盾、冲突，更多将金庸武侠所描绘的世界视为一个完整的世界、真实的世界，并以其描绘的图景作为分析的基本材料。

二　郭靖学习阶段

郭靖是金庸武侠小说中非常重要的人物。他的成长经历堪称奇迹，从名不见经传的呆小子、蠢小伙成长为为国为民的一代大侠（被奉为“北侠”[①]）。其成长为“北侠”的经历并不是本节叙述的重点，笔者将侧重分析其成长、发展的基础性能力，即武功的学习方式（及其中蕴含的基本理念、思维方式）。根据《射雕英雄传》[②] 之文本，可以描绘如下。

首先，从郭靖的先天条件看。郭靖为名门之后，系郭啸天之子，乃梁山泊好汉地佑星赛仁贵郭盛的后代，但郭靖还在孕中即历经苦难。①郭靖母亲李萍有丧偶之痛。当郭啸天被金国六王爷及其走狗段天德杀死时，虽然郭靖并不能感受到该痛苦，但对其母亲而言则有天塌地陷的灾难与悲痛。②段天德为了躲避江南七怪的追杀，以李萍为人质，从江南逃到北京，再从北京逃到漠北，亦即李萍在怀郭靖期间颠沛流离，而且从经济发达的江南到了一片荒芜的漠北。进而言之，一名怀孕的女性，从丈夫被杀那刻，每天与仇人生活在一起（内心充满仇恨，每天都想杀死对方或者同归于尽），直到郭靖出生前一刻（遇到一伙溃兵，冲散了李萍与段天德）。亦即在李萍怀郭靖整个时期，特别是后期，其精神上高度紧张、痛苦，且情绪处于波动之中，皆不利于产出健康的孩子。③李萍的家境从一般家庭堕入贫困家庭。一名南方女

---

① 在《神雕侠侣》结尾有所谓的“第三次华山论剑”：武林人物（五绝）有新的排序，东邪（黄药师）、西狂（杨过）、南僧（段智兴）、北侠（郭靖）、中顽童（周伯通）；取代了旧有的（第一次华山论剑的排序）东邪（黄药师）、西毒（欧阳锋）、南帝（段智兴）、北丐（洪七公）、中神通（王重阳）。

② 笔者以广州出版社和花城出版社2008年出版的《射雕英雄传》为基础，该版本是金庸对其小说的第三次修订版。

性，孤身一人，身无分文，突然进入语言、生活习惯迥异的蒙古地区生活，家境可想而知。此不利于郭靖顺利成长，至少与其他人比较不占任何优势。

因此，我们可以做出如下判断：郭靖的出身环境并不好，亦即其成长的初始条件差，出现《神雕英雄传》所的描绘情景实属正常："当其六岁之时，"这孩子学话甚慢，有点儿呆头呆脑，直到四岁时才开口说话"。但从生理学角度看，郭靖有一优势，他身子骨还好，有练武的身体基础，即"好在身子强壮，筋骨强健，已能在草原上放牧牛羊[①]"。就此而言，在草原上，从一般人的成长经历看，郭靖应当只能成为一名智商平庸、能力一般的普通人。

其次，从郭靖的家庭教育看。郭靖只有来自母亲的教育、熏陶。他母亲李萍，从其经历、生活方面看，有能力也确实训练了郭靖的如下品质。

（1）正直、诚实、勇敢。郭靖是将门英雄之后，也是江湖人士之后，李萍作为母亲肯定会在日常抚养中讲述家庭、家族的英雄事迹（正直、诚实、崇拜英雄等），正如书中描绘"说到双方交战时并无惧色，（李萍）心想孩子虽小，人又蠢笨，终是将门之后，倒也大有父风"，更会灌输为父报仇（复仇）的愿望（学武、勇敢等）。当郭靖第一次遇到江南七怪时，一提到其父亲，即提到报仇心愿、提到仇人段天德[②]。

（2）乐于助人且不计回报。当郭靖帮助被铁木真追杀的哲别时，他拒绝透露哲别的下落，在哲别感谢他时，他引用了其母亲的话"（妈妈说的），须得帮助客人，不可要客人的东西[③]"。

据此，我们可以说，郭靖后天（最初）的人格教育是合格的，甚至可以说是优秀的，至少应当说郭靖的人品、性格非常不错，虽然他智商并不出众。

再次，学习、成长的机会。郭靖成长的初始条件一般，但其母亲培养他重要的品德、优秀的人格（后天的家庭熏陶），为其提供了更多的学习与成长机会，主要表现为以下几个方面。①拜哲别为师。郭靖勇敢、帮助他人不

① 金庸：《射雕英雄传（一）》，广州出版社、花城出版社，2008，第91页。
② 金庸：《射雕英雄传（一）》，广州出版社、花城出版社，2008，第95、124页。
③ 金庸：《射雕英雄传（一）》，广州出版社、花城出版社，2008，第103页。

计回报，令哲别、铁木真佩服，于是收其为徒，令其与铁木真一起生活，进而与蒙古族的最高层人士（如哲别、铁木真的儿子拖雷）一起生活，改变了郭靖的生活状态、生活圈子，开阔了视野。②拜江南七怪为师。当江南七怪接触郭靖时，为其智商沮丧，欲放弃，当通过考察，发现郭靖有吃苦耐劳、勇敢等品性时，毅然决然地教授郭靖，为郭靖进一步学习更上层的武功奠定了基础[①]。③拜洪七公为师。郭靖在黄蓉的帮助下，拜洪七公为师。洪七公为武林绝顶高手（“五绝”之一，且很有侠名，在江湖上被尊称为“北丐”），其传授郭靖“降龙十八掌”，亦成为郭靖一生中的成名绝技。④与周伯通交往。周伯通被“困”在桃花岛 15 年，郭靖无意间进入周伯通所在之地，两人志趣相投，加上其曾受艺于马钰、洪七公，两人结为兄弟，并在此学习武林最上层武功《九阴真经》和周伯通独创的双手互搏。

简而言之，由于郭靖母亲对其品德的后天培养，增加了其学习和成长的机会，始有从普通牧民成长为武功卓绝、为国为民的“北侠”；通过哲别，郭靖能强身健体，在军队中建功立业；通过江南七怪，其始入武学（奠定学习上层武功的基础）；通过黄蓉其方可认识、结交无数的武林高手；通过向洪七公、周伯通学习，其武功方集大成；通过长期的武学实践、审视人生、为国为民抗击蒙古入侵，其武功与人生方臻巅峰。

最后，郭靖之学习方法。郭靖的性格、品德仅仅为其成长提供更多机会，但也仅仅是机会而已，并不必然导致其走向成功，特别是成为一代大侠。更或者说，当诸多机会摆在郭靖面前时，他学习之态度和方法（虽然其仅仅是郭靖无意识的组成部分）才是成功的基础。

（1）在跟从江南六怪[②]学习武功时，《射雕英雄传》有如下描绘：“每到晚上，江南六怪把郭靖单独叫来，拳剑暗器、轻身功夫，一项一项地传授。郭靖天资颇为驽钝，但有一般好处，知道将来报父亲大仇全仗这些功夫，因此咬紧牙关，埋头苦练……韩宝驹与南希仁所教的扎根基功夫，他一

① 在该阶段，还有全真教掌教马钰的辅导。江南七怪在教授武功方面的确不是优秀的老师（在于知识的传递，没有注重内在知识、原理的融会贯通），马钰为郭靖补上了这一课。

② 张阿生在与梅超风夫妇的对战中牺牲了，只剩下六人在漠北与郭靖一起生活。

板一眼地照做，竟练得甚为坚实”[①]。

（2）跟着洪七公（九指神丐）学习武功“降龙十八掌”。第一步，洪七公详细讲解“降龙十八掌”之一式“亢龙有悔”，在掌握该“知识”大要后，背诵该“知识”后面的原理、要诀；第二步勤学苦练，在苦练中收获、体悟，正如书中的描绘：“郭靖将他（洪七公）的话牢牢记在心里，以备日后慢慢思索。他学武的法门，向来便是‘人家练一朝，我就练十天’，当下专心致志地学练掌法，着意于‘收劲、留力’两项，起初数十掌，松树总是摇动，到后来劲力越来越大，树干却越摇越微，自知功力已有进境，心中甚喜，这时手掌边缘已经肿得十分厉害，他却毫不松懈地苦练。”通过一月有余的时间，郭靖学习到“降龙十八掌”中的十五式，武功与之前比较已判若两人[②]。

（3）跟着周伯通学习《九阴真经》。虽然周伯通传授郭靖《九阴真经》有偶然性，但周伯通并不驽钝，更不是是非不分，因而，他选择教授郭靖与自身性格、两人志趣相投密切相关。虽然周伯通教授的方法古怪（只讲授，不演示），却也符合郭靖学习武功的基本路径。开始，周伯通选用《九阴真经》上卷部分要旨，选择数条讲授予郭靖；当其效果显著时，再“一字一句，把上卷真经的经文从头念给他听”，“说一句，便命他（郭靖）跟一句，翻来覆去地念诵，数十遍之后，郭靖虽不明句中意义，却也能朗朗背诵，再念数十遍，已自牢记心头。那真经下卷最后一段，有一千余字全是咒语一般的怪文，叽里咕噜，浑不可解……要记住这千余字全是咒语一般的怪文，更比背诵别的经文难上百倍，郭靖却天生有一股毅力狠劲，不管它有无意义，全不理会，只埋头硬背，读上千余遍后，居然也将这一篇诘屈诡谲的怪文牢牢记住了”。最后，“前后数百遍念将下来，已把上下卷经文都背得烂熟，连那一篇什么‘摩诃波罗’、什么‘揭谛古罗’、什么‘哈虎文钵英’的怪文，竟也能背得一字不误[③]”。

① 金庸：《射雕英雄传（一）》，广州出版社、花城出版社，2008，第155页。
② 金庸：《射雕英雄传（二）》，广州出版社、花城出版社，2008，第404~416页。
③ 金庸：《射雕英雄传（二）》，广州出版社、花城出版社，2008，第594~599页。

据此，我们可以说，郭靖学习知识、武功的方法只有一项，即死记硬背、不断重复。他以勤奋、勤学苦练提高技艺，并通过实践（与师傅们过手、与交往的坏蛋对战如黄河四鬼、梁子翁、欧阳锋、欧阳克、裘千仞等人）寻找学武之要义（武学之高境界）、人生感悟（学武的意义）、人生道路（为国为民），成为一名有德有艺的大侠，在今日看来即真正的专家。

但，就这里的要旨而言，我们的侧重点不在于探求其诸多丰富意义，而在于窥视学习专业知识的第一阶段、层次：通过死记硬背的方法获得基础知识、专业基础知识。该阶段是学习武功、专业知识的必经阶段，任何从事专业学习的初学者均不能绕开，经此方有进入、达到第二层次之可能。

三　张无忌、令狐冲的学习阶段

《倚天屠龙记》中的张无忌、《笑傲江湖》中的令狐冲均为聪明绝顶之士，虽然经历诸多心酸、磨难，但在学习武功、学习知识上可谓一路顺风顺水，自然而然进入武林高手之列，与郭靖之机遇形成鲜明对比，请看下面对两人学习武功（专业知识）基本情况的描绘。

（一）张无忌

首先，初始条件。从张无忌的出生看，无论是他父亲张翠山（武当七侠中最得张三丰真传的弟子），还是母亲殷素素（天鹰教教主的女儿，异常聪明），均是武林中响当当的人物。虽然出生在海外（冰火岛），一出生即有三人疼爱——父亲、母亲与义父（大名鼎鼎的金毛狮王谢逊）。张无忌六岁时开始跟随其父学武，学习武当心法，练习打根基的内功；当其八岁时，开始跟随谢逊习武，但并非练习，而是牢牢地将谢逊的上乘武功记下来[①]。这也属于第一层次的学习，即通过死记硬背学习知识，即使张无忌天资聪

① 请参见金庸《倚天屠龙记（一）》，广州出版社、花城出版社，2008，第215～217、236～237页。

颖。张无忌以此种方式学习谢逊的上乘武学虽说是情非得已，但反映了该种方式是学习、入门的基本方式，也是最初采取的方式，而且死记硬背时不能有任何差池（因为出现错误即可能导致练武者走火入魔）。

其次，第二层次的学习。当张无忌一家回到中原，父母惨死，张无忌身中玄冥二老的玄冥神掌。为了活命，他跟着明教医仙胡青牛学习医术，胡青牛死后，张无忌到西域，机缘巧合有机会接触到《九阳真经》，更有机缘学习乾坤大挪移，在光明顶大展神威、一战成名，成为明教教主①。当蒙古郡主赵敏攻打武当派时，张无忌跟随张三丰学习太极剑、太极拳，其学习过程充分展示了第二阶段的学习境界，具体可以描绘如下。

第一次学习，学习太极拳。张三丰以为武当派将遭遇灭门②，欲将刚刚创立的太极剑、太极拳传于第三弟子俞岱岩。在演示、讲解过程中，张无忌以道童身份机缘巧合地“旁听”了该课程③。

（1）张三丰的演示与讲解，《倚天屠龙记》中有如下描绘：“张三丰缓缓站起身来，双手下垂，手背向外，手指微舒，双足分开平行，接着两背慢慢提起至胸前，左臂半环，手掌与脸面对成阴掌，右掌翻过成阳掌，说道，‘这是太极拳的起手式。’跟着一招一式地演下去，口中叫着招式的名称：揽雀尾、单鞭、提手上势、白鹤亮翅、搂膝拗步、手挥琵琶、进步搬拦锤、如封似闭、十字手、抱虎归山……约莫一顿饭十分，张三丰使到上步高探马，上步揽雀尾，单鞭而合太极，神定气闲地站在当地，虽在重伤之后，一套拳法练完，精神反见健旺。他双手抱了个太极式的圆圈，说道：‘这套拳术的诀窍是“虚灵顶劲、涵胸拔背、松腰垂臀、沉肩坠肘”十六字，纯以意行，最忌用力。形神合一，是这路拳法的要旨。’再行细细解释。”

（2）张无忌的学习过程：“张无忌目不转睛地凝神观看，初时还道太师

---

① 张无忌修习的《九阳真经》、乾坤大挪移均为内功心法，而非外在的掌法或者剑法，对增进掌法、剑法有促进作用，因而其在光明顶则主要以他派武林绝学配以九阳神功、乾坤大挪移鏖战群雄，扬威于天下，也为其学习太极剑打下良好基础。

② 蒙古郡主赵敏派空性（少林有道高僧）偷袭张三丰，虽然空性死亡，却也重伤张三丰，如果没有张无忌、明教的及时赶到，武当派的确有遭遇灭门的可能，正如少林派的遭遇一样。

③ 金庸：《倚天屠龙记（三）》，广州出版社、花城出版社，2008，第823～824页。

父故意将姿势演得特别缓慢，使得俞岱岩可以看得清楚，但看到第七招‘手挥琵琶’之时，只见他左掌阳、右掌阴，目光凝视左手手臂，双手慢慢合拢，竟是凝重如山，却又轻灵似羽。张无忌突然之间领悟：‘这是以慢打快，以静制动的上乘武学，想不到世间竟会有如此高明的功夫。’他武功本就极高，已经领会，越看越入神，但见张三丰双手圆转，每一招都含着太极式的阴阳变化，精微奥妙，实开辟了武学中从未有的新天地。”

第二次学习，学习太极剑①。

（1）张三丰的演示：“（张三丰）右手持剑，左手捏个剑诀，双手成环，缓缓抬起，跟着三环套月、大魁星、燕子抄水、左拦挡、右拦挡……一招招演将下来，使到第五十三式‘指南针’，双手同时画圆，复成第五十四式‘持剑归原’”。

（2）张无忌的学习过程：“张无忌不记招式、只细看剑招中‘神在剑在、绵绵不绝’之意。”

（3）张三丰与张无忌的互动过程：“张三丰问道：‘孩儿，你看清楚了没有?’张无忌道：‘看清楚了。’张三丰道：‘都记得没有?’张无忌道：‘已忘记了一小半。’张三丰道：‘好，那也难为了你。你自己去想想吧。’张无忌低头默想。过了一会，张三丰问道：‘现下怎样了?”张无忌道：“已忘记了一大半。’张三丰微笑道：‘好，我再使一遍。’拔剑出招，演将起来。众人只看了数招，心下大奇，原来第二次所使和第一次使的竟然没有一招相同……张三丰画剑成圈，问道：‘孩儿，怎样啦?’张无忌道：‘还有三招没忘记。”张三丰点点头，放剑归座。张无忌在殿上缓缓踱了一个圈子，沉思半晌，又缓缓踱了半个圈子，抬起头来，满脸喜色，叫道：‘这我可全忘了，忘得干干净净的了。’张三丰道：‘不坏不坏，忘得真快，你这就请八臂神剑指教吧!’”

根据上述，我们可以做这样的总结和梳理：不管是学习太极拳，还是学习太极剑，张无忌并没有注重具体知识（武学招式），更没有刻意记

---

① 金庸：《倚天屠龙记（三）》，广州出版社、花城出版社，2008，第846~848页。

住（特别是通过死记硬背的方式）太极拳、太极剑的所有招式，主要是观察、学习张三丰演示太极拳、太极剑的基本意境、原理，即“这是以慢打快，以静制动”。特别是在学习太极剑时，张三丰还特意要求在学习过程中忘记所学的（太极剑）招式，这一过程即已忘记了一小半；已忘记了一大半；还有三招没忘记；这我可全忘了，忘得干干净净的了。如果从专业学习的角度看，该层次应当如此描绘：记住、背诵具体专业知识后，经过时间的累积、经过实践，具体专业知识已经忘却，但专业知识蕴含的理念、思维方式、原理则存留下来，是为学习（专业知识）的第二个层次，但这个第二层次的学习必须有第一层次作为基础。

（二）令狐冲

在金庸武侠小说中，除了张无忌可以代表第二层次的专业学习外，还有另外一个人物值得效仿，即令狐冲学习独孤九剑的过程。

令狐冲作为《笑傲江湖》的主人公，他修习了师门的华山剑法（但这一过程在书中未有系统叙述），除此之外，跟着华山派的前辈风清扬学习了独孤九剑，在西湖湖底修习了吸星大法，前者是剑术，后者是内功心法（通过吸入他人内功提升自己的内功，但其副作用也大）①。现在则以令狐冲修习的剑法“独孤九剑”为例展开分析②。

首先，作为基础。从先天看，令狐冲心地善良，非常聪明，更有严师岳不群、宁中则的谆谆教诲③，系统地修习了华山剑法。令狐冲不仅是华山派的大弟子，更是华山派年青一代的翘楚。但在玉女峰绝顶的一个危崖面壁思过时，他无意中发现五岳门派早已失传的精妙剑法（包括华山派的）和魔教长老破解五岳门派剑法的方法。他首先学习华山派没有传下来的剑法、审

---

① 在《笑傲江湖》最后，令狐冲仍然修习了少林寺的《易筋经》，这也是令狐冲武学的组成部分，虽然其开始并不知晓，仅认为是风清扬请方正大师代传的内功口诀而已。

② 对此，请参见金庸《笑傲江湖（一）》，广州出版社、花城出版社，2008，第281～357页。

③ 在这里，我们不关心岳不群后来的阴险狡诈，但其在教育少年时代的令狐冲时必然用心良苦，特别是师母宁中则。

视学习到的剑法；后来田伯光来到华山，在与田伯光斗的过程中学习了五岳门派中其他四派的精妙剑法，并且也学习了魔教的一些破解五岳门派剑法的剑法。进而言之，令狐冲在学习剑法的过程中，学习到了许多具体知识，也学习了审视五岳门派剑法的相关知识（剑法）。

其次，风清扬对五岳派剑法的教学。他首先让令狐冲审视华山剑法，正如《笑傲江湖》所叙述的："活学活使，只是第一步。要做到出手无招，那才真是踏入了高手的境界。你（令狐冲——笔者注）说，'各招混成连绵，敌人便没法可破'，这句话还只说对了一小半。不是'混成'而是根本无招。你的剑招使得再混成，只要有迹可循，敌人便有隙可乘。但如你根本并无招式，敌人如何破你的招式?"

令狐冲据此对华山剑法、其他四派剑法在与田伯光的打斗中做了一个深入的学习、再学习和深度审视的钻研，有两个层次：其一，让华山派剑法混成一体，令他人没法攻破，随后对其他四大门派的剑法也如此；其二，无招，在与田伯光打斗过程中使用五岳门派剑法时，初步领会有招中的无招境界。

最后，关于独孤九剑，分别为"总决式""破剑式""破刀式""破枪式""破鞭式""破索式""破箭式""破掌式""破气式"。根据风清扬的教导"（独孤九剑）要旨在于一个'悟'字，决不在死记硬背。等到通晓了这九剑的剑意，则无所施而不可，便是将全部变化尽数忘记，也不相干，临敌之际，更是忘记得干净彻底，越不受原来剑法的拘束……"进而言之，该剑谱，剑意最重要，而且要无招胜有招。

因此，我们可以说，风清扬之教学有一个逻辑理路。其一，熟记所有具体剑法（主要是五岳派剑法），达到对具体剑法耳熟能详、信手拈来的境界，进而能将剑法所有招式混为一体，此仍然为第一层次的学习，也是后者必经的程序。其二，剑意，此为剑法的更高层次，即理念、思维方式与制度问题，要求学习者忘却既有的剑法，特别是临敌之际需要将所有剑法忘记，以达到"无招""无招胜有招"的境界。因而该过程亦是一个"破立"的过程，而"破"的前提是"立"。

综上所述，学习武功、专业知识的第二个层次应当是学习到专业知识背后的基本原理、基本制度和理念，而不仅是专业知识，甚至可以说应当忘却具体的专业知识，或许还可以这样说，当知识已尽之时，理念、思维方式方应呈现。当（专业知识背后的）理念、思维方式越来越多地呈现在学习者面前时，更广阔的天地也得到揭示，进而可能创造更多的、进一步的知识，亦即以理念、思维方式为指导扩展了知识的边界，这是第三层次的学习状态，请看以下两节的具体分析。

四　左冷禅的学习阶段

左冷禅在金庸小说中是一个非常特别的人物，而且扮演反派角色。他为了达到并派的目的（即让既有的五岳盟由一个松散式的组织转变为一个更具有内在联系、更具有官僚性的组织）而不择手段。如果根据方证大师、冲虚道长的观点，他还可能想达致五岳门、少林派、武当派三足鼎立的目的，更想达到一统江湖的目的①。笔者在这里的侧重点不是详细分析该问题，而是将其作为一名武学的学习者、研究者身份加以讨论，以展示学习的第三个层次，在理念、思维方式的指导下如何扩展知识边界，具体描绘如下。

首先，左冷禅的基本情况。左冷禅虽然是《笑傲江湖》中的重要反派，对其生平、经历的介绍却很少，但我们可以根据小说之文本做一些归纳、总结。左冷禅出场很晚，正式出场是在嵩山少林寺，当时令狐冲率领群豪到少林迎接魔教圣姑任盈盈，武林正道人士齐聚少林以应对该危机。当危机解除后，不期而至的是少林派、武当派、五岳派、青城派、昆仑派等正派人士堵住了任我行、向问天、任盈盈一行，少林方证大师欲将其留在少林寺 10 年。任我行不愿意，双方产生争执，而解决问题的方式即比武，左冷禅是重要参与者，因而有了第一次对其的正式评价，请看魔教教主任我行的评价："左大掌门（即左冷禅——笔者注），你倒不必脸上含笑，肚里生气，你虽不属

① 对此，请参见金庸《笑傲江湖（一）》，广州出版社、花城出版社，2008，第 1051 ~ 1054 页。

于我佩服之列，但在我不佩服的三个半高人之中，阁下却居其首……你的武功了得，心机也深，很合老夫的胃口。你想合并五岳剑派，要与少林、武当鼎足而三，才高志大，也算了不起。可是你鬼鬼祟祟，安排下种种阴谋诡计，不是英雄豪杰的行径，可叫人十分地不佩服①。”

如果说任我行是魔教教主，其评价可能有偏见，但武当派掌门冲虚道长和少林寺方丈方证大师亦有一段对左冷禅的评价。“冲虚道长道：‘左冷禅野心极大，要做武林中的第一人。自知难以服众，只好暗使阴谋。’方证叹道：‘左盟主文才武略，确是武林中的杰出人物，五岳剑派之中，原本没第二人比得上。不过他抱负太大，急欲压倒武当、少林派，未免有些不择手段。’冲虚道长道：‘少林派向来为武林领袖，数百年来众所公认。少林次之，便为武当。更其次是昆仑、峨眉、崆峒诸派……五岳剑派在武林崛起，不过近六七十年的事，虽然兴旺得快，家底总不及昆仑、峨眉、崆峒，更不要说和少林派博大精深的七十二绝艺相比了。’”

据此，我们对左冷禅的基本情况可以做如下判断：①左冷禅是嵩山派掌门，也是五岳剑派的盟主；②他的文才武略，即其能力在武林中处于一等人物的位置，虽然人品、德行与武功不匹配（均认为他心机深、擅长阴谋诡计）；③左冷禅的武功、武学修为也是一等一的，是与任我行、方证大师、冲虚道长齐名的武学大家。

其次，嵩山派剑法的基本情况。根据上述，我们清楚一个事实，即左冷禅很聪明，武学水平亦极高，是武林中第一等好手，江湖地位也极高（嵩山派掌门，亦是五岳剑派的盟主）。鉴于左冷禅极高的江湖地位、能力，我们还可以考察其对嵩山派、五岳剑派在武学上的贡献。根据小说，至少可以考察其对嵩山剑法的贡献。但要做到这一点，首先应当考察嵩山剑法的基本情况，根据《笑傲江湖》，可以简单描绘如下②。

五岳剑法在整体上比昆仑派、峨眉派、崆峒派要弱，与武当派、少林派

① 请参见金庸《笑傲江湖（三）》，广州出版社、花城出版社，2008，第964页。

② 请参见金庸《笑傲江湖（三）》，广州出版社、花城出版社，2008，第1056～1065页。

比更是不如，但小说中并没有比较五岳门派之间剑法、武学高低。因此，我们假设五岳门派之剑法不分伯仲，也各有擅长之处（令五岳其他门派敬佩）。因而，整个正派武林之武学地位可以简化为：华山剑法≈嵩山剑法≈恒山剑法≈衡山剑法≈泰山剑法≤昆仑剑法≤峨眉剑法≤崆峒剑法<武当绝学<少林功夫。

然而，华山派老一代的岳肃、蔡子峰到泉州少林寺获得（或偷得）武林秘籍《葵花宝典》之部分[①]，该消息又在江湖上流传开来，进而有魔教十大长老两次围攻华山派，当时的华山派已经与泰山派、嵩山派、衡山派、恒山派结成五岳剑派，进而是五岳剑派与魔教的两次大战。①第一次交锋，魔教十大长老铩羽而归，大多身受重伤，但华山派的岳肃、蔡子峰也在此役毙命，最大的后果即两人所录的《葵花宝典》被魔教抢去。②第二次交锋则是五年之后，魔教十大长老有备而来尽破五岳剑法，五岳剑法的高手、名家、耆宿均在此役中死亡，诸多精妙剑法失传、湮没，正如风清扬就华山剑法所做的形容，“这些招数，确是本派剑法的绝招，其中泰半已经失传……[②]”

据此，我们可以说，对作为五岳剑派的嵩山派剑法亦可做此总结：嵩山派的名家、高手在此两次大战中损失惨重，嵩山剑法亦有接近一半的招式失传、湮没。半部嵩山剑法再与前述昆仑剑法、峨眉剑法、崆峒剑法、武当绝学、少林功夫比较的话，则显得更加不如。但实际情况如何呢？我们得再审视此役之后嵩山派掌门左冷禅的努力与贡献。

再次，左冷禅的努力与贡献。正如前述，五岳剑派与魔教的两次大战，特别是第二次大战，让五岳派高手、武家名宿消失殆尽，嵩山派也不例外。作为嵩山派掌门的左冷禅，做了以下几件事[③]：第一件，向嵩山派还健在的

---

① 两人分头私阅全书（一人阅读一半），并记录下来，与原版《葵花宝典》比较逊色不少。同时林平之的曾祖林远图通过两人的口述私录其于袈裟，进而有三种版本的《葵花宝典》，华山版的《葵花宝典》（亦即魔教中由东方不败拥有的《葵花宝典》）、林远图版的《葵花宝典》（亦即《辟邪剑谱》）和泉州少林寺中的《葵花宝典》。

② 请参见金庸《笑傲江湖（一）》，广州出版社、花城出版社，2008，第 338 页。

③ 请参见金庸《笑傲江湖（四）》，广州出版社、花城出版社，2008，第 1197 ~ 1198 页。

耆宿请教，将个人所记的剑招，无论其是否为精妙剑法，均集于一本剑谱之中；第二件，通过数十年的时间，取其精华、弃其糟粕，并根据自己的偏好，将嵩山剑法不够狠辣、不够堂皇的招式一一修改，留下十七路精妙剑招——因而，该路剑法也沾染上左冷禅本人的性格特点。

据此，我们可以做出如下判断，通过上述两项改革和数十年时间的经营，虽然不能恢复嵩山剑法的原貌，却也在既有理念指导下，对修复嵩山派武功达到了非常好的效果（《笑傲江湖》原文为“使得本派剑法十七路剑招完美无缺[①]”），扩展了既有知识，是嵩山派剑法继承和发展的大功臣，具体而言：虽然与魔教十大长老在华山石壁上留下的、相对于嵩山派而言则是湮没的六七十招比较的话，还有一定差距[②]，却也缩短了与武当、少林等名门正派的距离，甚至在武学成就上可以比肩（至少在武林地位上，左冷禅与冲虚道长、方证大师虽有些微差距，却也几乎齐名）。与五岳剑派其他四大门派比较而言，嵩山派掌门武功远远超过其他几个门派掌门，虽然这与左冷禅的个性和能力有关，却也体现了其努力所取得巨大成就。

最后，我们需要对左冷禅学习的第三个层次进行归纳和总结：①左冷禅收集嵩山剑法的过程，亦即作为一个学习者，其主动学习专业知识，相当于“死记硬背”层次；②左冷禅根据理念、偏好审视既有剑法，亦即其挖掘专业知识的内在联系，使之形成具有逻辑关系的整体（掌握专业知识的基本原理、基本理念和思维方式阶段）的层次；③左冷禅对既有剑法的扬弃，亦即能对既有的知识、理论通过实践和运用做一个有扬弃的选择，达到取其精华、弃其糟粕的效果。左冷禅达到该学习层次后，不仅拯救了嵩山剑法，更是成就了自己在嵩山派的地位、成就了自己在武林中的地位。

---

① 请参见金庸《笑傲江湖（四）》，广州出版社、花城出版社，2008，第1198页。

② 当左冷禅看到岳灵珊使用其从未见过的非常精妙的嵩山剑法时，如痴如醉。当其将这些从未见过的剑法与既有的剑法融合时，更感觉到嵩山剑法的博大精深、无穷无尽的武学境界［对此，请参见金庸《笑傲江湖（四）》，广州出版社、花城出版社，2008，第1198页］。

五　杨过的学习阶段

杨过是《神雕侠侣》的男主角，从一名江南嘉兴的小儿（孤儿），经过欧阳锋、郭靖、小龙女等人的培养，逐渐有“神雕侠”的美誉，最后成为新一届的武林五绝中的“西狂”（继承了“西毒”欧阳锋的位置）。虽然有诸多前辈的指导、教育，杨过更是靠自己的努力不断提升武学修养，最终开创了具有自己特色的武林绝学“黯然销魂掌”，此为学习、专研专业知识的最高境界，我们将根据《神雕侠侣》之文本描绘如下。

首先，从既有条件、环境看。

（1）从初始条件看，杨过是杨康与穆念慈所生的儿子，一出生父亲即死，没过几年，母亲去世，成为一名流浪小儿，在流浪中染上了社会底层的不良习气，如第一次见到李莫愁、郭芙时，就说“啧啧，大美人儿好美貌，小美人儿也挺秀气，两位姑娘是来找我的吗？姓杨的可没这般美人儿朋友啊”，充满着油腔滑调和戏谑。但杨过异常聪明而且记忆力强，当西毒欧阳锋第一次教杨过去毒的口诀和行功方法时，其“一点便透，入耳即记①”，生活适应力非常强。简言之，除了经济条件差外，其他先天（硬件）条件都还不错。

（2）从杨过的成长经历看。郭靖、黄蓉将其带到桃花岛，学习文化知识（跟随黄蓉学习《论语》《孟子》），到全真教学习了全真教的基本内功心法，到古墓派学习了古墓派武功、全真教部分武功、《九阴真经》部分武功，跟随欧阳锋学习蛤蟆功，跟随洪七公、黄蓉学习打狗棍法，跟随黄药师学习弹指神通和玉箫剑法，跟随神雕学习独孤求败的武功。杨过学习的武功中，既有外在的武学（如打狗棍法、蛤蟆功等），亦有内功（全真心法、《玉女心经》等），并博采众家之长，最终创造出新的武学黯然销魂掌。

---

① 请参见金庸《神雕侠侣（一）》，广州出版社、花城出版社，2008，第38、44页。

其次，杨过武功学习的阶段或层次，即主观努力达到的效果。在学习武功的过程中，杨过凭借聪明的天资，武功学习达到了新的层次——第四层次开拓创新阶段，初步描绘如下。

第一个层次：记忆、背诵以牢记武功之招式、心法和文化知识。杨过成为神雕侠、武林五绝西狂之前，学习过很多武功，因而我们只列举主要的学习情况以说明背诵、牢记基础知识的重要性。

在嘉兴、桃花岛时，其参加了两项学习任务。①学习蛤蟆功。这是欧阳锋的成名绝技，在学习时，杨过首先牢记他的入门口诀，虽然不能领会其内在的意义。②跟随黄蓉学习文化知识。当黄蓉承担教育杨过的任务时，她总想起其父亲杨康之事，因而只以读书为务，让其学习文化知识，在桃花岛的日子记诵了《论语》《孟子》两部经典书。

在终南山的重阳宫，杨过跟着赵志敬学习全真教心法，其记住的程度可以达致从头至尾背一遍，一字不错，连掌教师祖马钰听了都很满意[①]。虽然其师父赵志敬在教时并不怀好意，但也为杨过学习古墓派武功提供了助益。在古墓中，杨过跟随小龙女学习古墓派的内功心法，《玉女心经》也如是。

表现最突出的是杨过在华山之巅的学习。当时欧阳锋与洪七公比武，当内力耗尽时，两大高手再比试武术招数。一方面，通过洪七公向杨过讲解，演示给欧阳锋看；另一方面，由欧阳锋破解，并将破解之法向杨过讲解，然后演示给洪七公看。洪七公将三十六路打狗棍法一一讲解，杨过“一学即会，当即照式演出”[②]。在两人逝世后，“他钦服二老武功神妙，葬罢二老后，回思二人诸般奇招神功，一招招地试演习练，在岩洞中又多耽了二十余天，直把二人的高明武功尽数记在心中，试招无误……[③]”亦即，杨过牢记了打狗棍法的所有招式，这是一个“死记硬背”的层次。

第二个层次。对于杨过而言，他学习的武功，无论是武术，还是内功心法，都比较杂，正如书中所描绘的，“他一生遭际不凡，性质又贪多务得，

---

① 请参见金庸《神雕侠侣（一）》，广州出版社、花城出版社，2008，第127～128页。

② 请参见金庸《神雕侠侣（二）》，广州出版社、花城出版社，2008，第362页。

③ 请参见金庸《神雕侠侣（二）》，广州出版社、花城出版社，2008，第364页。

全真派的、欧阳锋的、古墓派的《九阴真经》、洪七公的、黄药师的，诸般武功着实学了不少，却又均初窥门径，而没深入[①]”，因而其第二个层次的学习主要体现在内功上面的变化、提升，主要有三次。

（1）李莫愁写了一个纸条，“桃花岛主，弟子众多，以五敌一，贻笑江湖”挑衅黄药师，杨过打算单独应付李莫愁，在去之前，先养精蓄锐，却不知不觉上升到一个新高度，正如书中所言，“才坐了约莫半个更次，突然间眼前似见一片光明，四肢百骸，处处是气，口中不自禁发出一片呼声，这声音之大犹如龙吟大泽，虎啸深谷，远远传送出去。黄药师当他起身穿衣，早已知觉，听到他所发奇声，不料他内功竟造诣至斯……自负不世奇才，却也要到三十岁后方能达到这步田地”[②]。

（2）杨过得知郭靖、黄蓉为其所谓的杀父仇人后，与金轮法王合作（金轮法王助其复仇，杨过助其夺得武林盟主）。在金轮法王问其擅长什么功夫，打算以什么功夫对付郭靖夫妇时，他开始审视自己的武功，有三个阶段：①所有成功者均擅长一门或两门绝技，只是熟悉、知晓其他武功而已；②但又觉得诸种武功均非常精妙、舍不得放弃；③进而想，“我何不取各派所长，自成一家？天下武功，均由人所创，别人既然创得，我难道就创不得？想到此处，眼前登时大显光明”[③]。

（3）杨过断臂之后，来到神雕所在的荒谷，跟随神雕学习、提升内功：首先吞食了若干奇异毒蛇的蛇胆，增强了内功，或者说对其内功的增强有生理结构的改善。同时与神雕对练并在山洪中练习臂力，达到一定境界后，领悟到“重剑无锋、大巧不工”的理念，并审视古墓派武功，将其总结为“快捷飘忽”和“天罗地网”之轻、巧，与（独孤求败使用玄铁神剑所蕴含

① 请参见金庸《神雕侠侣（二）》，广州出版社、花城出版社，2008，第552页。

② 请参见金庸《神雕侠侣（二）》，广州出版社、花城出版社，2008，第526页。

③ 请参见金庸《神雕侠侣（二）》，广州出版社、花城出版社，2008，第553页。杨过在这次审视中，并没有达到创立自成一派的武功的目标，虽然他连续思索了学习的所有武功有七天。最终，杨过想通一件事，即以他目前的武学修为还做不到［请参见金庸《神雕侠侣（二）》，广州出版社、花城出版社，2008，第553～554页］，但的确为后来开创新的武功黯然销魂掌播下了种子。

的）“重剑无锋、大巧不工”是并重的武学中至高绝诣[1]。

第三个层次的学习，范围、领域内的知识增量。

理念、制度与思维方式的改变，造就了专业知识的初步扩张，此与前两个阶段不一样，前两者仅仅是对知识及其内在逻辑关系有深刻认识，缺少对范围内未知（专业）知识的探求和扩张，在《神雕侠侣》中，有两处对此有所描绘。

（1）杨过断臂后来到神雕所在的荒谷，无意中发现独孤求败留下的剑冢，该剑冢不仅为其带来了新理念，更是更新了其思维方式、初步扩张了其既有知识[2]。第一柄剑，“凌厉刚猛，无坚不摧，弱冠前以之与河朔群雄争锋”；一块长条石块（即少的一柄剑），“紫薇软剑，三十岁前所用，误伤义士不祥，悔恨无已，乃弃深谷”。第二柄剑，“重剑无锋，大巧不工，四十岁之前恃之横行天下”。第三柄剑，“四十岁之后，不滞于物，草木竹石均可为剑。自此精修，渐进于无剑胜有剑之境”。

孤独求败行走江湖所带剑的变化反映了其武学境界的提升，更是其成就的最终表达，在剑冢中留下的文字即可证明：“剑魔独孤求败既无敌于天下，乃埋剑于斯。呜呼！群雄俯首，长剑空利，不亦悲乎！”这既是独孤求败的感慨（需要求败以突破既有武学境界），更是其武学成就在行走江湖时的具体表达。

但对于杨过而言，在这时仅仅是刚刚认识到这一境界，并且不是自已体悟的，而是独孤求败“告诉”他的。在接下来的与神雕对练、在山洪中练剑中，杨过逐步体悟到，并在审视古墓派武功时对此有更多的认识，扩张了自已的（专业）知识。要真正达到孤独求败所说的境界，还需要时间、还需要更多历练，那是杨过下一次来到荒谷后的事情，请看下面描绘。

（2）杨过治好情花之毒后，又一次来到了神雕所在的荒谷。这一次与神雕的切磋、学习，让杨过对武功的研习达到了该阶段的最高境界，正如杨

---

① 请参见金庸《神雕侠侣（三）》，广州出版社、花城出版社，2008，第912～922页。

② 请参见金庸《神雕侠侣（三）》，广州出版社、花城出版社，2008，第913～916页。

过的理想，“我持玄铁重剑，几已可无敌于天下，但瞧独孤前辈遗言，显是木剑可胜玄铁重剑，而最后无剑却又胜于木剑……这漫漫十余年中，我就来钻研这木剑胜铁剑、无剑胜有剑之法便了。”具体历程简单描绘如下：①仍然坚持在山洪中练剑，但效果不彰；②在雪地里练剑，以剑击风、或用袖子荡开雪花，袖子与木剑在力道上渐有增进，并与神雕在雪地里切磋以提高内力；③神雕引着杨过到大海边怒涛中练剑。

刚开始时，海浪从四面八方涌来，杨过自保式挥动木剑，每日两次，未及一月，功力大增；当主动出击时，练习的效果更彰，经过六年时间，木剑可胜玄铁重剑，而最后达到无剑又胜于木剑的境界，正如《神雕侠侣》所描绘的：“春去秋来，岁月如流，杨过日日在海潮之中练剑，日夕如是，寒暑不间。木剑击刺之声越练越响，到后来竟有轰轰之声，响了数月，剑声却渐渐轻了，终于寂然无声。又练数月，剑声复又渐响，自此从轻而响，从响而轻，反复七次，终于欲轻则轻，欲响则响，练到这地步时，屈指算来在海边已有六年了。”据此，该境界经历了三层：①剑声从轻到响、再至轰轰之响；②从轰轰之响到响（响声变轻），再到寂然无声，并反复七次；③欲轻则轻，欲响则响。

因此，我们可以做出判断，当杨过明白以木剑对敌的要领主要在于内力充沛、恃强克弱时，通过持续性的练习达到了内力收发自如的境界（扩张了对内功练习方法方面的知识），进而佩木剑行走江湖。

第四个层次的学习，是为超出既有范围，发展出新的武林绝学，亦即开拓创新的阶段、层次[①]。

杨过创立的十七路掌法是一种完全创新的掌法，开辟了其武学新境界，实现了融合所学武功（包括武术与内功心法）而形成新理念和掌法的梦想。对这一创新，我们可以简单做以下梳理。

（1）从武学名目看，杨过将其命名为黯然销魂掌，取自江淹《别赋》中的一句“黯然销魂者，唯别而已矣”。因为该掌法是在思念小龙女的过程

① 以下内容均来自《神雕侠侣（四）》广州出版社、花城出版社，2008，“排忧解纷”一章。

中创设的，所有的掌法招式蕴含着思念小龙女之心境。

（2）就黯然销魂掌的来源而言，杨过的人生际遇复杂，遇到不少名师的指点，学习到的武功非常多，也非常复杂。这些武功均为天下闻名的武功，任何人擅长一门即可扬名立万，正如《神雕侠侣》所描绘的，“生平受过不少武学名家的指点，自全真教学得玄门正宗内功的口诀，自小龙女学得《玉女心经》，在古墓中见到《九阴真经》，欧阳锋授以蛤蟆功和逆转经脉，洪七公与黄蓉授以打狗棍法，黄药师授以弹指神通和玉箫剑法，除一阳指之外，东邪、西毒、北丐、中神通的武学无所不窥，而古墓派的武学又于五大高手之外另创别径①”。在杨过内功得到充分训练、提升后，其吸取所学武学，最终铸成黯然销魂掌，如“面无人色”一掌来自《九阴真经》的“移魂大法”，“倒行逆施”源自西毒欧阳锋的武功。

（3）就黯然销魂掌的基本内容而言。黯然销魂掌一套拳法共十七路，其分别为心惊肉跳、杞人忧天、无中生有、拖泥带水、徘徊空谷、力不从心、行尸走肉、魂牵梦绕、倒行逆施、废寝忘食、孤形只影、饮恨吞声、六神不安、穷途末路、面无人色、想法非非、呆若木鸡②，所有的掌法均体现了创立者杨过对小龙女的思念。杨过寄思念于（练习）武学，思念与武学两者融为一体，以形成一套完全创新的武学。

（4）效果。从小说《神雕侠侣》中，我们可以看到杨过有两次使用，即对周伯通与金轮法王。对于周伯通而言，他是一名“武痴”，武功极高，当其听到、看到该套拳法时，异常喜爱。对于金轮法王而言，其死于该套拳法之下。因此，我们可以说，杨过创新的黯然销魂掌是一门全新的武学，是一门上乘武学，是对既有武学的继承和发展，在与高手对决中发挥了相当重要的作用，解决了面临的纠纷，达到郭靖所倡导的“侠之小者”的效果，间接为达到“侠之大者”提供了机会。当解救郭襄后，杨过等又抵抗蒙古大军，击毙了蒙古皇帝蒙哥，暂时解决了襄阳即将破城（遭屠）的危机。

---

① 请参见金庸《神雕侠侣（四）》，广州出版社、花城出版社，2008，第1213页。

② 请参见金庸《神雕侠侣（四）》，广州出版社、花城出版社，2008，第1216页。

六　作为结语：武学积累性学习对法学学习的启示、借鉴

笔者选择了金庸武侠中几位众所周知、耳详能熟的人物，展示、分析其成长、成功的经历，并对其有所侧重地描绘。郭靖侧重于其“死记硬背”式的学习方式，此为学习的第一层次。张无忌、令狐冲只是提及了该种学习方式，因而侧重于描绘其将所学的武学融会贯通，留下了武学的理念、修为和思维方式，此为学习的第二层次。左冷禅则是描绘其遭遇危机后，根据既有的理念、修为、思维方式扩展知识的边界，达到该门武学的极致，此为学习的第三层次。杨过，作为最重要的人物，对其四个层次均做详细描绘，虽然侧重于描绘其对武学发展、创新的一面（此为第四学习层次），但更展示了杨过学习、闯荡江湖过程中，四个层次的递进发展关系。

这种积累性关系，从学习专业知识角度看，是一种（持续性）积累学习方式。一方面，在该学习方式的诸阶段或层次中不能越过前者而直接到达后面的层次，只有经历前者方可进入后一个层次、阶段，而且时间更是该种学习方式的基本维度。进而言之，该种学习方式、模式不强调学习的天资(亦即是否聪明不被特别强调，它只需要一般聪明、拥有常识、心智健全即可)，更强调学习的持续性，通过时间的积累（甚至是终生学习、积累），从一个层次上升到更高层次。另一方面，如果天资聪明的话，则学习之进程更顺畅，加上机遇（如杨过的各种机遇，学习到当时各大武林绝学[①]）则创造出一种全新的理论、知识，就这里而言，则是全新的武林绝学黯然销魂掌。

作为与武学、武功对照的法学、法律，中国当下法学教育、法学院

① 创造一种全新的武林绝学不仅需要聪明、持续性努力，还需要机遇，如杨过。但在这里，我们还可以周伯通为例。周伯通是一个“武痴”，勤学苦练、终生学习，也相当聪明。在一个特殊的背景下，即被黄药师“关在”桃花岛的一个洞穴，周伯通百无聊赖，自己与自己打架，创造出双手互搏的武功。

（作为培养职业法律人的基地）缺少这样一种系统性的、积累性的培养方式，学生也缺少这一学习方式。具体而言：从教师、教育角度看，虽然中国法学教育表面上建立了一套法学专科、本科、硕士、博士层次的教育体系，但其专业性却薄弱，学位之间更是缺少层次性递进，缺少持续性的时间累积①。从学生角度看，学生缺少对法律职业的深入认识（学校、法学院对其引导也相当缺乏），更没有洞悉大学学习的规律、特点，进而在法学本科阶段无所事事，即使努力的学生也没有得到系统的培训，对法律职业、法学的理解也比较肤浅，进而很难养成终生学习、持续性学习的习惯和规划。

因此，解决中国法学教育之深层次问题，根据前述的武功学习的经验、法学的问题，可以从以下几方面着手。

首先，学校、法学院应当建立专业的辅导、咨询老师队伍，为刚刚入学的学生和需要辅导的学生提供专业性的辅导。教师作为法学教育的经历者，更是法律职业的实践者，对法律职业各个行业需要的专业知识、相关知识包括法律职业的发展前景等法律职业图景有非常深刻的洞悉，可以根据学生的特点、基本情况、主观愿望提供非常具体、专业的建议（当然，是否接受由学生自己决定）。另外，辅导、咨询教师还应培养学生学习法律专业、从事职业所需要的一些理念，如专业性学习、持续性学习习惯的养成。这相当于为学生提供“健胃消食片”，以促进学生更好地消化专业、主动学习专业、花更多时间从事专业学习，进而更快地从一个层次上升到另一个层次。

其次，学生学习层次的递进性养成。中国现行的法学教育，本科、硕士、博士缺少一种递进性学习的效果。就法学科班出身而言，他们仅达到形式化的递进式学习，因为法学本科生不怎么学习即可毕业，在没有达到培养目标的情况下继续攻读硕士学位，也不需要花多少精力、心思。即使攻读法学博士需要花费更多的心思、精力，在中国现行评价体制下也是一件容易完成的任务。虽然法学学生通过前述取得学士、硕士、博士学位，但这些学位

---

① 对该问题有详细探讨的文献，可以参见方流芳《追问中国法学教育》，载《中国法学》2008 年第 6 期。

并不能代表他们应当具有的法律技能和法学素养，而且在这一过程中，学生不可能养成持续性学习的思维方式、习惯。如果就中国当下的研究生（包括硕士和博士）准入来看，还有很多非法学学生没有经历法学本科教育即进入法学硕士、法学博士阶段学习，他们没有经历系统性学习，进而没有持续性学习的可能。国家、学校、法学院可以一方面提高准入或者说纯正准入条件；另一方面，让在校的法学学生受到更系统、更实质性的学习，如果法学学生的学习经历了三个阶层（本、硕、博），则应当具有一种递进性学习效果。

再次，就学生个人而言，法学学生应当根据既有的法学教育体制，既有的大学、法学院学习规律①，制订自己的学习计划，通过努力的专业学习，审视既有的知识、经验、理念和思维方式，以更快地从一个层次上升到更高的层次。学生没有自己的计划、规划，无法不断地扩展知识范围、提升学习知识的能力。法律职业很难出现杨过式的学习人物，即使左冷禅、令狐冲、张无忌式的学习模式也不容易出现，更多出现的是郭靖层次意义上的学习模式，因而中国法学教育不可能得到实质性改观。

总之，法学学生学习、法律人学习的任务，主要是学生、法律人自己的事情，但学习过程可以分四个阶层，郭靖式学习层次，张无忌、令狐冲式学习层次，左冷禅式学习层次和杨过式学习层次。这一学习方式需要学生、法律人通过努力、通过持续性努力，甚至终生学习（亦即时间的经过）不断跨越某一阶段，进而在人生阅历上才可能有纯粹学徒阶段、工匠阶段、大师阶段的划分，否则中国法学教育（学习）也不可能转变为一种职业教育。

当然，另一方面，法学院、学校甚至国家需要为学生的学习提供条件、环境，进而让法学学生的学习、成长是一种积累性的成长，而非一种偶然的、功利式的学习。

---

① 对大学、大学法学院的基本情况、基本功能的详细分析，可以参见蒋志如《美国大学、法学院与中国大学法学院》，载《中山大学法律评论》2010年卷（第八卷）第1辑。

后　记

这是我第二本关于法学教育的专著。第一本专著《法律职业与法学教育之张力问题研究》由我的博士学位论文修改而成，在 2012 年由法律出版社出版，主要从法律职业视角观察中国法学教育。

2011 年到西南科技大学从教以来，我的研究重心转移到刑事诉讼法、司法制度领域，其间出版两部共计 70 余万字的刑事诉讼法学领域专著，对于法学教育领域的研究似乎已经成为“副业”，相关的思考、研究是“闲笔”下的写作，也成为我 2018 年到兰州大学法学院讲授法学本科课程法律职业发展与规划的组成部分，积累近 10 年，已有 40 余万字的规模，主要关注本科法学教育，涉及法学院、法学教师、法学教材、法学学生及其读书和考试等问题。这 40 多万字从内容看可以分为两部分，即“不生不死的法学院?!”和本书。

本书约 30 万字，从内部视角观察和审视中国法学教育，而且主要从教学主体——法学教师展开研究和讨论，分为三部分。

第一编主要讨论教师从事法学教育可能遇到的限制和发挥主观能动性的空间或限度。

第二编则讨论中国法学教科书问题。在中国法学教育中教科书有特殊的重要性，党和政府非常重视法学教科书的统一编撰。在笔者看来，法学教师应当重视教科书，注重选择有质量的教科书，甚至应当编撰具有个人特色的教科书。当然，本部分对这些问题的研究并未全部完成，留待将来继续（或许还会成为笔者其他研究的组成部分）。

第三编讨论法学院的读书（会），也是从法学教师视角展开的观察和讨论。在笔者看来，读书是法学教育的重要组成部分，不仅学生应当读书，教师也应当读书，还应当有系列的读书活动以形成浓厚的读书氛围，此乃法学教育质量提升的重要方式之一。

总而言之，本书涉及的主题、问题是中国当下法学教育的基础性问题。对此，法学界的讨论并不深入，还有意无意地忽略。在笔者看来，这与法学教育所处的边缘地位有关，以此为志业的学者更是缺乏。因此，本书一方面期待着与学界有更多交流，另一方面也期待法学学生借此（作为法律职业发展与规划课程辅助资料）能更好地了解、熟悉正在接受的法学教育，进而更好地安排学业和审视未来的法律职业生涯。

研究还将继续，下一部著作“不生不死的法学院?!”的完成至少应当在三年以后了。关于法学教育研究的三部曲，或许也应当告一段落。《法学本科教育研究——主要基于教师、教材的考察》是笔者研究法学教育的中场总结。

是为后记!

2021 年 5 月 9 日于兰州大学齐云楼

图书在版编目(CIP)数据

法学本科教育研究：主要基于教师、教材的考察 / 蒋志如著. -- 北京：社会科学文献出版社，2021.7
ISBN 978-7-5201-8716-9

Ⅰ.①法… Ⅱ.①蒋… Ⅲ.①法学教育-高等教育-教学研究-中国 Ⅳ.①D92-4

中国版本图书馆 CIP 数据核字（2021）第 146555 号

法学本科教育研究
——主要基于教师、教材的考察

著　　者 / 蒋志如

出 版 人 / 王利民
责任编辑 / 王　展
责任印制 / 王京美

出　　版 / 社会科学文献出版社（010）59367127
地址：北京市北三环中路甲 29 号院华龙大厦　邮编：100029
网址：www.ssap.com.cn
发　　行 / 市场营销中心（010）59367081　59367083
印　　装 / 唐山玺诚印务有限公司

规　　格 / 开 本：787mm × 1092mm　1/16
印 张：16.5　字 数：251 千字
版　　次 / 2021 年 7 月第 1 版　2021 年 7 月第 1 次印刷
书　　号 / ISBN 978-7-5201-8716-9
定　　价 / 88.00 元